Development by Free Trade?

The Impact of the European Union's Neoliberal Agenda on the North African Countries

Développement à travers le libre-échange ?

Les enjeux de l'agenda néolibéral de l'Union européenne pour les pays de l'Afrique du Nord

P.I.E. Peter Lang
Bruxelles · Bern · Berlin · Frankfurt am Main · New York · Oxford · Wien

Gisela Baumgratz, Khaled Chaabane, Werner Ruf,
Wilfried Telkämper (eds./dir.)

Development by Free Trade?

The Impact of the European Union's Neoliberal Agenda on the North African Countries

Développement à travers le libre-échange ?

Les enjeux de l'agenda néolibéral de l'Union européenne pour les pays de l'Afrique du Nord

german cooperation
DEUTSCHE ZUSAMMENARBEIT

ROSA LUXEMBURG STIFTUNG

Diese Publikation wurde finanziert durch die Rosa Luxemburg Stiftung e.V. aus Mitteln des Auswärtigen Amtes (AA) der Bundesrepublik Deutschland.

Für den Inhalt dieser Publikation sind die Autoren allein verantwortlich; die hier dargestellten Positionen geben nicht den Standpunkt der Zuwendungsgeber wider.

Cette publication a été financée par la Fondation Rosa Luxemburg avec des fonds du Ministère fédéral des Affaires étrangères (AA).

Les auteurs de cette publication portent l'entière responsabilité de son contenu. Le contenu de cette publication ne reflète pas obligatoirement l'opinion de la fondation.

The book was subject to a double blind refereeing process.
Cette publication a fait l'objet d'une évaluation par les pairs.

Éditions scientifiques internationales
Bruxelles, 2017
1 avenue Maurice, B-1050 Bruxelles, Belgique
www.peterlang.com ; info@peterlang.com

Printed in Germany / Imprimé en Allemagne

ISBN 978-2-8076-0253-3
ePDF 978-2-8076-0254-0
ePUB 978-2-8076-0255-7
Mobi 978-2-8076-0256-4
DOI 10.3726/b10897
D/2017/5678/09

Bibliographic information published by "Die Deutsche Nationalbibliothek"

"Die Deutsche Nationalbibliothek" lists this publication in the "Deutsche Nationalbibliografie"; detailed bibliographic data is available on the Internet at <http://dnb.d-nb.de>.

Information bibliographique publiée par « Die Deutsche NationalBibliothek ».

« Die Deutsche NationalBibliothek » répertorie cette publication dans la « Deutsche Nationalbibliografie » ; les données bibliographiques détaillées sont disponibles sur le site <http://dnb.d-nb.de>.

Contents / Table des matières / Inhalt

3.

Development in the context of the neoliberal agenda

Développement : alternatives à l'agenda néolibéral

Entwicklung im Kontext der neoliberalen Agenda

Gisela Baumgratz, Khaled Chaabane,
Werner Ruf, Wilfried Telkämper

Preface

One year after the beginning of the negotiations on the Deep and Comprehensive Free Trade Agreement (DCFTA) between Tunisia and the European Union at October 13, 2015 we are very glad to present a publication, aimed at contributing, thanks to the critical analysis of European and North-African researchers, to intensify scientific cooperation between Europe and North-Africa in the crucial field of economics. We would like to express our gratitude to the authors, men and women, who accepted to share their long standing critical expertise in the field of the neoliberal globalization of economy and its negative impact on the economies of the Southern countries by writing articles for the present publication, deemed to mark a new stage of common research between experts from the North and the South aiming at fostering critical thinking in the domain of neoliberal economy and free trade. We hope that this publication which is part of a vaster program of the Rosa Luxemburg Foundation Tunis, directed by Khaled Chaabane, will contribute to further exchange of perspectives between the North and the South and shows, by referring to the Tunisian, Algerian and Moroccan examples, that different historical, political and economic constellations provoke different reactions to the EU's propositions for cooperation. Nevertheless, the history of the relationship between these North African countries and the EU reveals so many similarities that it seems to be more than useful to intensify cooperation between the Southern Mediterranean countries.

By an international conference from 10 to 12 October 2015 with a range of eminent economists from both sides of the Mediterranean in Tunis, the organizers intended to assist political actors, trade-unionists and activists of the civil society by sharpening their critical argumentation in view of the negotiations on the free trade agreement between Tunisia and the EU which were to start by October 13. The publication entitled: "Development by free trade?" however, goes far beyond the North-African context, taking the history and the evolution of the economic neoliberalism within the globalization into account and examining the different significations of the notion of development within different economic approaches. Far away from being merely "technical" agreements, as members of the European commission tend to advance, these free trade agreements are part of a world vision: The free trade ideology corresponds to a new concept of domination of the global South by the global North which a number of critical researchers associate with the concept of neo-colonialism.

We would like to thank all those whose efforts made sure that this book could come out. This is especially true for professor Habib Mellakh from Manouba University whose propositions strongly contributed to the stylistic revision of the French articles. To end with we would like to express our gratitude for the German Ministry of Foreign Affairs' and the Rosa Luxemburg Foundation's support and to congratulate the team in Tunis for its commitment.

September 2016

Gisela Baumgratz, Khaled Chaabane,
Werner Ruf, Wilfried Telkämper

Préface

Un an après le lancement des négociations sur l'Accord de libre-échange complet et approfondi (ALECA) entre la Tunisie et l'Union européenne, le 13 octobre 2015, nous avons le plaisir de pouvoir présenter un livre qui marque une nouvelle étape de la recherche commune entre experts du Nord et du Sud, soucieux d'alimenter l'esprit critique en matière d'économie néolibérale et de libre-échange : il est censé contribuer, grâce à des analyses scientifiques de chercheurs européens et nord-africains, à un approfondissement de la coopération scientifique entre l'Europe et l'Afrique du Nord dans le domaine crucial du développement économique. En remerciant tous les auteurs, femmes et hommes, d'avoir mis leur expertise acquise de longue date à la disposition de cette publication, nous espérons que cet ouvrage, fruit d'un programme plus vaste de promotion de la recherche scientifique à l'université tunisienne, soutenu par la Fondation Rosa Luxemburg à Tunis et dirigé par Khaled Chaabane, contribuera à approfondir l'échange de perspectives entre le Nord et le Sud. L'exemple de la Tunisie, de l'Algérie et du Maroc montre que la différence des constellations historiques, politiques et économiques fait que les pays respectifs réagissent différemment aux propositions de coopération de l'Union européenne. Néanmoins il y a des similarités tellement flagrantes que les pays de la rive sud de la Méditerranée ont intérêt à intensifier leur coopération.

Avec l'organisation d'un colloque international, qui a réuni du 10 au 12 octobre 2015 toute une gamme de chercheurs éminents des deux côtés de la Méditerranée à Tunis, les initiateurs et responsables du programme ont compté aider les acteurs politiques, les syndicalistes et les activistes de la société civile à aiguiser leurs connaissances, à affiner leurs idées et à construire une argumentation précise à la veille des négociations précitées sur l'Accord de libre-échange complet et approfondi (ALECA) entre la Tunisie et l'Union européenne.

Intitulée « Développement à travers le libre-échange ? » notre publication ne concerne pas la seule sphère nord-africaine et tient compte de l'histoire et de l'évolution du néolibéralisme économique dans le cadre de la mondialisation et de la signification du terme de « développement » en fonction de l'orientation politico-économique. Loin d'être des accords « techniques » comme l'avancent les membres de la Commission européenne, ces accords de libre-échange font partie d'une vision du monde : le libre-échangisme se révèle comme le nouveau concept de domination du Sud global par le Nord global que nombre de chercheurs et critiques associent au concept de « néo-colonialisme ».

Nous remercions toutes celles et tous ceux qui ont contribué à ce que ce livre voie le jour et notamment notre collègue tunisien, le professeur Habib Mellakh de l'Université de la Manouba à Tunis, dont les précieux conseils, lors de la révision stylistique des contributions françaises, nous ont beaucoup aidés. Nous tenons également à remercier le ministère allemand des Affaires étrangères et la Fondation Rosa Luxemburg pour leur soutien et à féliciter l'équipe de Tunis pour son engagement.

Septembre 2016

Gisela Baumgratz, Khaled Chaabane,
Werner Ruf, Wilfried Telkämper

Vorwort

Wir freuen uns sehr, dass es uns gelungen ist, ziemlich genau ein Jahr nach dem Beginn der Verhandlungen über ein neues vertieftes und umfassendes Freihandelsabkommen DCFTA) zwischen Tunesien und der Europäischen Union ein Buch vorlegen zu können, das eine neue Etappe der Zusammenarbeit zwischen Wissenschaftlerinnen und Wissenschaftlern aus dem Süden und dem Norden markiert, welche sich um die Entwicklung kritischen Bewusstseins im Bereich von neoliberaler Wirtschafts- und Freihandelspolitik bemühen. Dank der kritischen Analysen europäischer und nordafrikanischer Forscher soll diese Publikation zur Intensivierung der wissenschaftlichen Zusammenarbeit zwischen Europa und Nord-Afrika im existenziellen Bereich der Wirtschaft beitragen und die öffentliche Diskussion darüber bereichern. Wir danken allen Autorinnen und Autoren sehr herzlich für die Bereitschaft, ihre langjährige Expertise im Bereich der neoliberalen Globalisierung der Wirtschaft für diese Veröffentlichung zur Verfügung zu stellen. Wir hoffen, dass diese Publikation als Bestandteil eines breiter angelegten Programms der Rosa Luxemburg Stiftung Tunis, welches von Khaled Chaabane geleitet wird, einen Perspektivenwechsel zwischen Nord und Süd ermöglicht, aber auch am Beispiel Tunesiens, Algeriens und Marokkos deutlich macht, dass die Situation sich je nach historischer politischer und wirtschaftliche Konstellation unterschiedlich darstellt und daher auch unterschiedliche Antworten auf die Kooperationsangebote der EU hervorbringt. Gleichwohl sind die Parallelen so eklatant, dass eine engere Zusammenarbeit der südlichen Mittelmeeranrainer mehr als geboten erscheint.

Mit einem internationalen Kolloquium vom 10.-12. Oktober, am Vorabend des Beginns der Verhandlungen zwischen der EU und Tunesien über das neue Freihandelsabkommen, wollte die Rosa Luxemburg Stiftung politischen und gewerkschaftlichen Akteuren und Aktivisten der Zivilgesellschaft Argumentationshilfen im Zusammenhang mit den Verhandlungen um das Freihandelsabkommen anbieten, welche am 13. Oktober letzten Jahres, einen Tag nach dem Ende des Kolloquiums, begonnen haben. Die Publikation mit dem Titel: *Development by Free Trade* (Entwicklung durch Freihandel) geht jedoch über die nordafrikanischen Länder hinaus, indem sie den wirtschaftlichen Neoliberalismus in die

Geschichte der Globalisierung einordnet und einen Zusammenhang zwischen der Bedeutung des Begriffs „Entwicklung" und der jeweiligen politisch-ökonomischen Orientierung herstellt. Die Freihandelsabkommen sind weit davon entfernt, rein „technische" Natur zu sein, wie es Mitglieder der EU-Kommission gerne darstellen. Sie sind Bestandteil eines bestimmten Weltbildes: die Freihandelsdoktrin entpuppt sich als Strategie der Domination des globalen Südens durch den globalen Norden, welche eine Reihe von kritischen Wissenschaftlern mit dem Konzept des Neo-Kolonialismus in Verbindung bringen.

Wir danken allen denen, die dazu beigetragen haben, dass dieses Buch erscheinen konnte, insbesondere Professor Habib Mellakh von der Universität Manouba in Tunis für seine wertvollen Ratschläge bei der stilistischen Revision der französischen Beiträge. Unser Dank gilt außerdem dem Auswärtigen Amt und der Rosa Luxemburg Stiftung für ihre Unterstützung, und dem Programmteam in Tunis für sein Engagement.

Im September 2016

Petra Dachtler

Mot de bienvenue*

La semaine prochaine verra le lancement officiel des négociations entre l'Union européenne et la Tunisie sur l'Accord de libre-échange complet et approfondi (ALECA) visant maintenant la libéralisation des services ainsi que la commercialisation des produits agricoles, et ce après l'exonération des produits industriels des droits de douane depuis 2008.

Tout en saluant l'ouverture de ces négociations afin d'avancer sur la voie de la libéralisation, nous nous rappelons d'ailleurs ce que la suppression des droits de douane et des obstacles non tarifaires aux échanges a apporté à l'Allemagne. Au départ, c'étaient le libre-échange et la création d'un marché intérieur européen qui formaient le cœur de l'intégration européenne. Derrière ce projet se cachait l'idée de créer un espace commun permettant l'échange libre et dépourvu de discrimination en Europe des marchandises d'abord et ensuite des services. L'idée était de surmonter les mécanismes protectionnistes des États au bénéfice des consommateurs et au profit d'une meilleure répartition du travail.

Au début, le projet a rencontré, bien sûr, des résistances en Europe et en Allemagne. Des producteurs craignaient une plus grande concurrence et une dilution des normes de qualité. Dans ce contexte, la loi sur la pureté de la bière en Allemagne a acquis une certaine notoriété. Les producteurs de bière allemands, en prescrivant les ingrédients de la bière, avaient cherché à empêcher l'accès d'autres sortes de bière au marché, aux mêmes conditions. Cependant, la Cour de justice de l'UE a décidé que chaque produit, légalement mis sur le marché d'un pays membre de l'UE, peut être commercialisé dans tous les autres pays membres. Par cette décision fondamentale et importante, la Cour a préparé le terrain pour la naissance d'un marché transfrontalier. Nous savons aujourd'hui que la peur des producteurs de bière allemands était pourtant infondée car la bière allemande jouit toujours d'une grande popularité. Mais, il appartient au consommateur de choisir le produit de son choix et non pas à l'État qui protège les producteurs nationaux à l'aide de décisions régulatrices.

* À l'occasion du colloque organisé par la Fondation Rosa Luxemburg à Tunis du 10 au 12 octobre 2015.

L'accomplissement du marché intérieur en 1992 a apporté des bénéfices en termes de prospérité à presque tous les pays de l'UE, notamment aux petits pays membres de l'UE qui ont bénéficié d'une plus grande intégration, et pour l'Allemagne aussi, le bilan était positif.[1]

De bonnes entreprises sont caractérisées par leur aptitude au changement et à l'adaptation aux nouvelles circonstances qu'entraîne notamment la mondialisation. La Tunisie dispose aussi d'une grande gamme de bonnes entreprises aptes à s'imposer sur le marché international, d'une main-d'œuvre de qualité, hautement qualifiée ainsi que d'une étroite interdépendance économique avec l'Europe à cause de la proximité géographique et historique. Actuellement, l'UE est le partenaire économique le plus important de la Tunisie, avec des échanges tuniso-européens représentant les 2/3 du commerce extérieur tunisien et 80 % du total des investissements européens effectués. Pour cette raison, il semble donc tout naturel de faire des efforts pour renforcer ces relations étroites en simplifiant autant que possible les procédures et pour faciliter davantage l'échange commercial. C'est une opportunité particulièrement importante pour la Tunisie et conforme à ses intérêts parce que le marché tunisien est relativement insignifiant pour l'UE tandis que le marché européen est prometteur. Pour faciliter les relations commerciales, il est également nécessaire d'harmoniser les normes, d'abolir les obstacles commerciaux et de développer la mobilité. Ce sont exactement les questions qui, au cours des prochaines années, seront au centre des négociations sur ALECA et du partenariat pour la mobilité qui existe depuis 2014 entre l'UE et la Tunisie. Il est évident qu'il s'agira d'une approche graduelle et non pas d'une thérapie de choc. En outre, la Tunisie sera parallèlement soutenue par des mesures dites d'accompagnement afin d'aider les secteurs qui ne sont pas encore capables de faire face aux défis de la concurrence européenne, à se préparer, à se mettre à niveau et à mieux se positionner sur le marché et, notamment, l'agriculture. La Tunisie, en définitive, en retirera également un avantage lui permettant à l'avenir de vendre ses produits comme son huile d'olive de qualité sous sa propre marque de fabrication et en franchise en Europe.

De ce fait, nous sommes convaincus que le renforcement des liens de la Tunisie avec l'UE est la bonne voie afin de moderniser l'économie tunisienne et de l'armer pour les défis de la mondialisation. Une économie tunisienne mieux préparée gagnerait aussi de nouvelles opportunités pour renforcer son engagement en Afrique où existe encore un vaste potentiel, ou au Maghreb, où la part du commerce extérieur tunisien ne représentait, en 2013, que 7,9 % de l'ensemble des échanges commerciaux intermaghrébins, donc un niveau de loin inférieur à son niveau potentiel. De plus, la conformité, dans le

---

1 Voir également l'étude « 20 ans de marché intérieur – effets de croissance résultant de l'intégration européenne accrue », publiée par le GED et la fondation Bertelsmann en 2014.

meilleur des cas, des produits tunisiens aux normes de l'UE, pourrait garantir à l'avenir moins de problèmes pour les échanges commerciaux.

À tous les participants, je souhaite une discussion enrichissante. Merci de votre attention !

Gisela Baumgratz

Summary

In 2015 the Rosa Luxemburg Foundation launched a new program fostering scientific cooperation between Germany and the North African Countries, sponsored by the German Ministry of Foreign Affairs. To begin with, this program is focused upon Tunisia's process of democratic transformation after le 2011 revolution and more specifically on the freedom and independence of research and teaching and the development of critical thinking. October 13, 2015 was scheduled as the beginning of the negotiations between the EU and Tunisia on a Deep and Comprehensive Free Trade Agreement (DCFTA) the purpose of which was to remove all obstacles hindering European investors from free access to the Tunisian markets. In addition, the impact of the neoliberal agenda of the European Union was seen as the major challenge for the post revolutionary society in Tunisia by the program team directed by Khaled Chaabane, and for that reason, high level specialists of neoliberal economy from Europe and the North African countries, were invited to participate in an international conference with the aim of publishing the state of the art of expertise on the impact of the neoliberal free trade policy of the European Union on the North African countries and their development in the context of globalization. Far from being merely "technical" agreements, as members of the European commission tend to advance, free trade agreements are part of a world vision: The free trade ideology corresponds to a new concept of domination of the global South by the global North which a number of critical researchers associate with the concept of neo-colonialism.

In September 2015 the German Chancellor Angela Merkel by proclaiming a "welcoming-culture" has given Europe a human face, at least for a short time. Due to the fact that most European countries refused to accept refugees, the European Commission decided to strengthen the controls at the external frontiers of the EU. The first victims were the young Tunisians, Algerians and Moroccans who passed by the so-called route of the Balkans in order to reach Europe. Despite the recent riots of the Tunisian youth facing a dramatic deterioration of its living conditions since the revolution, the German government decided to consider Morocco, Algeria and even Tunisia as "secure states" where the young people, searching for a better life, but refused by Europe can easily return without any risk. As the German government put pressure on the North-African countries by threatening to block economic aid, the three countries agreed to the readmission of these young "economic refugees" who had no chance to obtain asylum in the EU. Human Rights Organizations point to the fact that neither security nor legal procedures exist in these countries.

The relation between free trade agreements and migration

In order to prevent migration and flight, the German government asks for combating the causes, which are mainly attributed to civil war, natural disasters, drought, epidemic diseases etc., for which the EU denies any responsibility, as one of the authors emphasizes in his article. As the free trade agreement which is being negotiated between Tunisia and the EU is not the first of its kind, but rather the culmination of the structural adjustment policies which the World Bank and the IMF had launched in the 1980s, Tunisia had been deeply marked in the last 30 years by the neoliberal policy of the two international financial institutions. Dismantling of the state, deregulation, privatization followed by the adhesion to WTO and the first association agreement between the EU and Tunisia, coming to terms in 2008 were the central steps. Analysts of the "Arab spring" in the South but also in the North reached the same conclusion: The riots in Tunisia in 2010/11 and their predecessors in Gafsa in 2008 are a direct result of these policies. In the industrial sector the creation of off shore areas attracted foreign direct investment by dramatically cutting wages and the social rights of workers. The promise made by the protagonists of neoliberal policies that cutting wages will lead to an immediate increase of employment, did not come true in reality. Even classical economy does not follow this neoliberal logic. On the contrary, experts of the question claimed that low wages provoke a reduction of the consumers' demand, lowering public fiscal revenue, which entails budgetary deficits and increased indebtedness. The reduction of jobs in the public sector provokes further unemployment, which strikes mostly unemployed university graduates who were traditionally employed by the State.

Promises and pitfalls of the European neighborhood policy

The specialists of the European Neighborhood Policy and the free trade agreements between the European Union and Morocco, Algeria and Tunisia represented in our publication unanimously hold the opinion that these agreements exclusively respond to the EU's interests which are laid down in the so called "neighborhood" policy: as there are free market access, direct investment for European companies, free access of European merchandises to the internal markets of the North African countries. On the other hand access for agricultural products to the European market is limited by tariffs on importation, limitations to certain periods (calendar) and low prices for European products due to subventions. In the course of structural adjustment the North-African countries agreed a long time ago to the industrialization of their agriculture by the European agro-business and the introduction of a specialization of agricultural production for exportation in line with the prices of the global market. In doing so they abandoned their nutritional autonomy and depend increasingly on the prices of foodstuff on the world market. What the protagonists of the neoliberal ideology had preached concerning Tunisian industry's insertion into the global production and value chains, did not entail the promised advantages in terms of exportation, due to the fact that the North-African countries are on the low side of the value chain. As a matter of fact these countries were obliged to ask for more and more credits from the IMF and to invest much of their budget to reimburse the debt. The advantages highlighted by the EU are linked to conditions concerning the security-issue, second pillar of the neighborhood policy: the facilitation of access to visa for highly qualified people depends on the condition that the respective countries sign an agreement concerning the readmission of all migrants, nationals or those who have passed the country on transit to Europe. Tunisia has signed this agreement in 2014 whereas Morocco continues to refuse. This is in fact, why the majority of the North-African experts in this book agree on qualifying the European policy, more inclined to a spirit of domination and blackmail than to partnership, as "neocolonial".

Facing the revolution within the countries of the "Arab spring" which had touched upon the space of freedom (of the foreign investors), the security (that is the externalization of the border management at the southern frontiers of Europe) and the prosperity (of the European economy), the European Union, overcoming a certain moment of irritation, decided to redefine its neighborhood policy by adapting it to the new reality: Tunisia and Morocco having been entitled to the "advanced status" of privileged partner countries even before the events of the Arab spring, should rapidly pass to a further stage of opening their markets for EU products and investors.

As for the Deep and Comprehensive Free Trade Agreement (DCFTA) under negotiation in Tunisia, one of the contributions refers to a recent study published in Tunis in 2015, concluding that this agreement, if signed, should rather be seen as a poisoned chalice. As the democratization process directly depends on the government's capability to resolve the social problems, the further dismantling of the state by new rules for foreign investors preventing it from protecting the local industry is in direct contradiction to a social and economic policy of the state in the interest of the population, creating employment, fair wages and decent working conditions.

Growth equals development: a dangerous equation

In view of the critical evaluation of the European Union's economic policy, part of the Northern and Southern experts look for alternative ways to development different from what the international financial institutions identify by the growth of the gross domestic product (GDP). A term that was taboo for a long time in the international scientific discussion and the media came back to the surface: under-development. This term came up after the Second World War, but was replaced by the term "developing".

The concept of catch-up development dates from the process of independence, after the Second World War, of the countries that had been colonized by the Europeans. The developing countries were supposed to catch up the industrialization of the developed countries by arriving at the same standard of productivity and living. This idea is quite close to the equation growth = development with the difference that the developing countries did not succeed in setting up a national industrial production for their own market as it was foreseen in the concept of catch-up development. As the developing countries, deemed to be the sweat shops for the Northern transnational companies, only produce a minimal part of the added value of the final product and are mainly excluded from technological transfer, they have not been able to create an independent industrial sector and to produce goods at competitive prices within the internal market and even less for exportation.

Within the framework of theories of development mainly resulting from a critique of colonialism in Latin America in the 1960 and 1970s, the theory of dependency fostered a vision of autonomous development: a national economy with a strong public sector of nationalized companies, independent of the international financial market. This approach is still at debate in the Latin American countries possessing rich natural resources such as Ecuador and Bolivia, where the revenues from extraction are at least partly invested to improve the living conditions of the poor population. In cases such as Algeria where the revenues from the extraction of oil and gas, were transformed into life annuities for the ruling elites, instead of being invested into the diversification of the industrial sector, there is no development, and the living conditions of the majority of the population and especially the youth continue to deteriorate. The so called comparative advantage resulting, in theory, from a specialization, in developing countries, of industrial products or food for exportation to industrialized countries mostly fails to be realized because the promise that the revenues from exportations produce the necessary stock of currency for buying basic goods and food stuff does not come true in practice. Instead of setting up an autonomous economy the developing countries accumulated debts at the IMF.

In addition the famous foreign direct investments in most cases neither transfer capital nor contribute substantially to public revenue, due to the fact that the transnational companies have the means to realize monetary transfers within the different parts of the enterprise, transfering their profits to fiscal paradises and declaring their losses in countries where they entertain production units in order to escape imposition. As the developing countries have the status of "low cost" countries, their work force is in competition with the workforce in similar countries: to be more competitive governments are obliged to reduce the salary costs of the foreign enterprises by fiscal relief. This of course, reduces the capacity of the State to ameliorate the living standard of the population.

Free market and fortress Europe: the drama of the North-African youth

All the experts of the North-African situation represented in the book, agree that the further liberalization of the markets asked for in the agreements with the EU would further destabilize the economy and further deteriorate the social situation. From the beginning of that policy in the 1980s poverty in North Africa has been increasing considerably. The closing of the European frontiers inhibits emigration, which the Governments used to promote as a security valve for the containment of unemployment and poverty and as an important source of income due to the remittances. Important groups of the populations, having lost their means of subsistence as a result of the common agricultural policy (CAP) of the European Union and the subventions for the European industrial fishing fleets, suffer from lack of opportunities and growing misery. The despair of the North African youth reaches the big cities in Europe, because even those, born and living in Europe are confined to ghettoized suburbs like in Paris or Brussels, without any perspectives. As their brothers and sisters in North Africa they are easy loot for jihadists. The same lot is reserved for the so called "economic refugees" from North Africa who, after a dangerous trip to Greece find themselves blocked at the European frontier, risking to be transferred to their "secure country of origin" like escaped prisoners.

Baccar Gherib's final statement in his contribution on the evolution of the concept of development ends on a pessimistic note:

> The notion of development in its reformist and radical versions has lost its actuality. But this ideological backlash is far from being trivial. It confirms the temporary defeat of any critical thinking in an emancipatory perspective. Ideological defeats are more dangerous than political ones: before we act they influence our perception of the world, which changes in our minds before changing in our environment. The discussion about development shows that it is not sufficient to only focus upon the economic policy of Europe. In order to be up to the 'imperial' dimension we have to look at the geopolitical and geostrategic context of the Neighborhood Policy as a whole (Calame 1996 in: Baccar Gherib, *Penser le développement hier et aujourd'hui.* Translation: *Gisela Baumgratz*).

As one major purpose of the Rosa Luxemburg Foundation's program is to enhance cooperation between scientists and activists of civil society on both sides of the Mediterranean, this publication represents a major step towards this goal. We hope to contribute by this book to the critical handling and perception of the negotiations on the Deep and Comprehensive Free Trade Agreements (DCFTA) in Tunisia and Morocco. In addition the present publication, by assembling views from the South and the North, is likely to enhance new efforts to redefine the concept of development in terms of amelioration of the living conditions of the whole society, leaving the neoliberal equation: growth = development to the dustbins of history.

Gisela Baumgratz

Introduction

La présente publication est un état des lieux de la recherche des deux côtés de la Méditerranée au sujet du thème des relations commerciales entre l'Afrique du Nord et l'Union européenne et des conséquences, pour les partenaires de la communauté européenne, de la politique communautaire de libre-échange, menée de connivence avec les instances financières internationales comme la Banque mondiale et le FMI. Les auteurs, mis à contribution pour dresser cet état des lieux, ont examiné la question d'un point de vue critique. Ils montrent, dans leur ensemble et à quelques nuances près, que les accords classiques ou traditionnels de libre-échange ainsi que les ALECA (accords de libre-échange complets et approfondis), partie intégrante d'une nouvelle génération d'accords et présentés, par les experts architectes de ces accords, comme la panacée pour résoudre les problèmes économiques, ne sont que de faux remèdes pour les pays de l'Afrique du Nord et, d'une manière générale, pour les pays du Sud en quête, non d'un simulacre de développement mais d'un développement digne de ce nom.

Aussi la raison d'être de cet ouvrage est-elle d'alerter, non seulement la communauté scientifique, mais aussi les activistes de la société civile, en Afrique du Nord et ailleurs, sur les risques encourus par leurs pays, engagés dans la négociation des ALECA dont le démarrage a eu lieu, en Tunisie, le 13 octobre 2015. Réunissant les travaux de chercheurs de différents horizons et de différents pays, il se compose d'articles rédigés soit en français, soit en anglais. Pour faciliter aux lecteurs et particulièrement aux militants associatifs, qui ne maîtrisent pas l'une de ces deux langues ou les deux langues à la fois, l'accès à l'ensemble des articles et pour leur donner une idée précise relative aux différents points de vue des auteurs sur la question et de l'argumentaire mis en avant pour les étayer, les éditeurs ont jugé utile de présenter les thèses soutenues dans cette introduction rédigée en allemand et en français et précédée d'un résumé en anglais.

Comme l'UE et les États-Unis ont entamé parallèlement des négociations sur un partenariat transatlantique de libre-échange et d'investissements (TTIP), l'opinion publique en Europe se trouve également alertée : le fait que ce ne sont plus que les pays en développement qui sont concernés par ce genre d'accord mais également les « pays riches » suscite l'intérêt des citoyens qui commencent à s'interroger au sujet de l'impact de tels accords sur leur vie quotidienne et des objectifs et intérêts des acteurs publics et des lobbies privés impliqués. Le terme « néolibéral », utilisé pour caractériser la politique économique, a désormais fait son chemin dans les médias bourgeois. L'opinion publique prend conscience du potentiel de menace que représente la politique dite « néolibérale », non seulement pour quelques pays en développement du sud de la Méditerranée perçus, à la limite, comme des destinations de vacances attrayantes ou comme pays d'origine ou de transit des réfugiés mais aussi pour les démocraties et sociétés européennes.

En fait, ce que les États-Unis, la Commission européenne et le gouvernement allemand visent, c'est un système économique impérial global qui leur permet de dominer les relations internationales tout en tenant leurs plus grands concurrents comme la Chine, à l'écart. En proposant des Accords de partenariat économique (EPA) multilatéraux à des États en Afrique subsaharienne et des Accords de libre-échange bilatéraux (ALECA) aux pays de l'Afrique du Nord, notamment la Tunisie et le Maroc, dotés en plus d'un statut de « partenaires privilégiés », l'UE promet aux pays concernés directement ou indirectement développement et prospérité. Dans les années 1980, le Fonds monétaire international (FMI) et la Banque mondiale ont établi un lien direct entre la croissance du Produit intérieur brut (PIB) et le développement. Ce n'est d'ailleurs pas surprenant que la plupart des auteurs de ce volume jettent un œil critique sur cette prétendue interdépendance entre le libre-échange, la croissance et le développement.

1. L'Union européenne comme actrice d'une politique économique néolibérale dans ses relations extérieures avec les pays de l'Afrique du Nord

Dans sa contribution : « *Open markets and closed Frontiers. The European Union's negative and exclusive neoliberal integration* », Elmar Altvater, professeur des sciences politiques à l'Université libre de Berlin, développe le concept de « l'intégration négative » néolibérale en s'appuyant sur Jan Tinbergen qui avait considéré l'intégration européenne comme un processus d'intégration négative et, au fond, comme le résultat d'une libéralisation des marchés à travers le démantèlement des frontières et la dérégulation du contrôle politique des processus et transactions économiques. Dans ce contexte Altvater cite Friedrich August von Hayek, le « pape du néolibéralisme », qui avait déjà proposé, en 1944, dans son livre célèbre : *Le chemin vers la servitude* de sanctionner l'irréversibilité de la dérégulation et de la libéralisation par un traité international que nul gouvernement n'aurait ni la légitimité ni le pouvoir de contourner. Aucun gouvernement de gauche n'aurait de facto une chance de développer une alternative tant qu'il serait forcé de respecter « les règles du jeu ».

Même sans un tel traité global, selon Altvater, « les marchés, après un demi-siècle de dérégulation politique et de libéralisation économique, dans l'espace économique de l'Union européenne sont plus libres que jamais, parce que déconnectés des réseaux sociaux » (Karl Polany). D'après une étude du FMI de mars 2015, les acteurs du marché, notamment les entreprises transnationales et les institutions financières seraient aussi puissantes que jamais, les syndicats et représentants des travailleurs plus faibles que jamais dans l'histoire récente ; l'emploi deviendrait de plus en plus informel et l'inégalité dans la société se répandrait de façon inouïe. Bien que l'Europe ait dû sa première phase d'accumulation capitaliste au fait que depuis le début de l'industrialisation, à la fin du 18e siècle, jusqu'à la Première Guerre mondiale plus que 50 millions de femmes et hommes ont quitté l'Europe pour l'Amérique, l'Australie, l'Asie, d'abord comme colons et ensuite comme main-d'œuvre, cette même Europe, selon Altvater, continue à poursuivre sa politique anti-migratoire pour protéger ses intérêts. Ceux qui ont facilité la fuite des citoyens de la RDA, après la chute du mur et qui ont été fêtés comme des héros sont aujourd'hui considérés comme des trafiquants d'hommes, des criminels qu'il faut combattre.

Altvater souligne que le discours européen dominant crée un lien entre les guerres civiles du Moyen-Orient et de l'Afrique du Nord et « le fanatisme, la corruption, l'échec économique et d'autres causes relevant des pays de l'émigration, pour lesquels L'UE et ses états membres nient toute responsabilité » : Les causes de la fuite ne correspondent plus aux définitions de la Convention de Genève pour les réfugiés. En considérant des fléaux allant de la destruction écologique jusqu'à la pollution nucléaire comme des raisons de fuite et d'émigration, Altvater vise indirectement les responsables des pays du Nord fortement industrialisés.

La prédominance du néolibéralisme dans les décennies passées a, selon Altvater, détruit la solidarité de telle façon que la base sociale de l'Europe risque de s'effondrer. L'impératif kantien serait incompatible avec une situation sociale dominée par des marchés déchaînés. Les perdants de cette intégration négative incomplète seraient les citoyens de l'Europe mais aussi et surtout ceux à qui l'accès à l'Europe est barré.

D'après Altvater, les conditions de rentabilisation du capital dans un contexte néolibéral demandent une revitalisation du projet de Hayek sous une autre forme : des partenariats de commerce et d'investissement qui poussent l'intégration négative des pays du Nord global (mondialisation des marchés pour les marchandises et les services, mondialisation des sites de production et des chaînes de valeur) au détriment des pays en développement qui ne sont pas à la hauteur pour participer à un tel projet d'intégration. Les accords transatlantiques et transpacifiques, négociés à huis clos, sont conçus, par les États-Unis et l'Europe, comme un système de régulations constituant un cadre de droit international englobant les centaines d'accords de libre-échange et d'investissement entre les États-Unis, l'Europe et d'autres pays, y compris les pays du Maghreb.

Altvater finit sur un ton pessimiste en disant qu'une solution sociale et démocratique n'a aucune chance dans ce cadre-là, selon la fameuse formule de Margaret Thatcher : There is no alternative.

Contrairement à l'accord TTIP qui est négocié entre partenaires égaux, les négociations sur les ALECA entre l'Union européenne et les pays du sud de la Méditerranée sont très asymétriques. Compte tenu des révoltes survenues dans les pays arabes entre 2010 et 2012 et provoquées par la situation sociale désolante dans les régions défavorisées, par l'augmentation de la pauvreté, avant tout celle de la population rurale et par le chômage des jeunes, surtout celui des titulaires de diplômes, il est essentiel de savoir comment les acteurs politiques comptent s'attaquer, 5 ans après les insurrections, aux problèmes non résolus au niveau économique et social[1] et quel soutien réel est envisageable du côté de l'Union européenne et de ses membres.

Dans leurs articles « *Structural adjustment in Tunisia : The Crisis of Neoliberalism and the "Gafsa Riots" of 2008* » (Sascha Radl) et « *Le moment révolutionnaire tunisien en question : Vers l'oubli du mouvement social ?* » (Béatrice Hibou) les deux auteurs se penchent sur les causes du « printemps arabe » dans l'histoire récente de la Tunisie. Sascha Radl donne le ton dans son titre en signalant les effets négatifs de la politique d'ajustement structurel (PAS) de la Banque mondiale et du Fonds monétaire international (FMI) sur la situation sociale de la région de Gafsa dont la population avait déjà exprimé son mécontentement consécutif à la manipulation des recrutements dans les mines de phosphates en 2008.

Quand Bourguiba, en 1969, a mis fin, dans le secteur agricole, à l'expérience socialiste des coopératives menée par son puissant ministre de l'économie, du plan et des finances Ahmed Ben Salah, torpillée par une fraction du parti au pouvoir et du gouvernement, son successeur, Hédi Nouira, nommé Premier ministre en 1970, a accepté la mise en œuvre des programmes d'ajustement structurel demandés par la Banque mondiale et le FMI en contrepartie de crédits, rappelle Sascha Radl.

À partir de l'exemple du secteur textile, de l'agriculture et des mines de phosphate, Radl montre que ces programmes sont à l'origine de la

1 Lors de la séance plénière de l'Assemblée des représentants du peuple (ARP) consacrée au vote de confiance au gouvernement de Habib Essid, samedi 30 juillet 2016, le parlementaire du Front populaire Ahmed Seddik a dénoncé, sans ménagement, cette mainmise qu'exercent sur le pays « *la mafia de l'argent et les assoiffés du pouvoir* », précisant qu'il n'existe pas, en l'état actuel des choses, de programme gouvernemental sérieux ni de volonté politique crédible pour faire front à la corruption et combattre l'évasion fiscale : « *Aujourd'hui, dans notre pays, le travail et la production sont au point mort, non pas parce que les ressources publiques manquent – car celles-ci existent bel et bien –, mais parce que l'on a accepté de se plier au bon vouloir de toutes les sortes de trafic, d'abdiquer face à la corruption et de se soumettre à la contrebande* », déplore le représentant du Front populaire (http://kapitalis.com/tunisie/2016/07/31/ahmed-seddik-denonce-la-mafia-de-largent-et-les-assoiffes-du-pouvoir/).

libéralisation de l'économie tunisienne et qu'ils ont jeté la base de l'Accord d'Association entre la Tunisie et l'Union européenne en 1995. Les effets sociaux d'une telle politique se sont manifestés dans l'industrie textile qui a été transformée en sous-traitance low cost pour les entreprises européennes : au début, cette industrie a absorbé une main-d'œuvre peu qualifiée, composée notamment de femmes pour ensuite tomber en crise quand les barrières tarifaires vis-à-vis des produits textiles en provenance de l'Asie ont été abandonnées si bien que l'industrie textile tunisienne a dû licencier des milliers de salariés par manque de compétitivité. (Bedoui cité par Radl donne le chiffre de 200 000 licenciés). Afin de promouvoir l'exportation de produits industriels tunisiens, la Banque mondiale demanda une dévaluation du dinar tunisien, ce qui a entraîné une baisse continue du pouvoir d'achat depuis les années 1990. Afin de créer des conditions favorables à l'investissement direct étranger, l'État tunisien a créé des zones off-shore où les entreprises étaient exonérées de taxes et où les lois sur les relations de travail (salaires, contrats, prestations sociales) et la représentation syndicale des travailleurs étaient suspendues.

Les PAS avaient pour but d'ajuster l'économie tunisienne au marché européen. Depuis 1994/95, 80 % des exportations tunisiennes étaient destinées à l'Union européenne. Le FMI a appuyé l'Accord d'Association entre la Tunisie et l'UE en mettant en avant comme avantages les bas salaires et la proximité des marchés européens. Radl admet, qu'en termes de bilan commercial, les exportations tunisiennes ont augmenté depuis l'entrée du pays dans la zone de libre-échange. La même chose est vraie pour les importations. Par contre, il signale une différence de qualité significative : la Tunisie exporte des produits textiles bon marché mais elle importe des machines lourdes très chères. Par conséquent et compte tenu de la concurrence de l'industrie textile asiatique, le déficit de la balance commerciale a constamment augmenté depuis 2005. Depuis l'entrée en vigueur complète de l'Accord d'Association en 2008, la Tunisie a perdu, suite à l'abolition de toutes les barrières tarifaires le quart de ses revenus fiscaux. En plus, le marché tunisien était inondé d'importations industrielles européennes responsables, en raison d'un manque de compétitivité des entreprises tunisiennes, d'une nouvelle augmentation du déficit commercial et du chômage qui frappait une population déjà très pauvre.

L'ajustement structurel et la libéralisation de l'agriculture ont été mis en route, quant à eux, à la suite d'un crédit de la Banque mondiale. La fin des subventions et la nouvelle orientation vers l'exportation de ce secteur ainsi que l'adaptation des prix de production aux prix du marché mondial ont entraîné une chute des revenus et la perte de 80 000 emplois. Radl montre, à l'exemple de la production du blé, l'importance de l'État comme premier client qui intervient, en cas de baisse des prix sur les marchés internationaux et qui a, en plus, subventionné les agriculteurs locaux. 400 000 ha de terres domaniales ont été privatisés jusqu'en 1984, en 1989 28 % des terres agricoles appartenaient à des propriétaires privés possédant plus de 100 ha de terres.

L'accord de libre-échange de 1995/96 a introduit une nouvelle étape de la transformation néolibérale du secteur agricole quand le gouvernement a commencé à soutenir des entreprises agricoles modernes qui étaient prêtes et capables de produire des fruits chers comme des dattes, des figues et des olives pour l'exportation. Il est bien évident que ce processus a mis fin à beaucoup de petites et moyennes fermes. D'un point de vue néolibéral, conclut Radl, les grandes exploitations agricoles sont beaucoup plus rentables que les petites fermes parce qu'ils ont les moyens de se doter de nouvelles technologies, de payer les terres et l'eau et d'acquérir des compétences en marketing. Comme le prix du blé sur le marché mondial était bas, on était convaincu que la diminution de la production locale de blé pouvait facilement être compensée par les gains de l'exportation jusqu'à ce que les prix de blé atteignent en 2007/08 des niveaux inattendus sur le marché mondial à la suite de la spéculation financière. Une bonne partie de la population se trouvait privée de pain, denrée de première nécessité.

La formule néolibérale de l'avantage comparatif de Ricardo, selon laquelle les surplus de la vente de produits chers et sophistiqués peuvent couvrir l'importation des produits de nourriture de base, s'avérait alors invalide.

À partir de l'exemple de la restructuration néolibérale du secteur minier, Radl en démontre les conséquences sociales qui ont provoqué les émeutes de Gafsa en 2008, considérées, à l'unanimité, par les analystes comme annonciatrices des révoltes de 2010/11.

Les mesures de restructuration et de rationalisation demandées par la Banque mondiale se payaient par des baisses sensibles de salaires et des licenciements importants. L'employeur principal de la région, la Compagnie des Phosphates de Gafsa a perdu plus que 50 % de ses salariés entre 1980 et 2006. En même temps la production de phosphate augmentait considérablement depuis 1995. Les revenus de l'exportation du phosphate s'élevaient à presque 100 millions de dinars entre 1997 et 2001 grâce à l'utilisation de nouvelles technologies et de machines modernes. Les travailleurs et leurs familles étaient bien sûr très loin d'en profiter. Les rémunérations n'ont pas bougé quand les profits se sont multipliés par neuf de 2007 à 2008. Le propriétaire des mines n'a créé à la fin de 2007 que 81 (sic !) nouveaux emplois pour 1 000 postulants. À l'occasion de la publication des noms des recrutés, la compagnie fut accusée de corruption et les premières manifestations de protestation se furent organisées à Redeyef. Par la suite d'autres manifestations et grèves de faim auxquels participaient de plus en plus de gens s'ensuivirent. Elles furent réprimées par les forces de police et suivis d'arrestations en masse. Selon Radl, la pertinence de ce mouvement était due à un gouvernement affaibli par la hausse du prix du blé sur le marché mondial.

Les émeutes de 2010/11 ont mis en évidence la marginalisation des régions à l'intérieur du pays, résultant elle aussi de cette politique d'ajustement structurel et de libéralisation menée par Ben Ali comme « bon élève » de la Banque mondiale et accompagnée de la privatisation d'entreprises publiques, ce qui a contribué à l'enrichissement de sa famille. Par la suite, toutefois, la classe moyenne, les jeunes des banlieues au chômage et surtout des jeunes diplômés de l'université ont rejoint le mouvement.

Cinq ans sont passés sans que les revendications concernant la dignité, le travail et des conditions de travail décentes aient trouvé un écho au niveau politique. Mais Béatrice Hibou[2] s'est déjà posé, à la suite de la Révolution et à l'occasion de la période de transition des gouvernements intérimaires, de savoir si le mouvement social était tombé dans l'oubli.

D'après Hibou, « il ne fait aucun doute que depuis les années 1990, le modèle économique et social développé depuis au moins trois décennies en Tunisie a eu chaque année davantage de difficultés à intégrer les jeunes, notamment ceux de l'intérieur ». Malgré le fait que « les slogans portaient systématiquement sur des revendications liées au travail, demandant des emplois », Hibou a mis l'accent sur le fait que

> ce désir d'intégration et de vie normale ne doit cependant pas être entendu seulement en termes matériels. (…) Le mouvement de protestation, son ampleur et son enracinement sont également et peut-être surtout nés du sentiment d'injustice et d'humiliation. (…) La vie quotidienne des dominés ne peut être perçue comme la seule recherche de bien-être et de survie, l'adaptation à des dispositifs, des pratiques et des valeurs venues « d'en haut », elle doit être comprise comme le champ de production autonome, de la part des dominés, de normes, de principes et de valeurs tels la justice, la dignité, le respect.

Mais ce cri de milliers de voix n'a pas été écouté par le monde politique tunisien. Aucun parti ancien ou nouveau (126 aux premières élections du 23 octobre 2011) n'a repris ces revendications dans son programme électoral. Aucun des gouvernements – ni les gouvernements intérimaires (ni ceux qui ont été élus) – n'a fait l'effort de donner une voix aux acteurs et actrices de la Révolution et de les intégrer dans le processus politique. Hibou constate que « ce qui a fait la force et la détermination du mouvement social est aujourd'hui en grande partie oublié, et que les demandes et les revendications des manifestants n'ont pas été prises en compte, ni même étudiées ». Elle revoie donc à l'analyse des raisons profondes de l'échec de la logique révolutionnaire en reconsidérant « la success story économique tunisienne » et en ne perdant pas de vue que « les réformes, les politiques économiques et sociales menées depuis au moins deux décennies se doivent d'être réévaluées précisément parce qu'elles se fondaient en partie sur une image faussée de la réalité quotidienne des Tunisiens », que le mouvement social « a mis en évidence ce que les esprits critiques dénonçaient en vain

2 Béatrice Hibou, qui était malheureusement empêchée de participer au colloque de Tunis, nous a fait parvenir aimablement l'article qu'elle avait publié en mai 2011 sur le site web du CERI (http://www.ceri-sciences-po.org).

depuis longtemps, à savoir que le discours sur le « miracle » tunisien cachait la réalité des failles, des lignes de fracture, et de nombreuses inégalités régionales, intergénérationnelles en termes de niveaux et de modes de vie, d'accès à l'emploi et aux services publics ». Dans ce contexte, il est important de tenir compte de l'analyse de Heiner Flassbeck, ancien secrétaire général de la CNUCED, dans sa contribution intitulée « *The policies of the European Union and the International Monetary Fund towards North-African countries. Why did the revolutions not succeed ?* » En revenant sur la répartition internationale du travail, il signale que, conformément à l'idéologie dominante que la baisse des salaires aurait pour conséquence une augmentation des emplois, les pays en développement se sont transformés en secteur *low cost* des chaînes de valeur mondiales. En Tunisie cette politique aurait eu, pour conséquence, une baisse des salaires depuis 1987 de presque 50 %. Il dénonce cette formule bas salaires = création de nouveaux emplois, avancée par les institutions financières internationales, qui a même trompé de nombreux syndicats et insiste sur le fait que les bas salaires réduisent le pouvoir d'achat de la masse de la population. Cette situation a provoqué la faillite de PME qui représentent la majorité des entreprises tunisiennes avec comme conséquence la perte d'encore plus d'emplois.

Les menaces des entreprises transnationales de transférer leurs succursales dans des pays à salaires encore plus bas sont normalement suffisantes pour supprimer toute résistance au niveau local. Flassbeck rajoute que les investisseurs étrangers sont en plus subventionnés par l'État qui leur accorde une exonération des taxes et une liberté totale d'exportations et d'importations hors taxes, ce qui fait que les recettes fiscales de l'État diminuent de plus en plus.

Par conséquent Hibou réclame « une mise à plat des priorités économiques ». En reprochant à la Banque mondiale et au FMI de donner la priorité aux « grands équilibres », elle se demande, si ces équilibres « doivent rester l'aune à laquelle évaluer le succès économique du pays (...) au prix d'un chômage exponentiel et d'inégalités croissantes, notamment au regard de l'accès à l'emploi et aux services publics ».

« Penser la transition démocratique » et la sortie de l'économie politique « bénaliste » exige, selon Hibou, « que ces questions soient ouvertement posées et qu'elles remplacent les slogans abstraits et formels sur la nécessité de « répondre aux objectifs de la Révolution ». La réflexion « doit également repenser la relation fiscale qui, ces dernières années, suivant l'ordre néolibéral s'est révélée beaucoup plus favorable au capital et aux classes possédantes qu'au travail et aux classes moyennes et populaires ». En revenant sur la politique sociale, Hibou exige « que les actions de lutte contre la pauvreté ne soient plus réduites à la charité privée ». Afin de répondre « aux difficultés croissantes et aux demandes de ceux qui ont porté le mouvement social », Hibou propose une « option keynésienne de relance – à travers de grands et de moins grands travaux, un traitement social, mais aussi économique du chômage par la création d'emplois et l'amélioration de la protection sociale, de petits investissements rapidement réalisés dans les services publics » – option d'ailleurs diamétralement opposée aux recettes du néolibéralisme. La demande de création d'emplois se heurte aussi à la crise du tourisme et à la perte massive d'emplois dans ce secteur depuis la Révolution. Le manque d'intérêt pour les problèmes économiques et sociaux de la population serait, selon Hibou, dû au fait que le personnel des gouvernements intérimaires (mais aussi celui des gouvernements de 2011 et 2014) se compose d'une part d'anciens conseillers des derniers gouvernements de Ben Ali qui « partagent une vision néolibérale et macroéconomique *main stream*, toute en continuité avec les orientations passées », d'autre part d'adhérents du parti islamiste Ennahda sans expérience politique qui ont passé de longues années en prison ou en exil à l'étranger et dont le manque de compétences les empêchait de se pencher sur les questions économiques et sociales urgentes. Inscrire les droits économiques et sociaux dans la nouvelle Constitution, d'après Hibou, ne garantit rien. Elle dénonce la façon dont les revendications d'augmentation des salaires ont été prises en compte :

> En effet, les salariés ont obtenu des augmentations de salaire dans les secteurs où l'UGTT était la plus forte, à savoir essentiellement dans la fonction publique, dans les entreprises publiques ou parapubliques et dans les plus grandes entreprises privées – c'est-à-dire dans les secteurs relativement privilégiés et protégés. (…) Par ailleurs, les augmentations de salaire dans la fonction publique et dans les sociétés publiques et parapubliques se font nécessairement au détriment d'autres utilisations budgétaires, par exemple des investissements dans les régions défavorisées.

D'autre part, « nombre d'entreprises offshore ont également accordé des augmentations de salaire pour éviter de répondre à l'autre demande majeure du mouvement : la « permanentisation », c'est-à-dire le rejet des tendances généralisées de précarité et de flexibilité du travail », un des crédos du néolibéralisme.

La « détérioration de la situation économique » et les « conséquences désastreuses de la guerre civile en Libye » (Hibou) ont provoqué des mouvements d'émigration qui se sont heurtés à la forteresse Europe. La prolifération du salafisme radical sous le premier gouvernement dirigé par Ennahda et la misère de la jeunesse sans travail et sans perspective ont jeté des milliers de jeunes Tunisiens dans les bras de l'État islamique (Daech).

À part la question économique et sociale, Hibou soulève un autre sujet important, la critique des « modalités du pouvoir qui s'est exercé en Tunisie depuis des décennies », perfectionnées par Ben Ali et le parti RCD dont elle rend compte, en ces termes, dans *La Force de l'Obéissance* : « Le clientélisme partisan a structuré toutes les relations entre les autorités et la population, dans la vie politique mais aussi bien (…) dans la vie économique et sociale » (cf. Béatrice Hibou, *La Force de l'Obéissance. Économie politique de la répression en Tunisie*, Paris : La Découverte, 2006, 363 p.). Malgré l'interdiction du RCD après la Révolution, les structures continuent à fonctionner. « Les conflits entre « forces révolutionnaires » et « forces contre-révolutionnaires » (qui ne regroupent pas seulement les membres actifs du RCD mais également des pans entiers de l'UGTT, ceux qui étaient alliés au parti) prennent des formes classiques, à l'instar de la résistance dans les administrations ou le sabotage d'initiatives par instrumentalisation de certaines catégories du réseau clientéliste ».

À titre d'exemple Hibou mentionne une action de la Compagnie des Phosphates de Gafsa, « qui entendait dès février 2011 créer 3 000 emplois et aider au lancement de petites activités productives ». Elle regrette que cette stratégie n'ait pas « pu être mise en œuvre du fait de l'instrumentalisation de conflits sociaux fondée sur les clivages tribaux et de la poursuite de pratiques clientélistes ».

D'après Hibou, « le double paradigme du consensus et du choix de l'efficacité économique par une technocratie apolitique continue à caractériser les modes de gouvernement ». Ce que dit Hibou sur le gouvernement intérimaire de Caïd Essebsi en 2011, à qui elle reproche son immobilisme et un manque de volonté de changer le régime, est également vrai pour le gouvernement actuel sous sa présidence. Son âge avancé et son passé d'ancien ministre de Bourguiba sont des indices supplémentaires de cette inertie.

« Dans ces conditions, l'État apparaît toujours aussi éloigné de la population, distant, hiérarchique et inatteignable », estime Hibou qui ajoute :« Il va de soi que ces revendications d'apolitisme et cette posture technocratique sont très politiques ». (...) L'« attachement aux grands équilibres macroéconomiques témoigne de choix implicites forts qui sont un déni des demandes du mouvement social », ce qui correspond à une « tendance à se focaliser sur le « politique » et à marginaliser les questions « économiques et sociales » au nom de la transition et des urgences de l'établissement des règles de vie en démocratie » (Hibou).

Cette excursion dans la préhistoire de la Révolution et cette prise de conscience de la continuité de l'ancien régime peuvent aussi éclairer la relation entre l'Union européenne et le régime de Ben Ali et ses successeurs. Dans sa contribution intitulée : « *From Barcelona to the policies of neighborhood : Goals and consequences of the EU's economic trade policy* », Birgit Mahnkopf, professeur en sciences sociales à l'Université Technique de Berlin, indique que dans les années 1990 « la politique euro-méditerranéenne de l'Union européenne a soutenu des « partenariats de stabilité » avec des régimes arabes autocrates, mais proches des pays de l'Ouest ». Ben Ali était considéré comme un des piliers du processus de Barcelone et de la politique euro-méditerranéenne de l'UE. « Le pluralisme et les droits de l'homme ne jouaient qu'un rôle marginal dans la politique étrangère de l'UE » (Mahnkopf). À la lumière du partenariat euro-méditerranéen (PEM) et de la politique européenne de voisinage (PEV), Mahnkopf se pose la question de savoir si les revendications des protagonistes de la Révolution, concernant un travail convenablement rémunéré et des conditions de travail décentes, sont compatibles avec la réalité de la politique européenne.

Elle conclut, à partir de ces constats, que dans le cadre de la politique euro-méditerranéenne antérieure à la politique de voisinage les valeurs communes et l'intégration régionale avaient encore une signification réelle, tandis que la nouvelle politique de voisinage sert sans équivoque les intérêts purement commerciaux de l'UE. Dans la même logique, la coopération des pays partenaires du Sud a cédé le pas à une approche centre-périphérie suivant le principe de la conditionnalité politique (donne plus et tu reçois plus) que les pays de l'Afrique du Nord, mais d'autres aussi associent à l'agenda économique néolibéral. Les Accords de libre-échange complets et approfondis (ALECA) avec les pays de l'Afrique du Nord n'ont jamais ni implicitement ni explicitement visé la possibilité d'une entrée à l'UE comme ce fut le cas pour les pays de l'Est. L'extension du libre-échange, déjà ciblé par les programmes d'ajustement structurel (PAS) du FMI et de la Banque mondiale dans les années 1980, ainsi que l'accord d'association de 1995 entre l'UE et la Tunisie, entré en vigueur en 2008, seraient, aux yeux de Mahnkopf, au cœur de la stratégie de l'UE vis-à-vis des pays du sud de la Méditerranée. Elle signale que la réduction des barrières commerciales, l'ouverture et la dérégulation des marchés, la privatisation des entreprises publiques et la réduction des subventions de l'État ont provoqué une crise économique en Tunisie qui aurait déclenché les révoltes du peuple en 2010/11.

Après quelques irritations dues au changement abrupt des interlocuteurs habituels, l'UE a décidé de redéfinir la politique de voisinage. Bien que, d'après Mahnkopf, la Commission européenne ait adopté une résolution du Conseil de l'Europe, exprimant l'intention de soutenir le processus de transformation et de créer des possibilités d'assurer bien-être et prospérité à long terme et de promouvoir l'inclusion et la stabilité régionale, l'Union européenne a continué à poursuivre sa stratégie néolibérale de conditionnalité politique dans le cadre du modèle des 3M : « *Monetary Approach* » : soutien financier au développement de sociétés avec une économie des marchés libres, « *mobility* » : promotion d'une plus grande mobilité des hommes d'affaires et des étudiants et « *market access* » : accès aux marchés européens à condition que les pays entament un processus de démocratisation profonde avec des élections régulières, la liberté de rassemblement, la liberté d'opinion, et le respect de l'État de droit, qu'ils initient un combat contre la corruption et qu'ils soumettent les forces de sécurité au contrôle des instances démocratiques. Dans cette logique, l'UE poursuit son « agenda de libre-échange offensif », qui, d'après Mahnkopf, est à sens unique parce que ce ne sont que les pays « partenaires » qui sont obligés de réduire les barrières commerciales pour créer, chez eux, des conditions favorables pour les investisseurs et des marchés pour les entreprises transnationales européennes et pour leur garantir l'accès aux matières premières. En même temps, l'Union européenne se réserve la possibilité de prendre des mesures protectionnistes afin de mettre ses propres secteurs économiques à l'abri de la concurrence internationale. L'un des exemples-clés de cette approche est la politique agricole commune (PAC) qui sert à subventionner des produits agricoles pour les vendre à un prix plus bas que les produits locaux, incapables par là même de supporter la concurrence et condamnés à disparaître du marché. En même temps, l'accès des produits des pays partenaires aux marchés de l'UE est limité par la fixation des contingents ou la limitation temporaire des imports, le tout pour protéger l'agriculture européenne de la concurrence. Afin de faire signer ces accords évidemment défavorables pour les économies des pays cibles, l'UE fait pression à travers le « management de la migration » et les aides financières pour l'économie : en contrepartie de la réadmission de *tous* les migrants irréguliers, y compris les ressortissants d'autres pays, ayant réussi à arriver en Europe, l'UE propose l'assouplissement des modalités d'obtention de visas pour les hommes d'affaires et les étudiants et fait miroiter des aides financières.

Mahnkopf finit son article par une évaluation critique de l'accord de libre-échange complet et approfondi (ALECA) actuellement en cours de négociation avec la Tunisie. À en croire les promesses de l'UE, les investissements directs étrangers dans la région augmenteront de façon significative. Les prix des produits de consommation baisseront parce que les produits importés de l'Europe sont moins chers que les produits locaux. Finalement il y aurait des améliorations au niveau de la protection de l'environnement et des conditions hygiéniques.

En tenant compte des résultats d'une étude indépendante de 2008 qui avait été commandité par l'UE, Mahnkopf cite une liste de conséquences nuisibles nettement plus longue que celle des avantages : les ALECA menacent de déstabiliser les économies et les sociétés des pays partenaires du sud. Le document identifie les effets négatifs suivants : perte d'emplois, augmentation du chômage, baisse des salaires et une expansion de l'économie informelle. À ceci s'ajouteraient des pertes énormes en recettes fiscales de l'État avec des conséquences sociales désastreuses : réduction des budgets pour la santé, l'éducation et les prestations sociales. Les importations augmenteront de façon substantielle, l'industrie du textile et de l'habillement déclinera, la production des marchandises en cuir et des chaussures et – plus important encore – des produits de nourriture diminuera constamment. Par ailleurs, une détérioration de l'environnement est à craindre à la suite à l'urbanisation accélérée, ainsi que la diminution des ressources en eau, la perte de fertilité des terres et l'augmentation de la pollution de l'air.

Mais étant donné que l'ALECA n'est pas un accord de libre-échange (d'association) conventionnel dont l'objectif n'est pas le seul démantèlement tarifaire à l'image de celui de 95 mais, comme suggéré par sa dénomination, un accord complet et approfondi dépassant l'exigence de l'abandon des barrières tarifaires et visant l'harmonisation de la réglementation tunisienne avec la réglementation européenne, il faut, d'après Mahnkopf, consacrer beaucoup d'attention aux barrières commerciales non tarifaires. La protection de la propriété intellectuelle pourrait se traduire par une hausse des prix substantielle des produits de première nécessité pour les pays partenaires. La libéralisation du secteur des services est très controversée parce qu'il est un instrument important de l'augmentation de la croissance et de l'emploi locaux. Ces arguments mis à part, les entreprises de l'UE disposent déjà, selon Mahnkopf, d'avantages compétitifs dans les secteurs du tourisme, de la télécommunication et des services financiers ; c'est pourquoi les syndicats et les employés des pays concernés risquent d'être confrontés à une dégradation de leurs conditions de travail et leur situation sociale.

Pour finir, Mahnkopf focalise sur le secteur des appels d'offres publics, éminemment importants pour le soutien de l'industrie locale et l'amélioration de la situation de l'emploi dans toute la région de l'Afrique du Nord : les entreprises de l'UE cherchent l'accès à ce secteur afin d'obtenir des contrats publics à l'étranger. Par l'introduction du principe de la « non-discrimination » dans le droit de compétition, les pays partenaires du Sud seraient obligés d'ouvrir la compétition pour les contrats publics aux entreprises de l'Union européenne.

Ce qui aggrave encore la situation, c'est que l'UE dénie à ses partenaires le droit des États souverains de prendre des mesures pour protéger les jeunes entreprises locales de la concurrence étrangère et de soutenir le développement socio-économique. D'après une estimation de l'OMC, les contrats publics représentent entre 10 et 15 % du PIB ; c'est pourquoi les pays du Sud ont, jusqu'ici, bloqué l'accès aux entreprises de l'UE. Ce blocage en faveur des entreprises locales ne les expose pas à la concurrence internationale. Le principe de « réciprocité » prôné par l'UE s'avère complètement illusoire face à l'inégalité, en matière de compétitivité, entre les entrepreneurs locaux et leurs concurrents européens : Mahnkopf souligne que les relations asymétriques mettent les pays du Sud, partenaires de l'UE, à l'instar de la Tunisie, sous une pression d'autant plus énorme qu'ils sont dépendants de l'UE pour une grande part de leurs exportations. En outre, les accords bilatéraux affaiblissent l'intégration régionale qui, dans la première version de la politique de voisinage de 2004, était encore une priorité.

2. La perception critique des accords de libre-échange par des chercheurs tunisiens, marocains et algériens

Sami Aouadi, professeur de sciences économiques à l'Université Al Manar de Tunis et membre du syndicat UGTT, présente, dans son article intitulé : « *Les relations commerciales tuniso-européennes : Nouveaux défis* », un bilan de ces relations, à la faveur des négociations sur l'accord de libre-échange ALECA. Aouadi situe, dans son préambule, les relations UE-Tunisie dans le cadre de la mondialisation, de la régulation des relations commerciales instaurée par le GATT et renforcée par l'Organisation mondiale du commerce (OMC), créée en 1994, pour succéder au GATT et régir les relations commerciales entre les pays membres et les secteurs non marchands liés au commerce à la suite de l'Accord de Marrakech « consécutif à l'aboutissement des plus longues négociations multilatérales de l'Uruguay Round ».

Aouadi rappelle, en brossant l'historique du libre-échange, que la création de l'OMC a marqué le début du régime de libre-échange qui soumettait les 125 signataires de l'Accord de Marrakech à un système de règles générales et obligatoires. C'était la fin des relations commerciales privilégiées qu'un nombre de pays en développement avaient nouées, après leur indépendance, avec les anciennes puissances coloniales. Dans le cas des pays de l'Afrique du Nord, ces accords étaient gérés par la Communauté économique européenne (CEE) et ses membres de l'époque dont la France, ancienne puissance coloniale en Afrique. C'était en fait sous la pression de la France, qui entendait maintenir des relations économiques privilégiées avec ses anciennes colonies, que la CEE a renoncé de façon unilatérale à des droits à l'importation. Aouadi confirme que la Tunisie a profité depuis 1976 de ces conditions préférentielles favorables. À l'inverse, de nombreux pays en développement ne bénéficiant pas de ces avantages ont protesté en demandant un traitement équitable. Cette levée de boucliers a été l'origine d'une résolution mettant fin, au plus tard en 2007, aux relations commerciales privilégiées entre les pays de l'Europe et de l'Afrique, à l'exception des pays les moins développés (LDC).

L'Accord d'Association entre l'Union européenne, fondée par le traité de Maastricht le 1er novembre 1993 et la Tunisie en 1995/6, fut conclu immédiatement après la fondation de l'OMC. Mais cet accord n'est entré en vigueur qu'en 2008 au lendemain de l'expiration de la date limite fixée pour l'arrêt définitif des relations commerciales privilégiées entre l'UE et les pays africains. Ce qui frappe dans ce contexte, c'est que l'UE n'a conclu l'accord d'association avec la Tunisie que sous la condition de son adhésion à l'OMC. La Tunisie devenait membre de l'organisation mondiale le 29 mars 1995 rejoignant, par là même, le régime de libre-échange auquel l'UE et ses États membres appartenaient déjà. Tous les États signataires ont droit aux mêmes conditions favorables que des états membres ont déjà accordées à d'autres membres, « à l'exclusion toutefois des préférences accordées entre pays liés par des accords d'union douanière ou de zone de libre-échange (ZLE) ». D'après Aouadi, « la création d'une zone de libre-échange se présente comme une perspective voire une issue de sortie pour les pays incapables d'assumer le respect des règles strictes du libre-échange ».

L'auteur s'intéresse par la suite au contexte et aux raisons de l'accord de libre-échange tuniso-européen de 1996. Du point de vue européen, la zone de libre-échange, à laquelle 12 pays avaient adhéré, est une conséquence logique de la politique européenne vis-à-vis des « pays tiers-méditerranéens » (PTM) : la réduction des barrières tarifaires à l'intérieur de la zone de libre-échange étant réservée exclusivement aux produits européens, devenus ainsi plus compétitifs, l'UE pouvait se débarrasser de concurrents d'autres pays. Elle offrait « à ses propres entreprises de nouvelles opportunités d'exportation à l'abri de la concurrence d'autres firmes étrangères » et arrivait ainsi à détourner le trafic.

Du point de vue tunisien, Aouadi présente deux interprétations de l'accord : les uns considèrent l'accord comme un choix délibéré de la Tunisie permettant « au pays, après dix années d'ajustement structurel, d'équilibres macroéconomiques rétablis, d'un marché largement déprotégé, d'une économie profondément libéralisée et le tout dans le cadre d'une enviable stabilité sociale et politique » d'envisager avec confiance un nouveau palier de développement ».

« La deuxième interprétation est toutefois plus nuancée » estime l'auteur pour qui les adeptes de cette seconde lecture considèrent « cet accord comme une manière de gérer les contraintes extérieures ». Comme la Tunisie ne pouvait plus profiter des régimes préférentiels unilatéraux dans ses relations commerciales avec l'UE mais dépendait en même temps très largement des marchés européens, « le seul choix qu'elle pouvait faire était celui de choisir son camp » dans le concert des grandes puissances internationales, l'USA, l'UE et le Japon et de s'aligner sur la politique européenne.

Aouadi cite des chiffres de 1994 qui montrent que l'économie tunisienne dépendait déjà à l'époque presque entièrement de l'Europe : « 79 % des exportations et 72 % des importations se font avec l'UE, 500 000 Tunisiens y vivent et leurs transferts de revenus vers la Tunisie représentent, avec 430 M.D, 80 % des transferts extérieurs, 90 % des touristes visitant la Tunisie sont européens » (Aouadi 2000).

Malgré les chiffres de la Banque mondiale, la lecture positive de la croissance tunisienne, présentée par le gouvernement tunisien, était déjà contestée par les milieux d'affaires. Ces derniers « éprouvaient déjà des difficultés à faire face aux impacts de la libéralisation partielle des importations concurrentielles. Ils avaient annoncé à l'époque que le démantèlement tarifaire à l'égard des produits concurrentiels européens (…) menaçait de disparition 30 % des entreprises existantes, 58 % du tissu industriel national et pouvait entraîner la perte de 120 000 emplois ».

Aouadi cite ensuite toute une liste « d'impacts problématiques qu'aurait engendrés l'accord » :

- « L'effet sur les prix intérieurs : la baisse des coûts de produits importés en raison du démantèlement n'aurait pas produit des surplus auprès des producteurs et des consommateurs car l'État avait compensé la détaxation des importations par une taxe intérieure à la consommation.

- L'effet sur les finances publiques : la baisse des recettes douanières (30 % des recettes propres du budget de 1993 en raison du démantèlement tarifaire) a aggravé le déficit budgétaire que l'État n'arrivait pas déjà à maîtriser.
- L'effet sur les déséquilibres extérieurs : Comme les termes de l'accord ne comportaient pas d'améliorations pour les exportations et favorisait uniquement les importations, celles-ci étaient le véhicule d'un effet de détournement de trafic au profit des produits européens, au détriment des produits du reste du monde (...) ce qui fait que les déséquilibres extérieurs de la Tunisie ont été aggravés.
- L'effet sur l'emploi : en raison des risques de disparition de certaines entreprises et de la tendance à la compression des effectifs pour réduire les coûts de production et pour réaliser des gains de productivité, le taux de chômage a grimpé de 14 % au terme de l'accord en 2008 ».

D'après Aouadi, l'accord ALECA, qui s'inscrit dans le cadre de la politique de voisinage, répond à la même logique que l'accord d'association conclu dans le cadre de la politique euro-méditerranéenne menée dans le passé : « Il s'agit d'une autre fuite en avant de l'UE alors qu'une quasi-unanimité est presque faite sur l'échec de la PEM en ce qui concerne son objectif de créer une grande zone de prospérité partagée ». Malgré les effets néfastes, l'UE persiste à suivre une logique politique hégémonique et une logique économique strictement commerciale, voire mercantile, qui impose aux pays de la Méditerranée de prendre des mesures radicales de libéralisation auxquels ni les structures économiques ni les opérateurs ne sont préparés. Ce constat serait particulièrement vrai pour le démantèlement des barrières non tarifaires dans le secteur des services et des marchés publics.

Face à cette situation, Aouadi présente un certain nombre de considérations stratégiques :

- En faisant allusion aux promesses électorales des partis de la coalition actuellement au gouvernement, il demande l'élaboration d'une stratégie à long terme qui associe toutes les forces de la société : les deux plans quinquennaux devraient présenter les contours d'un modèle de développement strictement opposé au modèle néolibéral de Bretton Woods.
- Il demande une diversification des relations commerciales : « S'enfoncer davantage dans l'exclusivité au profit de l'UE pourrait être une impardonnable erreur d'appréciation dont souffriraient nos entreprises ».
- Une condition préalable à la conclusion de l'accord serait une étude scientifique indépendante et approfondie au sujet de l'impact de l'accord d'association de 1995/96 sur l'économie et la société tunisiennes.

- Une étude indépendante sur l'impact potentiel de l'ALECA serait également indispensable afin d'éviter d'être induit en erreur par des études tendancieuses de la Banque mondiale comme dans le cas de l'Accord d'Association.
- « L'ouverture des marchés publics aux firmes européennes risque de porter un coup de grâce au secteur Bâtiments Travaux publics (BTP) tunisien et à ses centaines de milliers d'emplois ».
- L'ouverture de l'agriculture tunisienne aux entreprises agricoles européennes qui profitent depuis des décennies de la politique agricole commune (PAC) serait mortelle pour les agriculteurs tunisiens qui n'ont jamais eu des subventions. Le secteur aurait besoin, en toute priorité d'une consolidation.
- Même si l'ouverture des marchés était prometteuse de nouvelles possibilités d'investissement, les entrepreneurs tunisiens seraient incapables d'affronter la concurrence des entreprises transnationales européennes.
- Si un accord ALECA entrait en vigueur, l'État tunisien perdrait le contrôle de sa politique économique, aussi bien en ce qui concerne la protection de ses entreprises qu'en ce qui concerne la politique sociale.
- « L'ALECA n'est que le reflet de la priorité qu'accordent les firmes européennes à une politique de conquête des secteurs de notre marché encore protégés de la concurrence et occulte de nombreux autres aspects du développement tels le transfert de la technologie, la recherche scientifique, les nouveaux métiers, la bio-économie » (Aouadi).

Dans son article intitulé « *La politique économique européenne vis-à-vis des pays de la rive Sud de la Méditerranée. Une critique de l'Accord de Libre-Échange Complet et Approfondi (ALECA) de la Tunisie avec l'Union européenne (UE)* », Azzam Mahjoub, professeur en sciences économiques de l'Université Al Manar à Tunis, se demande quelles pourraient être les conséquences d'un tel accord pour les droits économiques et sociaux inscrits dans la nouvelle Constitution tunisienne de 2014. Il se réfère à une étude, parue en mars 2015, intitulée : « *L'impact de l'ALECA sur les droits économiques et sociaux en Tunisie* » qu'il a élaboré en collaboration avec Ziad Saadaoui pour le compte du Réseau euro-méditerranéen des droits de l'homme (REMDH).[3] Si les contributions précédentes se sont concentrées plutôt sur les effets économiques chiffrables, Mahjoub s'intéresse plus spécialement aux

3 En faisant allusion aux réserves exprimées au niveau officiel, Mahjoub mentionne aussi une déclaration des organisations de la société civile tunisienne, italienne et française publiée le 12 février 2015 à l'occasion de la séance du Parlement européen du 15 février 2015 consacrée à l'ouverture des négociations sur l'ALECA dans laquelle ces organisations expriment leur résistance contre l'ALECA qu'ils refusent catégoriquement.

conséquences de tels accords pour les citoyens en général mais surtout pour les habitants des régions défavorisées et pour leurs conditions de vie et de travail : ces laissés pour compte étaient à l'origine des revendications de justice sociale mises en avant pendant les révoltes de 2010/11 et c'est grâce à eux que les droits découlant de ces exigences ont été inscrits dans la nouvelle constitution tunisienne.

Mahjoub s'interroge, en premier lieu, sur la signification d'un accord de libre-échange *complet* et *approfondi* dans le contexte tunisien : « L'ALECA est un accord de libre-échange *complet* dans la mesure où il touche à l'ensemble des secteurs productifs, c'est-à-dire qu'en plus de l'industrie, qui a fait déjà l'objet d'un accord de libre-échange en 1995/96 avec la Tunisie, désormais tous les secteurs sont concernés, y compris l'agriculture et les services ».

Il est *approfondi* parce qu'« il s'agit désormais aussi de la levée des mesures dites non tarifaires ».

Pour un petit pays comme la Tunisie l'adaptation de la législation nationale à « l'acquis communautaire », c'est-à-dire à l'ensemble des lois et règlements qui gèrent les relations en matière de commerce entre les (encore) 28 pays membres de l'UE, représente un défi énorme ainsi qu'un grand risque parce qu'il met en question la souveraineté et l'identité nationales. En raison de la prédominance de cet espace économique de 500 millions d'habitants, il n'est pas surprenant que la perception de l'ALECA comme « un partenariat privilégié » par les promoteurs de l'accord soulève des doutes considérables auprès d'un bon nombre de journalistes, d'intellectuels et d'acteurs de la société civile, soucieux de concrétiser les objectifs de la Révolution parce qu'elle présente une asymétrie, une inadéquation totale avec la réalité qui fait penser, non à un partenariat privilégié, mais à l'étreinte d'un géant qui étouffe un nain. Ce n'est pas un hasard si les organisations de la société civile ont critiqué dans leurs déclarations le manque de transparence des négociations et demandé l'accès libre aux documents comme l'ont déjà réclamé les députés dans les parlements des pays européens ainsi que les activistes de la société civile à l'occasion des négociations sur le « partenariat transatlantique pour le commerce et l'investissement » (TTIP) entre l'UE et les USA. Ils ont, en outre, demandé que soient commanditées des études indépendantes pour mettre en évidence les effets négatifs de ces accords pour le pays et la population. Il est donc peu surprenant que les acteurs et experts tunisiens et marocains s'interrogent sur la pertinence de l'emploi de la formule de « partenariat privilégié » pour un observateur dont le regard averti finit par éventer la supercherie. À l'exemple de l'abolition des barrières commerciales non tarifaires qui retient l'attention de Mahjoub, ce qui frappe c'est que l'économie tunisienne est censée s'adapter, de façon unilatérale, aux normes et standards de l'Union européenne : il en résulterait une perte de la souveraineté de l'État qui désormais n'aurait plus ni la compétence de prendre des mesures de protection des secteurs de la production locale et de sa propre population ni les moyens de promouvoir un développement autonome du pays. Le gouvernement et la bureaucratie dégénéreraient, selon Mahjoub, pour devenir des instruments d'enregistrement et d'administration des réglementations de l'UE et de contrôle de leur mise en œuvre sur le sol tunisien. Cerise sur le gâteau, les marchés publics seraient, eux aussi, exposés à la conquête des firmes de l'UE dans la mesure où la libéralisation des appels d'offres publics ainsi que la protection des investisseurs étrangers provoqueraient un combat entre un géant et un nain et où, à l'inverse du récit biblique, David serait battu par Goliath. C'est pourquoi Mahjoub découvre beaucoup plus de dangers et de risques que d'avantages pour la Tunisie dans l'ALECA. Même si une amélioration des standards au niveau de la production et dans le domaine de la santé et de l'environnement n'était pas forcément nuisible pour le développement, la domination commerciale des entreprises transnationales européennes est telle, que les spécificités locales et les préférences de la population n'ont plus de place. Ce serait la population qui serait frappée le plus par cette augmentation de la compétitivité qui, par l'introduction des nouvelles technologies, aggraverait le chômage, amènerait à une nouvelle baisse des salaires, mettrait fin à l'organisation syndicale, réduirait les prestations sociales ou empêcherait carrément leur mise en place. Si les besoins humains, comme le besoin de santé, sont pris en charge par le secteur privé, c'est l'argent seul qui permettra l'accès aux services. Ce n'est plus l'État qui prendra soin de la population. La même chose est vraie pour l'éducation et la culture.

À la lumière de ce bilan décourageant, Mahjoub revendique la création « d'un partenariat politique global » qui dépasserait de loin le libre-échange, l'ALECA n'étant pas « une fin en soi ». Il s'agirait d'une « refonte et mise à jour de l'accord d'association qui doit être l'expression d'un partenariat de solidarité active entre la Tunisie et l'UE ».

Cette réorientation serait d'autant plus urgente qu'aux yeux de beaucoup de Tunisiens, l'UE, malgré l'aide accordée avant et après la Révolution, n'aurait pas encore saisi l'ampleur des défis et menaces auxquels la Tunisie est exposée. Elle ne serait pas non plus consciente de l'importance stratégique et sécuritaire d'une consolidation de la transformation démocratique en Tunisie, qui en cas d'échec aurait des conséquences lourdes pour la stabilité de toute la région.

Mahjoub finit par présenter sa conception d'un partenariat solidaire entre la Tunisie et l'Europe, qui tiendrait compte, avant tout, du rapprochement de la Tunisie des valeurs de l'Europe. En plus, la Tunisie mériterait un traitement privilégié pour ses progrès en matière de transition démocratique. Un tel partenariat ne serait pas limité aux seuls intérêts commerciaux. Il faudrait, au contraire, adopter une logique qui engloberait, à côté de la dimension économique, surtout les dimensions sociale, humaine et culturelle. Mahjoub cite des experts au Sud mais également au Nord qui réclament un changement de paradigme dans la politique européenne vis-à-vis de la Tunisie en élargissant la politique régionale européenne et en ouvrant notamment les fonds structurels pour la Tunisie, « ce qui supposerait un changement de l'assistance de l'UE passant, d'une approche sectorielle par projet et basée sur l'appui budgétaire, vers une approche structurelle et territoriale », qui aurait permis aux régions moins développées de l'UE d'« arriver à une convergence réelle et réussie ». Une telle conception présupposerait que la Tunisie élabore un consensus national sur les objectifs de développement à court, moyen et long terme et définisse les priorités stratégiques pour la coopération régionale ainsi que la coopération avec l'UE. Ce projet pourrait se réaliser le mieux à travers une évaluation commune de la politique de partenariat européenne.

Dans ce contexte Mahjoub réclame aussi que ce « nouvel accord global dit de solidarité [puisse] englober en matière de mobilité aussi la migration régulière et constate : « Jusqu'à maintenant, il n'y a point d'ouverture ou des possibilités supplémentaires de migration régulière, même temporaire, de la main-d'œuvre tunisienne vers l'UE ».

Dans sa contribution intitulée « *Le "partenariat" entre le Maroc et l'Union européenne : Bilan d'un échec* », l'économiste marocain, Mohamed Zoubdi dresse une image sombre des relations entre le Maroc et l'UE en en constatant l'échec. Comme le Maroc et la Tunisie, après leur indépendance, faisaient toujours partie de la zone d'influence des anciennes puissances coloniales européennes, dont notamment la France, l'Espagne et l'Italie, les deux pays, dans le cadre de l'évolution de l'intégration européenne de la CEE à l'UE, continuaient à être ciblés par la politique européenne. D'après Zoubdi, « le Maroc dans le cadre de ses relations avec l'Europe se trouve rigoureusement dans une position de subalterne » et « ne dispose (…) d'aucune marge de manœuvre pour imposer son agenda », ce qui explique la mise entre guillemets du terme de partenariat dans le titre de son article. Pour lui, l'approche hégémonique du libre-échange est « un projet néocolonial qui impose (…) l'ouverture commerciale à outrance pour les pays du Sud en contrepartie du protectionnisme pour les pays du Nord ».

À la différence de l'Algérie, l'intégration de la Tunisie et du Maroc au régime du libre-échange et l'alignement de leurs politiques économiques sur celle de l'UE se faisaient parallèlement. En 1996, un an après la Tunisie, le Maroc a signé un accord d'association avec l'UE ouvrant l'accès à la zone de libre-échange. Compte tenu de l'importance de l'agriculture marocaine, l'UE imposa des restrictions aux exportations marocaines des fruits et légumes pour protéger l'agriculture européenne, notamment espagnole en utilisant déjà à l'époque les instruments non tarifaires comme la fixation de contingents et la limitation temporaire des importations en Europe. Un nouvel accord de 2012 a prévu l'ouverture totale des marchés marocains aux produits agricoles européens. Les contingents d'exportation de fruits et légumes marocains ont été légèrement augmentés mais, en même temps, soumis à une taxe. En 2014, l'UE a, de nouveau, durci les conditions en augmentant les frais de douane pour les fruits et légumes en provenance du

Maroc. Le Plan Vert au Maroc, qui constitue, d'après Zoubdi, la stratégie actuelle dominante est exclusivement orientée, comme on l'a aussi constaté pour la Tunisie, vers le développement de l'Agrobusiness. Cette stratégie compromet la moindre possibilité d'assurer la sécurité nutritionnelle de la population et la survie des petits fermiers. Le chômage dans les régions agricoles en hausse, tout comme l'exode rural et l'extension des bidonvilles dans les grandes villes créeraient une situation sociale extrêmement explosive.

D'après Zoubdi, l'échec des programmes d'ajustement structurel (PAS) de la Banque mondiale et du FMI dans les années 1980 aurait justifié la présence d'un programme d'assistance dans l'accord d'association pour accompagner le processus. Dans le cadre de ce programme, la France aurait donné des crédits et proposé d'autres conditions favorables, mais non sans pièges : comme dans le cadre des PAS, les bailleurs de fonds ont continué à prôner la privatisation des entreprises de services étatiques, ce qui a fait que le groupe français Vivendi dispose aujourd'hui de 51 % des actions de Maroc-Télécom. D'après Zoubdi, plus de 25 % des entreprises industrielles du Maroc sont liées à des consortiums français :

> L'ouverture économique, diplomatique et politique (…), indubitablement un atout indispensable pour la survie de la monarchie, résulte d'une stratégie d'extraversion en marche depuis près d'un siècle au Maroc, aujourd'hui comme hier, profitant au Palais et à ses supporters, les « hommes riches » (Perrin 2002 dans Zoubdi).

Un autre effet néfaste, constate Zoubdi, a été produit par le « démantèlement des services publics de base comme le secteur de l'eau potable et de l'électricité », qui ont été gérés jusqu'à 1995 par des « Régies autonomes intercommunales » et se trouvent depuis sous l'égide de la Lyonnaise des Eaux, de Vivendi et d'un consortium luso-espagnol : « La prise en main de ce secteur par le privé s'est soldée par l'augmentation des tarifs et par la dégradation des services rendus », surtout au niveau de la facturation (Attac-Maroc 2005, Lahlou 2008 in Zoubdi). La promesse néolibérale de l'avantage comparatif fut également contredite par la réalité et non tenue : la couverture des frais d'importation encore évaluée à 71 % en 1997 a baissé pour arriver à 46 % en 2014. Le déficit commercial qui était de 29 milliards de Dhs en 1997 a atteint les 175 milliards de Dhs en 2013.

Un autre phénomène inquiétant, le transfert des gains des IDE au Maroc vers les pays d'origine des entreprises transnationales dont 69 % se situent dans l'UE, a pour conséquence une perte de devises importante dans la mesure où le volume des IDE a quintuplé entre 1998 et 2005 pour atteindre 44 % du PIB.

Pour combattre cette augmentation permanente du déficit budgétaire, les institutions de Bretton Woods ont décrété une politique d'austérité qui s'est traduite en 2013 par une réduction de 25 % du budget public au détriment des prestations sociales et des salaires. (Zoubdi). À la lumière de ce bilan très négatif, Zoubdi ne se pose même pas la question de savoir quels pourraient être les avantages et les inconvénients d'un accord ALECA. Ses conclusions l'amènent, par contre, à proposer une rupture totale avec l'UE et les institutions néolibérales de Bretton Woods. À la recherche d'autres solutions, Zoubdi envisage d'abord celle de l'Union du Maghreb arabe comme cadre régional susceptible d'améliorer la situation économique des pays membres mais la rejette à cause d'un manque de consensus et de solidarité des acteurs potentiels, pour finir par réfléchir à partir de l'exemple de pays d'Amérique latine.

En 2013, dans la foulée des événements du printemps arabe, les négociations sur ALECA ont été démarrées entre le Maroc et l'UE. Pour l'UE le Maroc est l'un des piliers de sa politique méditerranéenne, en particulier en ce qui concerne le combat contre la « migration illégale ». D'après un ouvrage collectif d'Attac-Maroc de mars 2015,[4] l'accord en question est loin d'être un banal accord économique et commercial de libre-échange. Les auteurs y voient la fin de la souveraineté de l'État marocain et une nouvelle forme du colonialisme.

À l'heure actuelle, le Maroc, cherchant vraisemblablement à gagner du temps, a demandé l'élaboration d'une étude indépendante pour analyser les enjeux de l'ALECA. Les négociations ont été suspendues pour faire participer les entrepreneurs marocains qui ont protesté contre leur mise à l'écart. Cette pause dans les négociations ne tempère pas le scepticisme des auteurs de l'étude d'Attac-Maroc qui ont très peu d'espoir que la ligne générale des négociations change et cherchent la solution dans une mobilisation de la société civile.

Dans son article intitulé : « *Accord d'Association Algérie-UE et diversification économique en Algérie : Quel bilan, quelles perspectives ?* » le professeur en sciences économiques, Ahcene Amarouche, de l'université Akli Mohand Oulhadj à Bouira, en Algérie évoque l'accord d'association entre l'UE et l'Algérie signé en 2002, plusieurs années après les accords similaires avec la Tunisie et le Maroc. Censé entrer en vigueur en 2017, il a été modifié et sa mise en œuvre définitive ne sera effective qu'en 2020. À la différence de la Tunisie et du Maroc, l'Algérie se trouve dans une phase de ses relations commerciales avec l'UE dépassée par les deux pays voisins. Néanmoins, elle arrive à la conclusion que l'accord n'a pas donné de résultats positifs jusqu'à l'heure actuelle. La demande de révision formulée par le gouvernement algérien et restée sans réponse n'est, par conséquent, pas le fruit du hasard. Ce dernier a pris en compte la critique des entrepreneurs locaux, soucieux de promouvoir leurs exportations mais qui « peinent à trouver des brèches dans

4 Najib Akesbi, Omar Aziki, Lucile Daumas, Salaheddine Lemaizi, Othman Mellouk, Brahim Oubaha, Mimoun Rahmani : Accords de libre-échange, des accords coloniaux contre les peuples. Analyse de l'accord de libre-échange liant l'Union européenne et le Maroc. *Contre la mondialisation libérale.* ATTAC CADTM Maroc (ed.), mars 2015, 109 p. (http://attacmaroc.org).

l'arsenal des barrières non tarifaires érigé par l'UE » pour ce faire parce que « du côté de l'UE, cette armada de normes techniques plus contraignantes les unes que les autres semble bien avoir pris la place du désarmement tarifaire, dans le même esprit protectionniste que les barrières tarifaires maintenant abolies » sans que cette situation empêche l'UE « de présenter le désarmement tarifaire comme l'argument majeur d'une coopération *mutuellement bénéfique* avec l'Algérie ».

D'après Amarouche, la faiblesse de l'économie locale n'est, par ailleurs, pas seulement due à l'accord de libre-échange. Elle serait aussi le résultat d'un manque de diversification de l'économie locale. Le cumul d'effets de processus internes de désindustrialisation dans les 30 dernières années et des clauses de l'accord d'association entre l'UE et l'Algérie a eu pour conséquence une dépendance accrue du pays vis-à-vis des importations en provenance de l'UE, aujourd'hui plus poussée que celle prévalant avant le tournant du millénaire : « L'éventail couvre à présent toute la gamme des biens d'équipement, des produits intermédiaires et des produits finis de large consommation et de luxe ». Depuis la baisse du prix du pétrole et des revenus en devises de la vente du pétrole et des dérivés, l'Algérie se trouve dans une situation très difficile parce que les importations épuisent les réserves en devises accumulées par l'Algérie grâce à la rente pétrolière.

Dans son analyse des conséquences de l'accord d'association, Amarouche montre que l'économie algérienne, par manque de diversification, est trop faible pour en tirer des avantages. Les exemples tunisien et marocain confortent ce pessimisme et montrent que l'espoir de pouvoir développer une économie locale forte qui génère le bien-être et les emplois nécessaires a été définitivement déçu par la politique d'ajustement structurel des institutions de Bretton Woods. Les principes de démontage de l'État et de la privatisation ont aussi fait des ravages en Algérie où, selon Amarouche, beaucoup d'entreprises industrielles ont dû fermer avec comme conséquence le licenciement de presque un demi-million de salariés entre 1996 et 2001. Comme l'UE partage les mêmes principes et qu'elle joue un rôle principal dans leur perfectionnement et leur mise en œuvre, on ne peut s'attendre qu'à des déconvenues de la « politique de voisinage ». La Tunisie aussi bien que le Maroc, dont l'interdépendance avec l'UE est déjà beaucoup plus avancée que celle de l'Algérie, ont un statut dégradé de pays low-cost qui fabriquent des produits semi-finis, à bas prix et à peu de valeur ajoutée, pour des entreprises transnationales européennes délocalisées qui adoptent une politique de coûts très bas (avec essentiellement de très bas salaires). L'orientation exclusive vers l'exportation ne contribue donc nullement à la fabrication de produits finis à forte valeur ajoutée. Amarouche affirme que, sur ce chapitre, l'Algérie a une position encore plus défavorable dans le contexte des accords de libre-échange que la Tunisie et le Maroc parce que le pays a renoncé, entre 1960 et 1970, à son programme de développement à cause de la rente pétrolière (Dutch disease) et qu'il ne dispose pas d'une main-d'œuvre qualifiée pour la production industrielle.

Les secteurs dominants en Algérie sont avant tout l'extraction du pétrole et du gaz, le secteur des travaux publics et celui de l'agriculture qui produit majoritairement pour le marché interne. Le secteur des travaux publics et l'agriculture sont subventionnés par les revenus en devises de la vente du pétrole et du gaz. On n'a peu de chances de remédier à la dépendance dramatique du pays de l'exportation par une politique de substitution des imports que vise actuellement l'Algérie en cherchant à changer les habitudes de consommation de la population (acheter algérien). La dépendance de l'Algérie, productrice de matières premières, du marché mondial a affaibli sa position vis-à-vis des institutions financières internationales et de l'UE parce que le pays a besoin de crédits pour financer ses importations de produits de première nécessité tant que les prix du pétrole n'augmentent pas de façon substantielle.

Dans sa réflexion finale concernant les relations entre l'Algérie et l'UE, Amarouche s'en prend à la divergence des systèmes politiques et craint que le « dialogue politique » prévu dans l'accord de libre-échange pourrait amener l'UE à intervenir de façon autoritaire dans les affaires internes du pays. Pour illustrer les effets négatifs de l'accord sur l'économie, il prend l'exemple de 2 800 produits qui sont censés être importés de l'UE après le démantèlement des tarifs. Suivant la hausse constante du prix du pétrole jusqu'à 2008, ces produits sont devenus de plus en plus chers. Les machines et produits intermédiaires importés ont atteint en 2011 un volume de 30 milliards de dollars. Le bilan commercial algérien, positif jusqu'à 2013, est devenu négatif en 2014 avec un déficit de 8 milliards de dollars. Si on peut, d'après Amarouche, faire confiance à la presse du début de l'année 2016, l'Algérie aurait dépensé entre 2005 et 2015 plus de 197 milliards d'euros pour des importations provenant de l'UE contre 13 milliards de revenus dans la même période.

Compte tenu des revendications de la révolution tunisienne concernant la dignité et les conditions de vie et de travail décentes, le bilan des relations tuniso-européennes et de l'accord d'association de 1995/96, qu'ont dressé les auteurs nord-africains, est plutôt négatif. Les accords de libre-échange sous négociation ne représentent pas une chance, comme le veut l'UE. Ils sont plutôt considérés comme une menace : les effets négatifs de l'accord d'association, qui a fait que, depuis 2008, le marché tunisien s'est complètement ouvert aux produits industriels européens, se trouveraient aggravés par la libéralisation du secteur des services et des marchés publics ainsi que par l'abolition des barrières non tarifaires prévues par l'ALECA, clauses qui touchent à la souveraineté de l'État en l'empêchant de protéger sa population et son économie. La dégradation du pouvoir d'achat, les augmentations de prix à craindre, la hausse du chômage, surtout celui des jeunes diplômés, pourraient provoquer des troubles sociaux et jeter les jeunes sans perspectives dans les bras de djihadistes radicaux parce que la forteresse Europe reste fermée. Les relations entre l'UE et le Maroc et leur impact négatif pour la prospérité de la société marocaine dans sa totalité représentent aussi un échec pour Ahmed Zoubdi. Comme le Maroc a eu un début de printemps arabe en février 2011, il n'est pas étonnant que les négociations sur l'ALECA aient été déjà entamées avec ce pays en 2013. Par peur d'une déstabilisation d'un de ses pions clés du combat contre la migration illégale, l'UE avait hâte de s'assurer de la stabilité du Maroc. C'est ainsi que la mise en œuvre de la nouvelle constitution du Maroc en 2011 et la nouvelle politique migratoire proclamée par le roi en septembre 2013 ont été soutenues par l'UE. Comparée à la Tunisie et au Maroc, l'Algérie se trouve dans une phase antérieure, étant donné que le gouvernement a demandé, sous la pression des entreprises locales, une révision de l'accord d'association, qui entrera en vigueur en 2020 seulement. La situation de ce pays n'est pas vraiment comparable à ces deux autres parce que l'État algérien a profité, pendant 30 ans, d'une rente pétrolière substantielle conjuguée avec un bilan commercial positif jusqu'à 2013. Néanmoins Amarouche attire l'attention sur les dangers de la dépendance de l'économie algérienne vis-à-vis des prix du marché pétrolier mondial qui a fragilisé un pays vivant de la rente pétrolière et qui a manqué, par là même, de construire une économie diversifiée. Son bilan des relations commerciales de l'Algérie avec l'UE est négatif parce qu'il reproche à l'UE de profiter unilatéralement de ses exportations vers l'Algérie. Comme le bilan commercial du pays est négatif depuis 2014, sa dépendance vis-à-vis des institutions financières internationales et de l'UE se renforce. Face à ce constat inquiétant, les auteurs des trois pays se sont tous interrogés sur les alternatives possibles pour un développement autogéré.

3. Développement : alternatives à l'agenda néolibéral

Dans sa contribution intitulée « *Penser le développement, hier et aujourd'hui. Grandeur et décadence d'une ambition* », l'économiste et doyen de la faculté des sciences juridiques et économiques de l'Université de Jendouba en Tunisie, Baccar Gherib présente « un bref survol de la notion de développement des origines à nos jours (...) en mettant en relief la subtile dialectique qui lie, à ce niveau, l'agenda scientifique et l'agenda politique ». Il identifie « trois principales phases de son évolution : la phase « réformiste » des économistes du développement, celle « radicale » du tiers-mondisme néo-marxiste et la phase « réactionnaire » issue de « la contre-offensive néolibérale ». Les « notions connexes de « sous-développement et de développement » ont fait leur apparition peu après la fin de la Seconde Guerre mondiale dans le contexte du mouvement anticolonialiste et « du démantèlement des empires coloniaux britannique et français ». Gherib cite le démographe français, Alfred Sauvy qui, dans un article paru en 1952 au *Nouvel Observateur*, a donné une nouvelle appellation à cet acteur issu de la décolonisation : « Le Tiers Monde » en déclarant qu'« enfin, ce Tiers Monde ignoré, exploité, méprisé, comme le tiers état, veut, lui aussi, être quelque chose » (Sauvy 1952 dans Gherib).

Très tôt la concurrence entre l'Ouest libéral et l'Est communiste influençait les perceptions du Tiers Monde. Les économistes classiques considéraient les pays du Tiers Monde comme sous-développés. Selon eux, ces pays devraient « rattraper » les pays industrialisés perçus comme des pays développés. Ils prévoient pour ce rattrapage un cheminement en 5 étapes, débouchant sur la phase de la consommation de masse. Tout ne serait qu'une question de temps. Les économistes du développement n'acceptaient pas cette notion de rattrapage : le sous-développement serait « un phénomène résultant de la déstructuration d'économies et de sociétés précapitalistes suite à l'agression dont elles ont été l'objet, notamment sous la forme de la colonisation directe ». Les sociétés sous-développées se seraient caractérisées par un dualisme entre « un secteur traditionnel, intraverti et autonome » et un « secteur moderne, imbriqué au marché mondial et fondé sur les bas salaires ». Elles dépendraient des pays industrialisés (anciens colonisateurs) par un échange inégal. En commençant par l'Amérique latine dans les années 1960/70, les théoriciens du développement et de la dépendance ont élaboré le concept d'une économie nationale autonome avec un secteur public fort d'entreprises nationalisées, indépendant des marchés financiers internationaux. Pour les pays disposant de ressources importantes en matières premières, ce concept se vérifie encore aujourd'hui et, comme le montrent les exemples de l'Équateur et de la Bolivie, son succès est aussi dû à une réduction substantielle de la pauvreté (voir note 5). Si, par contre, les revenus relevant de l'extraction de matières premières sont transformés en une rente pour les élites au pouvoir, comme dans le cas de l'Algérie, les secteurs agricole et industriel n'ont aucune chance d'évoluer. Dans son article, Amarouche s'était plaint de l'abandon par l'Algérie de son programme de développement de 1960 à 1970. Il défend, aujourd'hui, pour l'Algérie une stratégie de substitution des importations par l'intermédiaire d'une diversification de l'économie, portée par une population prête et capable de s'occuper elle-même de la production de base pour ses besoins vitaux.

Le développement, pour lui, est essentiellement un processus d'apprentissage industriel et ne rime pas avec croissance, comme dans l'idéologie néolibérale. La diversification économique serait avant tout un processus interne. Une diversification de l'exportation dépendrait d'un niveau qu'aurait atteint la production interne permettant à l'économie interne de s'exposer à la concurrence internationale. Cette approche est apparemment inspirée par la stratégie latino-américaine qui présuppose l'existence d'un État fort, d'industries nationalisées, de subventions et des barrières commerciales pour les protéger de la concurrence, bref, le contraire du modèle néolibéral. En ce qui concerne l'Algérie et faute de moyens pour mettre le processus de diversification en route, la mise en œuvre d'une telle stratégie semble peu probable dans les conditions actuelles caractérisées par la baisse du prix du pétrole et un déficit commercial chronique.

Un certain esprit utopique caractérise aussi les approches de Hartmut Elsenhans, professeur en sciences sociales de l'Université de Leipzig en Allemagne. Dans sa contribution : « *Instrumentaliser la coopération pour sortir du sous-développement et de la dépendance ?* », le lecteur est d'abord frappé par son utilisation parallèle de ces deux notions que Gherib, dans son survol de l'histoire des théories de développement, attribue à deux « écoles » différentes dont les visions sont diamétralement opposées : la théorie classique du *sous-développement* implique que les pays en développement devraient rattraper le processus d'industrialisation des pays du Nord. La théorie de dépendance latino-américaine, par contre, défend un découplage des pays en développement des pays industriels dominants en faveur d'un développement autonome, protégé de la concurrence extérieure.

Malgré son affinité avec le marxisme, Elsenhans prône, l'exemple des pays asiatiques à l'appui, un accès égal des pays en développement au système de production capitaliste. Cette approche présuppose qu'une industrie d'outils de production, qui produit pour le marché intérieur, crée des emplois et propose des salaires décents à même de stimuler la consommation de la masse de la population, entraînant de nouveaux investissements, puisse se développer dans ces pays. Parallèlement au processus de production, la main-d'œuvre aurait la possibilité d'acquérir les qualifications nécessaires. La naissance de nouveaux besoins pourrait aboutir à un développement de nouvelles technologies, ce qui augmenterait les compétences des ouvriers. Un secteur industriel consolidé pourrait s'ouvrir à l'exportation pour s'intégrer dans un premier temps à un niveau bas (par l'intermédiaire de bas salaires), aux chaînes de valeur mondiales. L'exemple de la Chine montre, d'après Elsenhans, qu'un pays en développement peut profiter des investissements directs étrangers. (Il faudrait d'ailleurs admettre que la performance chinoise n'est pas à la portée de n'importe quel pays en développement et qu'il faut avoir le même potentiel que la Chine, capable de n'accepter en investissements directs étrangers que des joint-ventures avec des entreprises publiques sous la condition expresse d'un transfert technologique garanti, ce qui permettrait d'arriver à ce que Abdelkader Sid Ahmed, cité par Elsenhans, décrit comme une stratégie d'amélioration de la compétence technologique qui permet de franchir plusieurs paliers en passant par plusieurs niveaux de rémunération pour arriver progressivement, grâce aux nouvelles compétences acquises, à des salaires plus gratifiants).

Elsenhans concède, par ailleurs, qu'un petit pays comme la Tunisie n'a pas les moyens de demander aux entreprises transnationales qui maîtrisent les chaînes de valeur, d'augmenter les salaires en fonction d'une introduction de processus de production à plus haute valeur. (On peut citer d'ailleurs, l'exemple de l'industrie textile allemande en Tunisie qui avait vécu une grande crise après l'abolition des limitations, en Europe, à l'importation des produits textiles, notamment en provenance de Chine. Les entreprises sous-traitantes, pour survivre à cette crise, avaient choisi le segment de luxe du marché européen en élargissant la chaîne de production et en créant des formations à l'intérieur de l'entreprise, jusqu'à développer des collections qui sont entièrement produites en Tunisie pour l'exportation. Grâce à des programmes de formation continue à l'intérieur des entreprises, la main-d'œuvre a atteint un niveau supérieur de qualification et, par là même, une possibilité de grimper les échelles de carrière jusqu'au management avec des salaires conséquents).

Elsenhans propose, de son côté, de promouvoir la coopération entre les pays arabes pour augmenter leur pouvoir de négociation. En ce qui concerne la Tunisie, il suggère une coopération de tous les acteurs politiques au-delà des différentes adhésions idéologiques pour faire avancer une telle politique économique. La coopération étroite avec les islamistes qu'il propose à ce sujet ne semble d'ailleurs ni pertinente ni réaliste en raison du néolibéralisme extrême dont a fait preuve le parti Ennahda depuis le début du premier gouvernement élu de la période postrévolutionnaire.

Dans sa contribution intitulée « *De l'échec du modèle économique et social en Tunisie et de la nécessité d'un modèle alternatif* », Abdeljelil Bédoui, professeur en sciences économiques de l'université Al Manar à Tunis, relève, après la Révolution, une quasi-unanimité sur l'échec du modèle économique et social tunisien et, en même temps, des différences considérables au sujet du diagnostic et des voies d'issue. La bourgeoisie libérale-conservatrice ne doute à aucun moment que les réformes à faire sont celles proposées par les institutions internationales. Il suffirait, de leur point de vue, d'introduire quelques modifications d'agenda au niveau de la gouvernance et de remédier à quelques failles et déséquilibres pour améliorer la situation. Pour les islamistes, il suffirait de créer des institutions islamiques afin d'améliorer le moral du monde des affaires (des banques et assurances islamiques, des certificats islamiques, etc.) et de renforcer la solidarité sociale par certains fonds de bienfaisance afin de garantir « un développement néolibéral harmonieux et plus juste ».

Les propositions de Mahjoub concernant une nouvelle forme de relations avec l'UE portée par la volonté de donner à la Tunisie une chance de développement comparable à celui qu'ont eu les pays de l'Europe de l'Est en lui accordant l'accès au fonds européen de développement ne semblent pas réalistes. Bedoui, qui se dit faire partie de la frange démocratique et progressiste de la bourgeoisie tunisienne, s'en prend aux relations économiques asymétriques et aux conséquences de la politique d'ajustement structurel pour en déduire les raisons de l'échec du « modèle tunisien » : réduction de la part des dépenses publiques au PIB, réduction des dépenses pour l'éducation, la formation et la santé, marchandisation continue de toutes les dimensions de la vie sociale, transformation du mode et des pratiques de consommation, augmentation des dépenses de consommation par les ménages et accroissement accéléré de leur endettement et enfin une détérioration générale des conditions de vie de nombreuses catégories sociales. Les conditions d'un modèle alternatif ne sont remplies, d'après Bedoui, que par l'abandon des concepts et dogmes néolibéraux. Lui aussi se prononce en faveur d'un renforcement de l'État et de son rôle actif dans la politique économique, la diversification du secteur productif, une désacralisation du marché qui est, selon lui, un instrument créé par les hommes qui devrait servir les intérêts et les droits humains. Des emplois sûrs à la place de la flexibilisation du travail, le dépassement du concept mercantile de la sécurité nutritionnelle qui se contente d'un équilibre commercial de la nutrition, la production de vivres adaptés aux habitudes de consommation des Tunisiens seraient des composantes incontournables du modèle alternatif. Pour sa mise en œuvre, Bedoui, comme Amarouche s'inspirent des expériences latino-américaines qui prévoient, entre autres, un processus actif de redistribution des biens et une politique salariale plus équitable, des investissements sociaux dans le domaine de l'éducation, de la santé, le combat contre la pauvreté, la nationalisation des ressources naturelles, l'intégration régionale. Dans ses conclusions, Bedoui ne manque néanmoins pas de rappeler les conditions actuelles difficiles et de dénoncer le manque de volonté politique des acteurs au pouvoir. (Reste à voir ce que valent les promesses du nouveau premier ministre du gouvernement d'union nationale, Youssef Chahed, investi par le parlement tunisien le 26 août 2016).

L'économiste, Abderrahman Ben Zakour de l'université Al Manar à Tunis, nous confronte dans son article intitulé : « *Le secteur informel : Une menace ou une opportunité ?* » à une perception peu commune de l'économie informelle. Au lieu de le condamner, comme c'est l'habitude des acteurs politiques, il tient compte des effets bénéfiques que peuvent avoir les efforts des plus démunis pour survivre. Ce secteur qui, d'après des estimations de la Banque mondiale, représente 50 % du PIB tunisien serait une « réalité incontournable ». Dès l'entame de sa réflexion sur la question, Ben Zakour s'en prend à la criminalisation explicite ou implicite de ce secteur des pauvres, des exclus de l'éducation et du développement dans les régions délaissées et les banlieues des villes du tiers monde. L'activité des « informels », se caractérise par des productions de petite envergure qui apportent si peu que ni taxes ni assurances ne pourraient être alimentées par leurs « revenus ». Il s'agit de commerces tout petits, de produits fabriqués à la maison, d'articles mis en vente dans les marchés locaux, de commerçants mobiles, du commerce transfrontalier et de la contrebande, de prestations de services par téléphone mobile.

Pour obtenir des informations concrètes, Ben Zakour a exploité des études empiriques, faute de données fiables. Il s'intéresse plus spécialement au commerce transfrontalier et à la contrebande dans les gouvernorats de Médenine et de Tataouine au sud de la Tunisie, qui sont la source principale des revenus de la population locale. Ces deux régions sont marginalisées depuis l'indépendance. Les tribus qui y habitent vivent de l'élevage de bétail et constituent une population pauvre sans ressources. Elles entretiennent des relations de confiance avec des tribus en Libye et la parole d'honneur se substitue, dans leur système de valeurs, aux documents écrits. Tous les aspects de l'informel sont réunis dans ces régions frontalières : le chômage, la pauvreté, la marginalisation, des décalages énormes de revenus. La différence des prix et les différences de taux de change sont des raisons qui poussent les gens, qui procèdent, bien qu'analphabètes, de façon rationnelle, à se chercher des sources de revenus en dehors de l'économie officielle. On fait du commerce avec tous les produits imaginables, des vêtements, aux articles de cosmétique jusqu'aux appareils de ménage, tant parce qu'ils manquent d'un côté de la frontière, que parce que la différence de prix est importante. D'après Ben Zakour ce commerce est loin d'être anarchique. Il serait au contraire bien structuré et hiérarchisé sous la forme d'une pyramide au sommet de laquelle des « barons » se partagent le marché et se spécialisent sur un nombre de produits. Dans le domaine du commerce de devises, il y a 5 opérateurs, dans le secteur du textile, il y a 15 grossistes, 10 dans le domaine de la nourriture, et 10 dans le domaine des appareils de ménage, 60 au total qui disposent de 80 à 90 % des produits. Ce commerce bien rentable a enrichi un certain nombre de familles dans les deux gouvernorats. De plus, le travail, dans ces secteurs, ne demande pas trop d'efforts.

Malgré le chiffre officiel très élevé du chômage, Ben Zakour cite le cas d'un industriel qui n'a pas réussi à embaucher un seul travailleur pour un salaire de 600 TND par mois. Pour comparer, avant la Révolution il y avait plein de salariés dans le tourisme qui gagnaient un salaire mensuel inférieur à 300 TND. Mais, dans les statistiques officielles, les gouvernorats de Médenine et de Tataouine ont le plus haut taux de chômage en Tunisie.

D'après une estimation, il y a entre 25 et 30 000 personnes qui vivent de ce commerce transfrontalier. Il y a environ 750 millions de dinars par an (soit environ 360 millions d'euros) qui sont convertis. Chaque grossiste dispose d'un capital d'environ 300 000 dinars. Les 60 grossistes disposent d'environ 18 millions de dinars. 110 millions de litres de carburant changent de frontière chaque année avec un chiffre d'affaires de 1,1 milliard de dinars. Depuis 1988, ce commerce illégal a été toléré et même encouragé par les responsables politiques des deux pays. La région frontalière s'est transformée en un immense hypermarché à ciel ouvert où tous les produits se vendent bien au-dessous du prix des magasins officiels et qui a fini en 2001 par faire partie d'une zone de libre-échange entre la Tunisie et la Libye, élargie depuis 2005 à tous les pays arabes. Ce marché a donc même eu la « bénédiction » du libre-échange.

Dans ce système chacun trouve son compte : les officiers des armées des deux pays, les fonctionnaires, les douaniers et les commerçants. Nul douanier, aussi honorable et intègre soit-il, ne peut résister à la longue aux tentatives de chantage et aux menaces.

C'est dans ce contexte que Ben Zakour a élaboré, dans le cadre d'une étude pour le ministère du Commerce en 2014, une stratégie d'intégration du commerce transfrontalier au système public avec pour objectif d'utiliser ce potentiel économique pour le développement régional. Il met les responsables en garde contre une erreur fatale à ne pas commettre, celle d'utiliser la force, la répression et d'exiger un respect scrupuleux des lois même si les structures parallèles sont diffuses, illégales ou à la marge des lois. Il faudrait, par contre, se mettre autour d'une table avec les barons et leur proposer un cadre légal qui présenterait des avantages pour les deux côtés. La stratégie à développer devrait donner une place à ces milliardaires dans le cadre légal du développement régional. Ben Zakour propose les étapes suivantes :

- l'État devrait reconnaître les grossistes comme partenaires du commerce entre les deux pays. Pour officialiser l'accord, on leur offrirait une sorte de carte d'identité, ainsi qu'aux commerçants intermédiaires et aux petits commerçants, tout le monde devrait être enregistré ;
- la zone de libre-échange serait gérée et financée par les commerçants qui sont les propriétaires et administrateurs de cette zone ;
- il faut se mettre d'accord sur une liste de produits dont l'importation (drogues ou armes) et l'exportation (des produits de nourriture subventionnés) seraient interdites et fixer des quotas d'exportation de produits agricoles ;
- une taxation des chiffres d'affaires, qui serait acceptée par les grossistes, est nécessaire tout comme l'ouverture d'un bureau de taxation dans la zone de libre-échange ;
- il faut discuter d'une collaboration potentielle des opérateurs à des projets d'investissement proposés par le bureau responsable du développement du Sud. Il s'agirait notamment de cliniques privées pour des patients libyens ou des entreprises pour la production d'articles d'exportation pour le marché libyen ;
- il faut changer le mode de contrôle douanier pour faire obstacle à la corruption et à l'intimidation avec le remplacement des douaniers permanents par des douaniers mobiles qui ne restent pas plus de 24 heures sur place et ne sont informés de leur mission que peu de temps avant son accomplissement. Il faut également octroyer des primes pour la confiscation de marchandises illégales.

Dans une situation d'instabilité économique et politique comme en Tunisie, il n'est pas surprenant que des structures mafieuses se créent à la marge de la légalité dans des régions délaissées et marginalisées pour assurer la survie des habitants marginalisés.

Ben Zakour a sans doute raison de refuser l'incrimination unilatérale des acteurs de l'informel parce qu'ils ne paient ni des impôts ni des cotisations sociales, redevances que des citoyens tunisiens de l'autre côté de la pyramide sociale « évitent » également. Ben Zakour reconnaît le fait que l'informel a réussi à faire vivre 30 000 personnes sans aucun soutien de l'État. Qu'il existe dans ce contexte comme ailleurs des inégalités et de la corruption n'étonne pas quand on connaît les conséquences culturelles du système Ben Ali. Personne ne peut savoir si le rêve de transformer ce système marginal en moteur de développement régional est réalisable mais on peut en tirer des leçons en vue de la recherche d'alternatives. La nécessité invente ses propres lois.

Le « buen vivir »[5] des constitutions équatoriennes et boliviennes est, dans le cas de la Bolivie, le résultat d'un « combat pour l'eau » que l'actuel président, Evo Morales, avait mené en 2003, année mémorable de la révolte des indigènes pauvres, notamment des femmes qui ont risqué leur vie dans ce combat pour le libre accès à l'eau que l'entreprise transnationale américaine Bechtel a voulu barrer aux habitants de la ville pour tirer un avantage maximal de la concession qui lui a été consentie par l'État bolivien pour l'exploitation de l'eau. Forte de la privatisation à son profit du système municipal de gestion de l'eau, elle a même interdit la collecte de l'eau de la pluie. La population a lutté pour le droit à l'eau considéré comme un droit humain. Finalement le gouvernement de l'époque a été obligé d'annuler le contrat avec l'entreprise.

Les expériences de pays latino-américains ont été citées dans plusieurs contributions comme des références et donnent lieu à l'espoir qu'un abandon des principes néolibéraux est possible. Ce qu'elles montrent surtout, c'est qu'il ne faut jamais abandonner la résistance contre des essais injustes de prise de contrôle et de domination provenant aussi et surtout de l'Union européenne, même si ses discours parlent du contraire.

C'est dans cet esprit que le politologue Werner Ruf finit l'ouvrage par sa contribution intitulée : « *La coopération scientifique dans les domaines socio-économiques en Afrique du Nord : défis, conditions, priorités* » où il soutient que l'agenda néolibéral a aussi affecté les sciences et la culture et qu'il est en

5 En Amérique latine on assiste à une évolution remarquable. L'Équateur et la Bolivie ont inscrit l'objectif du « buen vivir », de la bonne vie, dans leurs constitutions et ont ouvert par là des champs politiques nouveaux. La constitution ne vise pas la croissance économique mais le bien-être des hommes. Une autre nouveauté fut la reconnaissance de la nature comme sujet légal. Le nouveau but de la constitution se fonde sur l'interprétation des « Sumak Kawsay » issus d'une tradition des peuples des Andes, qu'on peut rendre par la formule « buen vivir », la bonne vie. D'après la tradition des peuples andins, le bien-vivre représente une culture de la vie, qui vise un équilibre harmonieux entre l'homme et la nature. Ce ne sont pas le progrès et la croissance qui sont les objectifs de la vie mais le maintien de cet équilibre (http://www.denkwerkzukunft.de/index.php/inspiration/index/BuenVivir). Cf. aussi Serena Pongratz : « Sur l'augmentation de la qualité de la vie en Bolivie sous Evo Morales, du 8.8.2016, america21 » : d'après le ministre des Finances Luis Arce, la croissance économique et la politique de redistribution des richesses du président Evo Morales ont contribué énormément à l'amélioration de la qualité de la vie. Les facteurs les plus importants à l'origine de ce bien-vivre auraient été la nationalisation des ressources naturelles et l'industrialisation des carburants (http://america21.de/2016/08/157384/lebensqualitaet-bolivien).

train d'attaquer leur substance spirituelle et créatrice à travers le monde. Il est à l'origine non seulement de la dégradation des conditions de vie et de travail des populations locales mais aussi de l'exode d'artistes et d'intellectuels. Nous vivons ce paradoxe qui fait que les pays d'immigration, dont la politique économique est responsable de la destruction des fondements de la prospérité dans les pays du Sud, profitent de la créativité et de la productivité de l'intelligentsia de ces pays. Ruf déplore la « fuite des cerveaux » qui prive les pays des potentiels essentiels pour promouvoir un développement autonome adapté aux besoins de la population locale. C'est particulièrement en Afrique du Nord que les anciennes puissances coloniales, avant tout la France, profitent d'une part des ressources naturelles et humaines de pays comme la Tunisie, le Maroc et l'Algérie en tant qu'investisseurs au niveau local et, d'autre part, des ressources intellectuelles des immigrants, chercheurs et artistes, dans leurs propres pays. Le fait que, comme souligne Ruf, les pays arabes ne sont responsables que pour 1,1 % de la production de livres est dans une large mesure dû au fait que les intellectuels qui restent chez eux et ceux qui ont choisi l'émigration doivent se servir des maisons d'édition francophones de l'ancienne métropole, pour avoir accès à la communication internationale des chercheurs. Étant donné que la recherche dans les sciences naturelles et économiques est de plus en plus exposée à la commercialisation ambiante et à l'intervention de fondations privées qui orientent les objectifs et les contenus de la recherche à travers des moyens financiers considérables, la liberté des sciences est menacée dans le monde entier, dans le Sud comme dans le Nord. Ce n'est pas par hasard que Ruf rappelle l'âge d'or des sciences naturelles et de la philosophie dans le monde arabe des 10e et 11e siècles qui « ont contribué de façon fondamentale au développement de l'humanité ». Le monde arabe à l'époque était le centre de la mondialisation avec « une liberté de la recherche absolue » sans discrimination ethnique ou religieuse.

Les contributions sur les effets de la politique de libre-échange montrent la grande distance qui nous sépare de cet esprit d'ouverture compte tenu du blocage de la mobilité des personnes. La forteresse Europe réduit la coopération et l'échange dans le domaine scientifique et culturel de façon indécente. Ruf demande par conséquent de mettre L'UE devant sa responsabilité de créer un environnement démocratique garantissant autant la liberté de circulation des chercheurs et artistes que celle des acteurs économiques.

Gisela Baumgratz

Einleitung

Die vorliegende Publikation ist eine Bestandsaufnahme der Forschung zu den Handelsbeziehungen zwischen Nordafrika und der Europäischen Union und insbesondere der Konsequenzen ihrer im Verein mit den internationalen Finanzinstitutionen Weltbank und IWF durchgeführten Freihandelspolitik für ihre nordafrikanischen Partner.

Adressat dieser Veröffentlichung ist demnach nicht nur die Wissenschaft. Sie richtet sich auch an die Aktivisten der Zivilgesellschaft in Nordafrika und darüberhinaus, um auf die Risiken aufmerksam zu machen, die den Ländern drohen, welche sich, wie Tunesien seit dem 13. Oktober 2015, in Verhandlungen um die DCFTA (Deep and Comprehensive Free Trade Agreements) befinden. Beteiligt sind Wissenschaftler aus verschiedenen Ländern mit Artikeln in englischer und französischer Sprache. Um den Lesern, insbesondere auch den Vertreterinnen und Vertretern von NGOs, die eine der beiden Sprachen nicht hinreichend beherrschen, alle Artikel zugänglich zu machen und ihnen eine konkrete Vorstellung von den verschiedenen Standpunkten und Argumenten zu vermitteln, haben sich die Herausgeber dazu entschlossen, diese innerhalb einer ausführlichen Einleitung in deutscher und französischer Sprache zu präsentieren, der eine Zusammenfassung in englischer Sprache vorausgeht.

Aufgrund der parallel laufenden Verhandlungen zwischen der EU und den USA über ein transatlantisches Freihandels- und Investitionsabkommen (TTIP), ist die kritische Öffentlichkeit in Europa ebenfalls auf den Plan gerufen: jetzt, nachdem auch die „reichen Länder" von den Auswirkungen solcher Abkommen betroffen sein könnten, entsteht ein öffentliches Interesse an den Folgen solcher Programme für die Bürger und eine Auseinandersetzung über die Ziele und Interessen der involvierten öffentlichen Akteure und privaten Lobby-Organisationen. Der Terminus „neoliberale" Wirtschaftspolitik hat auch in die bürgerlichen Medien Eingang gefunden. Es entsteht ein Bewusstsein in der Öffentlichkeit, dass das von ihm ausgehende Bedrohungspotential für Demokratie und Gesellschaft auch die europäischen Demokratien betrifft und nicht nur irgendwelche Entwicklungsländer südlich des Mittelmeers, die man bestenfalls als Urlaubsziele zur Kenntnis nimmt oder mit der „Flüchtlingskrise" in Verbindung bringt. Was USA, EU-Kommission und deutsche Regierung anstreben, ist eine imperiales, globales Wirtschaftssystem, das den beiden

Kontinenten die Dominanz sichert und ihre wichtigsten Konkurrenten, an erster Stelle China, in Schach hält. Mit ihren multilateralen Freihandelsabkommen, den Economic Partnership Agreements (EPA) mit Staaten in Subsahara Afrika und den bilateralen Freihandelsabkommen (DCFTA) mit den nordafrikanischen Ländern, insbesondere Tunesien und Marokko, die den Status der „privilegierten Partnerschaft" erhalten haben, verbindet die EU direkt oder indirekt das Versprechen auf Entwicklung und Prosperität. Schon Weltbank und IWF hatten in den 80er Jahren einen direkten Zusammenhang zwischen dem Wachstum des Bruttosozialprodukts und der Entwicklung hergestellt. Konsequenterweise wurde daher dieser Zusammenhang zwischen Freihandel, Wachstum und Entwicklung in den meisten Beiträgen direkt oder indirekt thematisiert und einer kritischen Betrachtung unterzogen.

1. Die Europäische Union als Akteurin neoliberaler Außen(wirtschafts)politik in Nordafrika

In seinem Beitrag: „*Open markets and closed frontiers. The European Union's negative and exclusive neoliberal integration*" entfaltet der Politikwissenschaftler *Elmar Altvater* von der Freien Universität Berlin das Konzept der neoliberalen „negativen Integration". Er zitiert dabei Jan Tinbergen, der in den 50er Jahren die europäische Integration als einen Prozess „negativer Integration" bezeichnete, die im Kern auf einer Liberalisierung der Märkte durch den Abbau von Grenzen und die Deregulierung politischer Kontrolle wirtschaftlicher Prozesse und Transaktionen beruhe. Dabei ist der Verweis auf den „Papst des Neoliberalismus" Friedrich August von Hayek besonders aufschlussreich: Bereits 1944 hatte dieser in seinem berühmten Buch: *Der Weg zur Knechtschaft* (*The way to serfdom*) „den zynischen Vorschlag gemacht, die Irreversibilität von Deregulierung und Liberalisierung auf der nationalen Ebene durch einen internationalen Vertrag so abzusichern, dass keine nationale Regierung die gesetzliche Macht und Legitimität besitzt, diesen Prozess umzukehren." Eine linke Regierung habe daher de facto keine Chance, eine Alternative zu entwickeln, solange sie „die Spielregeln" respektieren müsse.

Auch ohne diesen globalen Vertrag sind, so Altvater, „nach einem halben Jahrhundert politischer Deregulierung und ökonomischer Liberalisierung die Märkte im Wirtschaftsraum der EU freier als jemals in der Geschichte" da sie nach Karl Polany von den gesellschaftlichen Netzwerken abgekoppelt seien. Nach einer neueren Studie des Internationalen Währungsfonds von März 2015 sind die Marktakteure: transnationale Konzerne und Finanzinstitutionen, so mächtig wie nie, Gewerkschaften und Arbeitnehmervertretungen so schwach wie nie zuvor in der neueren Geschichte; Beschäftigung wird zunehmend informell und die Ungleichheit der Gesellschaft wächst exponentiell. Die grenzübergreifende Liberalisierung der Märkte innerhalb der europäischen Binnenmarktes trifft jedoch, so Altvater, nicht auf die Arbeitsmärkte zu: sie bleiben nationalstaatlich beschränkt, da die sozialen Systeme weiterhin in nationaler Verantwortung geblieben sind. Die Freizügigkeit der Arbeitnehmer innerhalb der EU endet jedoch an den durch Kriegsschiffe und Nato-Stacheldraht abgeschotteten Außengrenzen. Obwohl Europa seine erste Phase kapitalistischer Akkumulation der Tatsache verdanke, dass vom Beginn der Industrialisierung im späten 18. Jahrhundert bis zum 1. Weltkrieg über 50 Millionen Menschen Europa verließen und nach Amerika, Australien und Asien als Siedler und später als Arbeitskräfte auswanderten, setze EU-Europa seine migrationsfeindliche Politik zur Wahrung der eigenen Profitinteressen fort. Aus Fluchthelfern, die nach dem Fall der Mauer wie „Helden gefeiert wurden", sind „kriminelle Menschenhändler" geworden, die es zu bekämpfen gilt. Altvater verweist darauf, dass der herrschende europäische Diskurs die Bürgerkriege im Mittleren Osten und Nordafrika mit „Fanatismus, Korruption, wirtschaftlichem Versagen und anderen Ursachen in den Emigrationsländern verbindet, für welche die EU und ihre Mitgliedsstaaten jegliche Verantwortung ablehnen": die Fluchtursachen stimmen nicht mehr mit den in der Genfer Konvention für Flüchtlinge geltenden Definitionen überein. Mit dem Hinweis auf Umweltzerstörung bis hin zu atomarer Verseuchung als Fluchtursachen brandmarkt Altvater indirekt die Verursacher aus dem industriellen Norden. Die Vorherrschaft des Neoliberalismus in den vergangenen Jahrzehnten hat, laut Altvater, die Solidarität im Keim zerstört, dergestalt, dass die soziale Grundlage eines integrierten Europas zu zerbrechen droht. Der Kantische Imperativ stehe in diametralem Gegensatz zu der heutigen Situation entfesselter Märkte. Die Verlierer dieser unvollendeten negativen Integration seien die Menschen in Europa, aber insbesondere auch diejenigen, denen der Zugang zu Europa versperrt wird. Die Verwertungsbedingungen des Kapitals unter neoliberalen Bedingungen, so Altvater, machen es notwendig, das Hayek-Projekt in abgewandelter Form wieder zum Leben zu erwecken: in Form von Handels- und Investitions "partnerschaften", welche die negative Integration der Länder des globalen Nordens (Globalisierung der Märkte für Güter und Dienstleistungen, Globalisierung der Produktionsstandorte und Wertschöpfungsketten) vorantreiben, zuungunsten der Entwicklungsländer, die an einem solchen Integrationsprojekt nicht auf Augenhöhe teilnehmen können.

Die transatlantischen und transpazifischen Abkommen, über die hinter verschlossenen Türen verhandelt wird, sind von den Akteuren USA und EU als ein übergreifendes Regelwerk des globalen Freihandels konzipiert, die für die Hunderten von Freihandels- und Investitionsabkommen zwischen EU, USA und anderen Ländern, unter ihnen auch denen des Maghreb, einen (völkerrechtlich verbindlichen) Rahmen bilden sollen.

Eine soziale und demokratische Alternative zu dem negativ integrierten Europa habe innerhalb dieses Rahmens keine Chance, im Sinne des Diktums:

There is no alternative von Margaret Thatcher, einer der vehementesten europäischen Vertreterinnen des Neoliberalismus (Altvater).

Im Gegensatz zu TTIP, über das USA und EU auf gleicher Augenhöhe verhandeln, stehen sich in den Verhandlungen über die tiefgehenden und umfassenden Freihandelsabkommen, DCFTA, zwischen EU und den südlichen Mittelmeeranrainer-Staaten, sehr ungleiche Parteien gegenüber. Infolgedessen wird in den folgenden Beiträgen direkt oder indirekt immer auch das Thema „Entwicklung“ angesprochen. Vor dem Hintergrund der Aufstände in den arabischen Ländern zwischen 2010 und 2012, deren Ursachen in einer desolaten Situation der benachteiligten Regionen, der zunehmenden Armut, insbesondere der Landbevölkerung und der grassierenden Arbeitslosigkeit der Jugend, insbesondere der Hochschulabsolventen liegen, stellt sich zwingend die Frage, wie die Akteure 5 Jahre später auf die nach wie vor ungelösten, ja sich verschärfenden sozialen und ökonomischen Probleme reagieren wollen[1] und welche reale Unterstützung vonseiten der EU und ihren Mitgliedsstaaten zu erwarten ist.

In ihren Artikeln gehen Sascha Radl: „*Structural adjustment in Tunisia: The Crisis of Neoliberalism and the 'Gafsa Riots' of 2008*“ und Beatrice Hibou: „*Le moment révolutionnaire tunisien en question: Vers l'oubli du mouvement social?*“ zunächst den Ursachen des „arabischen Frühlings“ in der neueren Geschichte Tunesiens nach. Bereits im Titel seines Beitrags verweist Sascha Radl auf den Zusammenhang zwischen den Strukturanpassungsprogrammen (SAP) von Weltbank und IWF und deren sozialen Konsequenzen, die sich am Unmut der Bevölkerung bei den Ausschreitungen um die Rekrutierung von Arbeitskräften in den Phosphatminen von Gafsa 2008 manifestierten. Nachdem das Experiment einer sozialistisch inspirierten kooperativen Landwirtschaft des Premierministers Ahmed Ben Salah von Teilen der Regierungspartei torpediert und von Bourguiba 1969 beendet worden war, akzeptierte der 1970 eingesetzte Nachfolger Hedi Nouira die von Weltbank und IWF als Gegenleistung für Kredite geforderten Strukturanpassungsprogramme.

Wie Radl am Beispiel des Textilsektors, der Landwirtschaft und den Phosphatminen aufzeigt, haben diese die Liberalisierung der tunesischen Wirtschaft eingeleitet und damit die Grundlage für das Assoziierungsabkommen von 1995 zwischen EU und Tunesien geschaffen. Die sozialen Folgen dieser Politik sind an der Umwandlung der Textilindustrie zu einer Niedriglohn-Werkbank für europäische Unternehmen zu sehen, die

1 Während einer außerordentlichen Parlamentssitzung zur Abstimmung über ein Misstrauensvotum gegen den amtierenden Premierminister Habib Essid am 30. Juli 2016, verurteilte der Abgeordnete des Front Populaire, Ahmed Seddik unmissverständlich die feindliche Übernahme des Landes durch „die Mafia des Geldes und die Machtgierigen“. Der Regierung attestierte er völlige Untätigkeit und verwies auf das Fehlen eines seriösen Regierungsprogramms und eines glaubwürdigen politischen Willens, die Korruption und die Kapitalflucht zu bekämpfen. (http://kapitalis.com/tunisie/2016/07/31/ahmed-seddik-denonce-la-mafia-de-largent-et-les-assoiffes-du-pouvoir/).

nach anfänglicher Absorption wenig qualifizierter Arbeitskräfte, insbesondere Frauen, in die Krise geriet als die Handelsschranken gegenüber Textilien aus Asien aufgehoben wurden und die tunesische Textilindustrie aufgrund des Konkurrenzdrucks zur Entlassung von tausenden Arbeitskräften gezwungen war. (Radl zitiert A. Bedoui, der von 200 000 entlassenen Arbeiter(innen) spricht). Um die industriellen Exporte Tunesiens zu stimulieren verlangte die Weltbank eine Abwertung des Dinars, die zu einer kontinuierlichen Senkung der Arbeitslöhne seit den 1990er Jahren führte. Um die lokalen Rahmenbedingungen „unternehmerfreundlicher" zu gestalten, wurden für ausländische Off-Shore-Unternehmen sogenannte Sonderwirtschaftszonen mit niedrigen Steuern und der Aussetzung des normalen Arbeitsrechts und der Versammlungsfreiheit geschaffen.

Die SAPs hatten zum Ziel, die tunesische Wirtschaft auf den EU-Markt auszurichten. Bereits 1994/95 gingen 80 % der tunesischen Exporte in die EU (Radl). Der IWF befürwortete auch das Assoziierungsabkommen zwischen Tunesien und der EU und hob als Vorteile die niedrigen Löhne und die Nähe zu den europäischen Märkten hervor. Betrachtet man aber die Handelsbilanz Tunesiens, konzediert Radl, dass die Exporte Tunesiens seit dem Eintritt in die europäische Freihandelszone gestiegen sind. Dasselbe gelte aber auch für die Importe. Er verweist dabei jedoch auf einen signifikanten Unterschied: Tunesien exportiert Billigtextilien und importiert teure schwere Maschinen aus Europa. Die Folge davon ist, aufgrund des zusätzlichen Konkurrenzdrucks durch die asiatische Textilindustrie, ein stetiges Anwachsen des Handelsbilanzdefizits Tunesiens seit 2005. Seit dem vollen Inkrafttreten des Assoziierungsabkommens im Jahre 2008 verlor Tunesien ca. ¼ seiner staatlichen Einkünfte, da alle tarifären Handelsbeschränkungen gefallen waren. Europäische Industrieimporte überschwemmten den tunesischen Markt und führten aufgrund der mangelnden Konkurrenzfähigkeit der tunesischen Unternehmen zu einem weiteren drastischen Anstieg des Handelsbilanzdefizits im Verein mit einer hohen Arbeitslosenrate bei der bereits sehr armen arbeitenden Bevölkerung.

Im Zuge der Strukturanpassung der Landwirtschaft durch einen Kredit der Weltbank wurde deren Liberalisierung eingeleitet.

Das Ende der Subventionen und die Exportorientierung dieses Sektors, sowie die Anpassung der Produzentenpreise an Weltmarktpreise führten zu einem Lohnverfall und dem Verlust von 80 000 Arbeitsplätzen. Am Beispiel der Weizenproduktion zeigt Radl, welche Bedeutung dem Staat als Hauptabnehmer zukam, der im Falle von niedrigen Preisen auf dem internationalen Markt den Bauern finanziell unter die Arme griff. Bis 1984 wurden 400 000 Ha aus staatseigenen Ländereien privatisiert, und 1989 befanden sich 28 % der Anbauflächen in der Hand von Privateigentümern, die mehr als 100 Hektar Land besaßen.

Mit dem Freihandelsabkommen von 1995/96 wurde eine weitere Etappe der neoliberalen Transformation des Agrarsektors eingeleitet, indem die Regierung moderne Großbetriebe unterstützte, die bereit und in der Lage waren, teure Produkte wie Datteln, Feigen und Oliven für den Export zu produzieren. Es versteht sich von selbst, dass bei diesem Prozess viele kleine und mittlere Farmen zugrunde gingen. Vom neoliberalen Standpunkt aus sind landwirtschaftliche Großbetriebe rentabler als kleine Farmen, da sie sich technologisch aufrüsten, Land und Wasser bezahlen und auch Marketingkompetenzen entwickeln können. Da weniger die Weizenangebaut wurde, dieser aber auf dem Weltmarkt billig zu haben war, ging man davon aus, dass die Exportgewinne höher sein würden als die Importkosten. Bis 2007/08 die Weizenpreise auf dem Weltmarkt aufgrund von Finanzspekulationen in eine ungeahnte Höhe schnellten. Weite Teile der Bevölkerung konnten sich das Grundnahrungsmittel Brot nicht mehr leisten. Die neoliberale Formel des komparativen Vorteils (Ricardo), nach der Überschüsse aus dem Export hochwertiger teurer Produkte problemlos zur Abdeckung der Importe an notwendigen Grundnahrungsmitteln verwendet werden können, ging nun nicht mehr auf…

Am Beispiel der neoliberalen Restrukturierung des Minensektors zeigt Radl schließlich wie es zu den Ausschreitungen in Gafsa im Jahre 2008 kam, die alle Analysten einmütig als Vorläufer der Aufstände von 2010/11 ansehen. Den Restrukturierungs- und Rationalisierungsmaßnahmen, welche die Weltbank gefordert hatte, folgten empfindliche Lohnkürzungen, gefolgt von Massenentlassungen. Der wichtigste Arbeitgeber der Region, die Compagnie des Phosphates de Gafsa verlor zwischen 1980 und 2006 über 50 % ihrer Arbeiter. Gleichzeitig stieg die Phosphatproduktion von 1995 an beträchtlich. Die Einkünfte aus dem Phosphatexport stiegen dank der Nutzung neuer Technologien und moderner Maschinen zwischen 1997 und 2001 um nahezu 100 Millionen Dinar. Für die früheren Arbeiter und ihre Familien in und um Gafsa fiel von diesen Profiten allerdings nichts ab. Als die Gewinne zwischen 2007 und 2008 auf das 9fache stiegen, ging auch da die Bevölkerung leer aus. Der Minenbetreiber schaffte Ende 2007 lediglich 81(!) neue Arbeitsplätze, für die sich 1000 Leute bewarben. Nach Bekanntwerden der Namen der rekrutierten Personen, wurden Korruptionsvorwürfe erhoben, gefolgt von ersten Protesten in Redeyef. Demonstrationen, Hungerstreiks, an denen bis April / Mai immer mehr Menschen teilnahmen, wurden schließlich von den Polizeikräften gewaltsam niedergeschlagen und mit Verhaftungswellen beantwortet. Die Tatsache, dass die Protestbewegung sich so lange halten konnte und eine nachhaltige Wirkung hatte, ist, nach Radl, der Tatsache geschuldet, dass aufgrund des gleichzeitigen Anstiegs der Getreidepreise auf dem Weltmarkt die Regierung geschwächt war.

Die Aufstände von 2010/11 warfen ihrerseits ein Licht auf die Marginalisierung der Regionen im Landesinneren, die ein Ergebnis der Strukturanpassungs- und Liberalisierungspolitik ist, welche von Ben Ali tatkräftig vorangetrieben worden war im Verein mit Privatisierungsmaßnahmen, an denen sich sein Familienclan bereichern konnte. Unterstützer der Protestbewegung, die auch auf die tunesischen Städte übergriff, kamen aber auch aus dem Mittelstand und der arbeitslosen Jugend der Vorstädte, insbesondere der arbeitslosen Hochschulabsolventen.

5 Jahre sind seither vergangen, ohne dass die Forderungen nach Würde, Arbeit und fairen Arbeitsbedingungen Gehör gefunden und zu einschlägigen Maßnahmen geführt hätten. Bereits während der Interimsregierungen im Jahre 2011 drängte sich Beatrice Hibou in ihrem Artikel: „*Le moment révolutionnaire tunisien en question: Vers l'oubli du mouvement social?*"[2] die Frage auf, ob die soziale Bewegung in Vergessenheit geraten ist. Obwohl das wirtschaftliche und soziale Modell Tunesiens seit über 30 Jahren immer größere Schwierigkeiten hat, die Jugend und insbesondere die Jugendlichen des Innenlandes zu integrieren – seit Gafsa 2008 und bei allen Demonstrationen seit Sidi Bouzid galten alle Slogans Forderungen nach fairen Arbeitsbedingungen, soliden Arbeitsplätzen und auskömmlichen Löhnen – darf, so Hibou, diese Sehnsucht nach Integration und einem normalen Leben nicht allein im materiellen Sinne verstanden werden. Die Protestbewegungen und ihre starke soziale Verankerung seien auch oder sogar besonders aus einem Gefühl der Ungerechtigkeit und Erniedrigung entstanden. Das Alltagsleben der Subalternen kann nicht nur als Suche nach Überlebensmöglichkeiten und materiellem Wohlergehen gesehen werden, im Sinne einer Anpassung an vorhandene Ressourcen, Vorgehensweisen und Werte, die 'von oben' kommen. Es müsse auch betrachtet werden als „ein Feld der autonomen Produktion von Normen, Prinzipien und Werten wie Gerechtigkeit, Würde und Respekt seitens der Beherrschten". Der vielstimmige Schrei nach Würde und Respekt hat, so Hibou, auf der politischen Bühne Tunesiens keinen Widerhall gefunden. Keine der neuen und alten Parteien hat diese Forderungen aufgegriffen und sie zum Gegenstand eines Programms gemacht. Keine der Regierungen – weder die Interimsregierungen (noch die gewählten und die sie tragenden Parteien) – hat sich die Mühe gemacht, den Trägern der Revolution eine Stimme zu geben, sie in den politischen Prozess zu integrieren. Nach Hibou kommt man nicht umhin festzustellen, dass das, was die Kraft und die Entschlossenheit der sozialen Bewegung ausgemacht hat, zum großen Teil in Vergessenheit geraten ist: den Forderungen der Demonstranten ist nicht Rechnung getragen worden, sie wurden nicht einmal angemessen analysiert.

Um sich aber den brennenden Fragen zu stellen, welche der revolutionären Logik zugrunde liegen, sei es von entscheidender Bedeutung, die „ökonomische Erfolgsgeschichte Tunesiens" noch einmal gründlich unter die Lupe zu nehmen. Die Wirtschafts- und Sozialpolitik der letzten zwei Jahrzehnte müssten einer kritischen Betrachtung unterzogen werden, weil sie, laut Hibou, auf einem verfälschten Bild der Alltagsrealität der

---

2 Beatrice Hibou, die leider am Kolloquium nicht teilnehmen konnte, hat uns freundlicherweise diesen Artikel zur Verfügung gestellt, der 2011 auf der Web-Page des von ihr geleiteten Forschungslabors CERI (Centre de Recherche International) des CNRS veröffentlicht worden war (Béatrice Hibou – Le moment révolutionnaire tunisien en question… – Mai 2011, http://www.ceri-sciences-po.org/).

Tunesier beruht hätten. Die soziale Bewegung habe das zutage gefördert, was Kritiker bereits seit langer Zeit vergeblich angeprangert hatten, dass nämlich der Diskurs über das tunesische Wirtschaftswunder die vielfältigen Ungleichheiten zwischen Regionen und Generationen im Zusammenhang mit Lebensstandard und Lebensstilen, dem Zugang zu Arbeitsplätzen und dem öffentlichen Dienst überspielt habe.

Dazu gehört auch die von Heiner Flassbeck, dem früheren stellvertretenden Generalsekretär der UNCTAD, in seinem Beitrag: „*The policies of the European Union and the International Monetary Fund towards North-African countries. Why did the revolutions not succeed?*“ erwähnte Festschreibung der internationalen Arbeitsteilung, in der die Entwicklungsländer den Low-cost-Sektor repräsentieren mit einem fortwährenden Druck auf die Löhne: in Tunesien hatte diese Politik dazu geführt, dass die Löhne seit 1987 um fast 50 % gesenkt wurden. Flassbeck verweist auch darauf, dass die Formel: niedrige Lohnkosten = Schaffung neuer Arbeitsplätze, von der sich auch viele Gewerkschafter blenden lassen, nicht zutrifft. Da die niedrigen Löhne auch zu einem Rückgang der Kaufkraft der Masse der Bevölkerung führten, gingen durch Konkurse von Klein- und Mittelbetrieben, die das Gros der tunesischen Betriebe ausmachen, eher noch mehr Arbeitsplätze verloren. Das Drohpotenzial der Konzerne, ihren Standort in Länder mit noch billigeren Löhnen zu verlagern, reiche in der Regel aus, um Widerstand im Keim zu ersticken. Hinzu kommt, dass, so Flassbeck, die ausländischen Direktinvestitionen auch noch staatlich subventioniert werden, indem Zoll- und Steuerfreiheit gewährt werden und dadurch die Staatseinnahmen noch weiter sinken.

Hibou fordert daher, die wirtschaftlichen Prioritäten auf den Prüfstand zu stellen. Ihre Kritik am Festhalten der internationalen Geberorganisationen Weltbank und IWF an den makroökonomischen Gleichgewichten verbindet sie mit der Frage, ob dies die alleinige Elle sein könne, an der wirtschaftlicher Erfolg gemessen werden sollte, wenn dieser um den Preis exponentieller Arbeitslosigkeit und wachsender Ungleichheit, insbesondere beim Zugang zu Arbeitsplätzen und öffentlichen Dienstleistungen erkauft werde. Wenn man einen Übergang zur Demokratie in Angriff nehmen wolle, fordere eine Abkehr von der politischen Ökonomie Ben Alis zwingend, dass die wirklichen Probleme offen zur Debatte gestellt werden, anstatt gebetsmühlenartig zu wiederholen, dass „man auf die Ziele der Revolution eingehen“ müsse. Dazu gehöre auch die kritische Betrachtung der neoliberalen Fiskalpolitik, welche für die wohlhabenden Klassen erheblich günstiger war als für die arbeitende Bevölkerung, die Mittelschicht und die einfachen Leute. Dasselbe gelte für die Sozialpolitik: der „Kampf gegen die Armut“ dürfe sich nicht auf private Wohltätigkeit beschränken.

Die kurzfristigen, keynesianisch inspirierten Maßnahmen zur Förderung des Aufschwungs, die Hibou vorschlägt, wie die Lancierung von öffentlichen Großprojekten, die Verbesserung der Sozialleistungen, die Schaffung von

Arbeitsplätzen, Investitionen in staatliche Dienstleistungen, stehen freilich in diametralem Gegensatz zu den Rezepten des Neoliberalismus. Die Forderung nach der Schaffung von Arbeitsplätzen wird auch überschattet durch die Krise des Tourismus und den damit verbundenen massiven Verlust von Arbeitsplätzen seit der Revolution. Das geringe Interesse für die ökonomischen und sozialen Belange sei, nach Hibou, der Tatsache geschuldet, dass das Personal der Übergangsregierungen (aber auch der 2011 und 2014 gewählten Regierungen) sich zum einen aus ehemaligen hohen Beamten des Ben Ali Regimes zusammensetzte, die einer neoliberalen und makroökonomisch orientierten Mainstreamvision anhingen, zu anderen aber aus politisch unerfahrenen führenden Anhängern der Partei Ennahda, welche jahrelange Gefängnisstrafen verbüßt hatten oder im ausländischen Exil gewesen waren und keinerlei Kompetenz für die Lösung der dringendsten ökonomischen und sozialen Fragen mitbrachten. Auch die Verankerung der ökonomischen und sozialen Rechte in der neuen Verfassung sei keineswegs eine Garantie für deren Umsetzung. Von Lohnerhöhungen nach der Revolution profitierten auch nur die ohnehin bereits privilegierten Angestellten des öffentlichen Dienstes und staatlicher Unternehmen, in denen auch die größte Gewerkschaft UGTT einen besonders starken Stand habe und gehabt habe, nicht aber die Manufakturen und kleinen Betriebe. Da diese Lohnerhöhungen aus öffentlichen Geldern finanziert werden mussten, fehlten diese wiederum für die Entwicklung der schwachen Regionen im Landesinneren.

Eine Reihe der Off-Shore-Unternehmen in den bereits erwähnten Sonderwirtschaftszonen (siehe Radl) erhöhten die Gehälter, um von einer der Hauptforderungen der sozialen Bewegung nach unbefristeten Arbeitsverträgen abzulenken, die sich gegen die Prekarität der Arbeitsverhältnisse und generell gegen die Flexibilisierung der Arbeit, einem der Credos des Neoliberalismus, richtete (Hibou). Der fortschreitende Niedergang der Wirtschaft und die verheerenden Auswirkungen des libyschen Bürgerkriegs hatten Wellen der Emigration zur Folge, die aber an der Festung Europa scheiterten. Die Ausbreitung des radikalen Salafismus nach der Machtübernahme von Ennahda und die fortdauernde Misere, insbesondere der arbeitslosen Jugend führte in den letzten Jahren zu einer Abwanderung tausender tunesischer Jugendlicher zum Islamischen Staat (IS).

Ein weiterer Punkt, den Hibou in ihrem Beitrag kritisch hervorhebt, ist die Machtstruktur Tunesiens, die sich seit der Unabhängigkeit herausgebildet und unter Ben Ali und seiner Regierungspartei RCD perfektioniert habe. Der von dieser Partei praktizierte Klientelismus „hat sämtliche Beziehungen zwischen den staatlichen, regionalen und kommunalen Autoritäten strukturiert, die politischen, aber auch in unserem Zusammenhang besonders wichtig, die wirtschaftlichen und sozialen Beziehungen beeinflusst und geprägt" (Hibou, vgl. dazu auch *La Force de l'obéissance. Economie politique de la répression en Tunisie*, Paris: Editions de la Découverte 20006, 363 p., Englische Übersetzung: *The force of obedience. Political Economy of repression in Tunisia*, Polity Press 2011). Trotz des Verbots der RCD leben diese Strukturen weiter. Das Blockadeverhalten der Bürokratien, die Sabotage von Initiativen und die Instrumentalisierung von immer noch existierenden Netzwerken seien dafür Indizien. So konnten, laut Hibou, 3000 neue Arbeitsplätze in den Phosphatminen durch die Instrumentalisierung von Stammesfehden und trotz der Aufstände von Gafsa 2008 weiterbestehender klientelistischer Praktiken nicht besetzt werden. Politischer Konsens und ökonomische Effizienz als Strategie apolitischer Technokraten seien paradigmatische Merkmale des tunesischen Regierungsmodells. Was Hibou über die Interimsregierung von Caid Essebsi 2011 sagt, der sie Immobilismus vorwirft und den mangelnden Willen, das Regime zu verändern, trifft in derselben Weise für die derzeit amtierende Regierung unter seiner Präsidentschaft zu. Sein hohes Alter und seine Vergangenheit als Minister Bourguibas sind ein weiteres Indiz dafür. „In den Regionen erscheint der Staat noch immer genauso weit entfernt, distanziert, hierarchisch und unerreichbar wie zuvor" (Hibou). Die Privilegierung des Apolitischen und der Technokratie sind, so Hibou, eminent politisch. Das Festhalten an den makroökonomischen Gleichgewichten ist indirekt eine Weigerung, sich den Forderungen der sozialen Bewegung zu stellen. Dem entspricht auch die Tendenz, das Politische im engeren Sinn zu betonen, indem man sich im Namen der Transformation mit der Entwicklung demokratischer Spielregeln befasse und die eminent politische Frage der wirtschaftlichen und sozialen Rechte in den Hintergrund dränge.

Dieser Ausflug in die Vorgeschichte der Revolution und die Kontinuität des Ancien Regime wirft auch ein Licht auf das Verhältnis der Europäischen Union zum Regime Ben Alis und seinen Nachfolgern. In ihrem Beitrag mit dem Titel: „*From Barcelona to the policies of neighborhood: Goals and consequences of the EU's economic trade policy*" verweist die Sozialwissenschaftlerin Birgit Mahnkopf von der TU Berlin darauf, dass Mitte der 90er Jahre „die EU-Mittelmeerpolitik sogenannte ‚Stabilitätspartnerschaften' mit den autokratischen, aber westlich orientierten arabischen Regierungen förderte". Ben Ali galt als eine der Säulen des Barcelona-Prozesses und der EU-Mittelmeerpolitik. „Pluralismus und Menschenrechte wurden als Gegenstände der EU-Außenpolitik marginalisiert" (Mahnkopf).

Am Beispiel der EU Mittelmeerpartnerschaft (EMP) und der EU-Nachbarschaftspolitik (ENP) geht *Mahnkopf* der Frage nach, wie Forderungen der Revolutionäre nach auskömmlicher Arbeit und fairen Arbeitsbedingungen sich zur tatsächlichen Politik der EU verhalten: Sie kommt zu dem Ergebnis, dass im Rahmen der Mittelmeerpartnerschaft noch die Bedeutung „gemeinsamer Werte" hervorgehoben und regionale Integration angestrebt wurden, während die Nachbarschaftspolitik eindeutig an rein kommerziellen EU-Interessen ausgerichtet sei. Desgleichen sei die anvisierte Zusammenarbeit der südlichen Partnerländer mit den EU-Mitgliedsstaaten einem Zentrum-Peripherie-Ansatz gewichen, der auf dem Prinzip der „politischen Konditionalität" (machst Du mehr Zugeständnisse, dann bekommst Du mehr) beruht, welche in Nordafrika und auch anderswo mit der Durchsetzung einer neoliberalen ökonomischen Agenda assoziiert wird. Die *Deep and Comprehensive Free Trade Agreements* – DCFTA seien, anders als bei den osteuropäischen Partnerländern, nie mit einem möglichen EU-Beitritt verbunden gewesen. Die Ausweitung des Freihandels, die bereits mit den Strukturanpassungsprogrammen von IWF und Weltbank in den 80er Jahren und dem 1995 abgeschlossenen und 2008 in Kraft getretenen Assoziierungsabkommen zwischen Tunesien und der EU eingeleitet worden war, sei daher Kern der EU-Strategie bezogen auf die südlichen Mittelmeerländer geworden. Sie macht darauf aufmerksam, dass der Abbau von Import- und Exportschranken, die Öffnung und Deregulierung der Märkte, die Privatisierung staatlicher Betriebe im Verbund mit der Kürzung staatlicher Subventionen in Tunesien eine ökonomische Krise ausgelöst haben, die zu den Volksaufständen 2010/11 geführt hat.

Nach anfänglicher Irritation entschloss sich die EU, die Nachbarschaftspolitik (ENP) neu zu definieren. Obwohl die EU-Kommission, so Mahnkopf, sich einer Resolution des Europarats anschloss, in der die Absicht bekräftigt wurde, den demokratischen Transformationsprozess zu unterstützen, sowie Möglichkeiten zur langfristigen Sicherung des Wohlstandes, der sozialen Inklusion und der regionalen Stabilität zu schaffen, blieb die EU bei ihrer neoliberalen Strategie der politischen Konditionalität im Rahmen des 3M-Modells: „*Monetary approach*“: Finanzielle Unterstützung zur Entwicklung von Gesellschaften mit freier Marktwirtschaft, verstärkte „*Mobilität*“ für Geschäftsleute und Studenten und „*Marktzugang*“ unter der Bedingung, dass in den Ländern ein tiefgreifender demokratischer Prozess in Gang gesetzt wird, mit regelmäßigen Wahlen, Versammlungsfreiheit, Meinungsfreiheit, Rechtsstaatlichkeit, Kampf gegen Korruption und demokratischer Kontrolle der Sicherheitskräfte. Konsequenterweise verfolgte die EU weiterhin ihre „offensive Freihandelsagenda“, welche, laut Mahnkopf, nach wie vor einseitig auf die Interessen der EU ausgelegt sei, da nur die „Partner“länder verpflichtet werden, alle Handelsbarrieren abzubauen, um günstige Voraussetzungen für Investitionen und Absatzmärkte von EU-Konzernen in den betreffenden Ländern zu schaffen und den Zugang zu Rohstoffen zu gewährleisten. Gleichzeitig jedoch behalte sich die EU protektionistische Maßnahmen vor zum Schutz bestimmter Wirtschaftszweige vor internationaler Konkurrenz. Ein schlagendes Beispiel ist die Gemeinsame Agrarpolitik (GAP), die EU-Produkte subventioniert, die dann billiger angeboten werden können als die einheimischen Produkte und so die lokalen Produkte vom Markt verdrängen. Gleichzeitig wird der Zugang von Produkten aus diesen Ländern zur EU so gesteuert, dass die EU-Landwirtschaft vor der Konkurrenz geschützt wird, etwa durch Kontingentierung oder zeitlich begrenzte Einfuhren.

Um die Zielländer trotzdem zur Unterzeichnung solcher für sie offensichtlich ungünstigen Abkommen zu bewegen, setzt die EU politischen Druck ein, etwa in Zusammenhang mit dem „Migrationsmanagement“ oder der Wirtschaftsförderung: für die Rückübernahme irregulär in die EU eingereister Migranten werden Visaerleichterungen für Geschäftsleute und Studenten versprochen oder Hilfsgelder in Aussicht gestellt.

Zum Ende ihres Beitrags unterzieht Mahnkopf die in Verhandlung befindlichen tiefgehenden und umfassenden Freihandelsabkommen (DCFTA) einer kritischen Einschätzung. Den Versprechungen der EU zufolge werden ausländische Direktinvestitionen in der Region signifikant zunehmen, Verbraucherpreise sinken, da die Billigimporte aus der EU teurere einheimische Produkte unterbieten und Verbesserungen im Umweltschutz und der hygienischen Bedingungen eintreten.

Unter Berufung auf eine unabhängige Studie von 2008, die von der EU in Auftrag gegeben worden war, zitiert Mahnkopf eine erheblich längere Liste schädlicher Folgen: Die DCFTAs drohen generell, die Wirtschaft und Gesellschaft der südlichen Partnerländer zu destabilisieren. Folgende negative Auswirkungen werden in dem Dokument identifiziert: Verlust von Arbeitsplätzen, erhöhte Arbeitslosigkeit, weitere Lohnsenkungen und eine weitere Ausweitung der informellen Ökonomie. Hinzu kämen hohe Verluste bei den Staatseinnahmen mit entsprechenden sozialen Auswirkungen durch geringere Ausgaben für Gesundheit, Bildung und Sozialleistungen. Starkes Ansteigen von Importen, ein permanenter Niedergang der einheimischen Textil- und Bekleidungsindustrie und der Produktion von Leder- und Schuhwaren und – besonders wichtig – auch der Nahrungsmittelproduktion. Steigende Umweltbelastungen durch beschleunigte Urbanisierung, schwindende Wasserressourcen, abnehmende Fruchtbarkeit der Böden, erhöhte Luftverschmutzung seien ebenfalls zu erwarten.

Da aber, so Mahnkopf, die DCFTAs mit den Mittelmeerländern weit über die „normalen" Freihandelsabkommen hinausgehen, muss dem Abbau der nicht tarifären Handelsschranken besondere Aufmerksamkeit geschenkt werden. Der geforderte *Schutz des geistigen Eigentums* könne dazu führen, dass die Produkte, auf welche die Länder angewiesen sind, erheblich teurer werden.

Die beabsichtigte *Liberalisierung des Dienstleistungssektors* ist äußerst umstritten, da er ein wichtiges Instrument des einheimischen wirtschaftlichen Wachstums und der Beschäftigung darstellt. Allerdings haben EU-Unternehmen bereits in den Sektoren Tourismus, Telekommunikation und Finanzdienstleistungen Wettbewerbsvorteile, weswegen Gewerkschaften und Angestellte in den betreffenden Ländern mit sinkenden Sozial- und Arbeitsstandards konfrontiert zu werden drohen.

Schließlich nennt Mahnkopf den für die Unterstützung der lokalen Industrie und die Verbesserung der Beschäftigungssituation in der Region besonders wichtigen Bereich der *Öffentlichen Ausschreibung von Großprojekten*, zu dem EU-Unternehmen Zugang bekommen wollen, um öffentliche Aufträge im Ausland zu erlangen. Die Einführung des Prinzips der „Nicht-Diskriminierung" in das Wettbewerbsrecht, würde die südlichen

Partnerländer zwingen, den Wettbewerb um öffentliche Aufträge für EU-Unternehmen zu öffnen.

Erschwerend komme hinzu, dass die EU ihren Verhandlungspartnern das Recht souveräner Staaten aberkennt, protektionistische Maßnahmen zu ergreifen, um die aufstrebenden einheimischen Unternehmen vor ausländischer Konkurrenz zu schützen und die sozio-ökonomische Entwicklung zu unterstützen.

Da nach Einschätzung der WTO öffentliche Aufträge zwischen 10 und 15 % des BIP ausmachen, haben die Länder bisher EU-Unternehmen den Zugang dazu zugunsten lokaler Wirtschaftssektoren verwehrt, die dadurch von der internationalen Konkurrenz verschont blieben. Die von der EU betonte Reziprozität ist jedoch wegen der Ungleichheit der Wettbewerbsfähigkeit lokaler Anbieter illusorisch: aufgrund der asymmetrischen Machtverhältnisse kommen die südlichen Partnerländer, laut Mahnkopf, unter erheblichen Druck, vor allem, wenn sie bereits in hohem Maße von Exporten in die EU abhängen, wie dies beispielsweise bei Tunesien der Fall ist.

Die bilateralen Abkommen schwächen darüber hinaus die regionale Integration, die in der ersten Version der Nachbarschaftspolitik von 2004 noch angestrebt worden war.

2. Bilanz der Freihandelsabkommen mit der EU aus tunesischer, marokkanischer und algerischer Sicht

Sami Aouadi, Professor für Wirtschaftswissenschaften an der Universität Al Manar in Tunis und Mitglied der Gewerkschaft UGTT, präsentiert in seinem Artikel: „*Les relations commerciales tuniso-européennes: Nouveaux défis*“ eine konzise Bilanz der tunesisch-europäischen Handelsbeziehungen angesichts der Herausforderungen durch das in Verhandlung befindliche Freihandelsabkommen ALECA. Er ordnet diese Beziehungen ein in den Kontext der Globalisierung und der damit verbundenen Regulierung des Welthandels im Zusammenhang mit den Welthandelsorganisationen GATT (General Agreement on Tariffs and Trade) und der Nachfolgeorganisation WTO (World Trade Organization), die 1994 im Anschluss an das Abkommen von Marrakesch, mit dem die „längsten Verhandlungen über die multilateralen Handelsbeziehungen der Uruguay Runde abgeschlossen wurden“, gegründet worden war.

Mit der WTO begann, so Sami Aouadi, das Regime des Freihandels, welches die 125 Unterzeichnerstaaten des Abkommens von Marrakesch einem allgemeinen und verbindlichen Regelsystem unterwarf. Dies läutete das Ende der privilegierten Handelsbeziehungen ein, welche eine Reihe von Entwicklungsländern mit ehemaligen Kolonien nach der Unabhängigkeit mit den ehemaligen Kolonialstaaten geknüpft hatten. Im Falle der nordafrikanischen Staaten Tunesien, Algerien und Marokko liefen diese

Beziehungen über die EWG und ihre damaligen Mitgliedstaaten, zu denen Frankreich als ehemalige Kolonialmacht in Afrika gehörte. Der einseitige Verzicht auf Importzölle seitens der EWG gegenüber den afrikanischen Ländern ist auf Druck Frankreichs gewährt worden, das die besonderen wirtschaftlichen Beziehungen mit seinen ehemaligen Kolonien erhalten wollte. Auch Tunesien, so Aouadi, ist seit 1976 in den Genuss dieser Vorzugsbedingungen gekommen. Da aber unter den Mitgliedern der WTO viele Entwicklungsländer sind, die von diesen Ausnahmeregelungen ausgeschlossen waren, protestierten diese und forderten eine Gleichbehandlung aller. Dies führte zu einem Beschluss der WTO, der die Aufhebung der exklusiven Handelsbeziehungen zwischen europäischen und afrikanischen Ländern, mit Ausnahme der so genannten Least Developed Countries (LDC), bis spätestens Ende 2007 festschrieb.

Das Assoziierungsabkommen zwischen der Europäischen Union, die mit dem Maastrichter Vertrag vom 1. November 1993 gegründet worden war, und Tunesien im Jahre 1995/6 fällt in die Zeit unmittelbar nach Gründung der WTO, und sein Inkrafttreten im Jahre 2008 liegt ein Jahr nach der Deadline für die Beendigung der privilegierten Handelsbeziehungen der EU mit afrikanischen Staaten. Bemerkenswert ist in diesem Zusammenhang allerdings, dass die EU den Abschluss des Assoziierungsabkommens mit Tunesien an die Bedingung geknüpft hatte, dass Tunesien Mitglied der WTO wird. Am 29. März 1995 war Tunesien beigetreten und fiel damit unter das Freihandelsregime, dem die EU und ihre Mitgliedsstaaten bereits angehörten. Allen Unterzeichnerstaaten ist der freie Zugang zu den von einzelnen Mitgliedern gewährten Vergünstigungen garantiert, allerdings „mit der Ausnahme von Vorzugskonditionen, welche Mitglieder einer Zollunion oder Freihandelszone genießen". Die Gründung einer Freihandelszone durch die EU war demnach „eine Art Ausweg für Länder, wie Tunesien, die nicht in der Lage waren, den strengen Regeln des Freihandels gerecht zu werden" (Aouadi).

Der Autor geht daher auf den Kontext und die Gründe für den Abschluss des ersten Freihandelsabkommen zwischen Tunesien und der EU im Jahre 1996 ein. Die Freihandelszone, in die ca. 12 Länder integriert werden sollten, sei eine logische Konsequenz der von den Europäern verfolgten Politik gegenüber den „Mittelmeer-Drittstaaten" gewesen: die EU konnte sich auf diese Weise der Konkurrenten aus anderen Ländern entledigen, indem der Abbau der Zollschranken innerhalb der Freihandelszone ausschließlich den europäischen Produkten vorbehalten war, die dadurch wettbewerbsfähiger wurden. Sie schuf dadurch für die eigenen Unternehmen, abgeschottet von der Konkurrenz anderer ausländischer Unternehmen, neue Exportmöglichkeiten und lenkte die Handelsströme zu ihren Gunsten um.

Aouadi präsentiert zwei verschiedene Sichtweisen dieses Abkommens:

> Vertreter der einen interpretieren das Abkommen als „Ergebnis einer wohlüberlegten Strategie von tunesischer Seite, welche dem Land nach

10 Jahren Strukturanpassung, der Wiederherstellung des makroökonomischen Gleichgewichts, einem weitgehend von Zollschranken befreiten Markt und einer tiefgehenden Liberalisierung der Wirtschaft vor dem Hintergrund einer beneidenswerten politischen und sozialen Stabilität die Chance geben würde, eine neue Stufe der Entwicklung zu erreichen.

Die zweite Sichtweise sei differenzierter und weniger enthusiastisch: ihre Anhänger interpretierten das Abkommen als eine Art und Weise, die Außenzwänge in den Griff zu bekommen. Da aufgrund der WTO-Prinzipien die einseitigen Handelserleichterungen, von denen Tunesien profitiert hatte, nicht mehr haltbar waren, blieb den Tunesiern aufgrund ihrer bereits bestehenden Abhängigkeit vom europäischen Markt keine andere Wahl, als sich im Konzert der internationalen Großmächte USA, UE und Japan für eine Seite zu entscheiden und sich deren Politik anzuschließen: Aouadi zitiert die Zahlen von 1994, welche deutlich machen, dass die tunesische Wirtschaft damals schon nahezu vollständig von Europa abhing: 79 % der Exporte und 72 % der Importe wurden mit der EU getätigt. Die 500 000 in Europa lebenden Tunesier transferierten Rücküberweisungen in Höhe von 430 Millionen Dinar, d.h. 80 % der gesamten ausländischen Finanztransaktionen zum damaligen Zeitpunkt. Schließlich repräsentierten die Europäer 90 % der Touristen in Tunesien.

Entgegen den von der Weltbank veröffentlichten und von der tunesischen Regierung offiziell mitgetragenen positiven Darstellungen des tunesischen Wachstums und der positiven Auswirkungen für die tunesische Wirtschaft und die Verbraucher waren aber bereits damals aus Unternehmerkreisen kritische Stimmen zu hören, die auf die negativen Auswirkungen der teilliberalisierten Importe aufmerksam machten. Sie warnten davor, dass der Abbau der Importzölle zum Verschwinden von 30 % der existierenden Unternehmen, d.h. 58 % des industriellen Sektors in Tunesien mit einem Verlust von ca. 120 000 Arbeitsplätzen zu führen drohe. Weitere schwerwiegende Konsequenzen des Abkommens hätten sich ergeben im Zusammenhang mit:

- der lokalen Preisentwicklung: entgegen den Prognosen habe das Sinken der Importpreise den Produzenten und Verbrauchern keinen Vorteil gebracht, da der Staat den Verlust aus den Importsteuern durch eine lokale Verbrauchersteuer kompensiert habe;
- auf der Ebene der Staatsfinanzen habe der Verlust der Zolleinnahmen im Umfang von 30 % des Staatshaushaltes von 1993 das Haushaltsdefizit so verschärft, dass der Staat es nicht mehr im Griff habe;
- das Außenhandelsgleichgewicht sei dadurch negativ beeinflusst worden, dass das Abkommen keine Verbesserung der Exportsituation beinhaltete und lediglich die Importe begünstigte. Dadurch veränderten sich die Handelsströme einseitig zugunsten der europäischen Produkte und zum Nachteil anderer ausländischer Produkte;

- negative Auswirkungen auf die Beschäftigungssituation: aufgrund der Bedrohung der Betriebe durch die Konkurrenz und dem damit verbundenen Abbau der Arbeitsplätze (Reduktion der Produktionskosten und Erhöhung der Produktivität) sei die Arbeitslosigkeit bereits um 14 % gestiegen als 2008 das Abkommen vollständig in Kraft trat.

Nach Aouadi folgt ALECA im Rahmen der europäischen Nachbarschaftspolitik derselben Logik wie zuvor das Assoziierungsabkommen im Rahmen der Mittelmeerpolitik. Auch hier handle es sich um „eine Flucht nach vorne", trotz der nahezu einmütigen Übereinstimmung aller Kenner der Situation, dass die Mittelmeerpolitik, schon allein aufgrund der sozialen Proteste, die eine ganze Reihe von südlichen Mittelmeeranrainern erfasst haben, an ihrem Ziel, eine Zone der gemeinsamen Prosperität zu schaffen, gescheitert sei. Unbeirrt verfolge die EU weiterhin eine hegemoniale Politik getragen von einer strikt an kommerziellen Interessen ausgerichteten, merkantilistischen Wirtschaftspolitik, welche die Mittelmeerländer zu radikalliberalen Maßnahmen zwinge, auf deren Bewältigung weder die wirtschaftlichen Strukturen, noch die Akteure vorbereitet seien. Dies gelte insbesondere für den Abbau der nicht tarifären Handelsschranken, wie z.B. den Zugang zum Dienstleistungssektor und den öffentlichen Ausschreibungen.

Angesichts dieser Situation stellt Aouadi eine Reihe strategischer Überlegungen an:

- Unter Verweis auf die Wahlversprechen der Parteien der aktuellen Regierungskoalition fordert er die Erarbeitung eines Konzepts für eine Langzeitstrategie unter Einbeziehung aller gesellschaftlichen Kräfte im Rahmen von zwei Fünf-Jahresplänen, in welchen Konturen eines alternativen Entwicklungsmodells sichtbar werden sollen, die in striktem Gegensatz zum neoliberalen Modell der Bretton-Woods-Institutionen stehen.
- Angesagt sei auch eine Diversifizierung der Handelsbeziehungen, da eine weitere Konzentration auf die EU einen unverzeihlichen Irrtum darstellen würde, unter dem die tunesischen Unternehmen zu leiden hätten.
- Voraussetzung sei eine unabhängige wissenschaftliche Evaluation der Auswirkungen des Assoziierungsabkommens von 1995/96 auf die Wirtschaft und Gesellschaft Tunesiens.
- Unumgänglich sei auch eine unabhängige Studie zu den potenziellen Auswirkungen des ALECA, um zu verhindern, dass man sich erneut von tendenziösen Studien der Weltbank wie im Falle des Assoziierungsabkommens in die Irre führen lasse.
- Besondere Vorsicht sei geboten im Zusammenhang mit der Öffnung der Öffentlichen Auftragsvergabe für europäische Firmen, welche

beispielsweise dem öffentlichen tunesischen Bausektor den Garaus machen könnten, was einen Verlust von hunderttausenden von Arbeitsplätzen zur Folge hätte.

– Eine Öffnung der tunesischen Landwirtschaft für europäische Agrarbetriebe, die jahrzehntelang innerhalb der Gemeinsamen Landwirtschaftspolitik von ihren Regierungen subventioniert worden sind, wäre für die ohnehin gebeutelten tunesischen Landwirte, die von solchen Subventionen ausgeschlossen waren, verhängnisvoll. Vorausgehen müsste unbedingt eine Konsolidierung des gesamten Sektors.
– Obwohl die Öffnung der Märkte neue Investitionsmöglichkeiten versprechen, wären die tunesischen Unternehmen außer Stande, den europäischen transnationalen Konzernen als ebenbürtige Konkurrenten gegenüber zu treten.
– Bei Inkrafttreten des ALECA hätte der tunesische Staat die gesamte Kontrolle über seine Wirtschaftspolitik verloren, sowohl in Bezug auf den Schutz der Unternehmen als auch im Bereich der Sozialpolitik.
– ALECA sei lediglich für europäische Firmen da, welche die letzten noch geschützten Nischen der tunesischen Märkte durchdringen wollten, ohne im Gegenzug auf Aspekte wie Technologietransfer, Forschung, neue Berufe oder die Bio-Wirtschaft einzugehen.

In seinem Artikel: „*La politique économique européenne vis-à-vis des pays de la rive sud de la Méditerrannée. Une critique de l'Accord de Libre-Echange Complet et Approfondi (ALECA) de la Tunisie avec l'UE*“ geht der tunesische Wirtschaftswissenschaftler Azzam Mahjoub von der Universität Al Manar in Tunis kritisch auf die Konsequenzen ein, die ein solches vertieftes und umfassendes Freihandelsabkommen für die wirtschaftlichen und sozialen (Menschen)rechte mit sich brächte, welche in der neuen tunesischen Verfassung von 2014 festgeschrieben sind. Er stützt sich dabei auf eine im Mai 2015 erschienene Studie: „L'impact de l'ALECA sur les droits économiques et sociaux en Tunisie“, die er im Auftrag des Euromediterranen Netzwerks für Menschenrechte zusammen mit Ziad Saadaoui erstellt hat.[3] Ging es in den vorhergehenden Beiträgen schwerpunktmäßig um die ökonomischen und statistisch darstellbaren Auswirkungen der Freihandelsabkommen, so stehen bei Mahjoub die Folgen für die Menschen und Regionen im Vordergrund, deren Lebens- und Arbeitsbedingungen unmittelbar betroffen sind und aufgrund von deren Forderungen nach sozialer Gerechtigkeit bei den Aufständen von 2010/11 die wirtschaftlichen und sozialen Menschenrechte Gegenstand der neuen tunesischen Verfassung

3 Unter Verweis auf Bedenken auf offizieller Ebene im Zusammenhang mit den anstehenden Verhandlungen erwähnt er auch den Wiederstand, ja die Ablehnung von ALECA durch Organisationen der Zivilgesellschaft in Tunesien, Italien und Frankreich in einer am 12. Februar 2015 in Tunesien veröffentlichten Erklärung anlässlich der Sitzung des europäischen Parlaments über die Aufnahme der Verhandlungen am 15. Februar 2015.

geworden sind. Da die Adjektive „umfassend“ und „vertieft“ im Kontext des jeweiligen Partnerlandes der EU eine spezifische Bedeutung annehmen, beginnt Mahjoub mit der Beantwortung der Frage: Was ist ein umfassendes und vertieftes Freihandelsabkommen im tunesischen Kontext?

Umfassend ist es, weil alle produktiven Sektoren davon betroffen sind: neben dem der Industrie, die bereits Gegenstand des 1. Assoziationsabkommens zwischen Tunesien und der EU von 1995/96 war, auch die Landwirtschaft und der Dienstleistungssektor. *Vertieft* ist das Freihandelsabkommen, weil es nicht nur um den Abbau der Zollschranken geht, sondern um die Beseitigung aller nicht tarifären Handelsschranken. Für ein kleines Land wie Tunesien mit 11 Millionen Einwohnern stellt die Forderung der EU nach Anpassung der nationalen Gesetzgebung an den „acquis communautaire“, d.h. das gesamte Gesetzes- und Regelwerk welches die Beziehungen zwischen der EU und den (noch) 28 Mitgliedsstaaten im Bereich des Außenhandels betrifft, eine erhebliche Herausforderung dar, durchaus verbunden mit einem Angriff auf die nationale Souveränität und Identität. Aufgrund der Übermacht dieses 500 Millionen Einwohner umfassenden Wirtschaftsraums haben über die Parteigrenzen hinweg sehr viele tunesische Akteure, Wissenschaftler, Journalisten und Intellektuelle, aber auch Aktivisten der Zivilgesellschaft erhebliche Bedenken bezogen auf den Begriff der „privilegierten Partnerschaft“, deren Asymmetrie sich wie die Umarmung eines Riesen anfühlt, der einen Zwerg zu erdrücken droht. Nicht umsonst haben die Organisationen der Zivilgesellschaft in ihrer Erklärung analog zu den Parlamentariern und Aktivisten der Zivilgesellschaft in den europäischen Ländern im Zusammenhang mit TTIP die mangelnde Transparenz der Verhandlungen kritisiert und eine Einsicht in die Unterlagen gefordert, aber auch unabhängige Studien zur Evaluierung der möglichen negativen Auswirkungen der Abkommen für das eigene Land und die Bevölkerung. Es ist daher wenig verwunderlich, wenn sich tunesische und marokkanische Akteure und Experten fragen, was im Falle ihrer Länder wohl mit „privilegierter Partnerschaft“ gemeint ist, wenn man die DCFTA/ALECA näher unter die Lupe nimmt. Insbesondere bei der Aufzählung der zu beseitigenden nicht-tarifären Handelsbeschränkungen, welche Mahjoub vornimmt, fällt auf, dass es um eine einseitige Anpassung der tunesischen Wirtschaft an die Normen und Standards der EU geht, verbunden mit einem Abbau der Souveränitätsrechte des Staates, der ihn fortan hindern würde, Maßnahmen zum Schutz der eigenen Produktionssektoren und der eigenen Bevölkerung sowie Förderung von eigenständiger lokaler Entwicklung zu treffen. Die Regierung und die Bürokratie degeneriert zur Verwaltung der EU-Verordnungen und zur Kontrolle ihrer Einhaltung auf tunesischem Boden. Dies umso mehr als auch die eigenen Märkte diesem Zugriff der EU unterworfen werden, wenn die Liberalisierung der öffentlichen Großaufträge und der Schutz der ausländischen Investoren zu einem Wettbewerb zwischen David und Goliath führt, bei dem der Unterlegene von vorne herein den Kürzeren zieht. In Mahjoubs Darstellung der Vor- und Nachteile der DCFTA/ALECA überwiegen bei weitem die Nachteile. Auch wenn verbesserte

Standards im Bereich der Produkte, im Gesundheits- und Umweltbereich nicht grundsätzlich entwicklungshemmend sind, ist die Marktmacht der europäischen Konzerne so erdrückend, dass es für lokale Besonderheiten und Vorlieben keinen Platz mehr gibt. Am härtesten trifft es die Bevölkerung, da die Erhöhung der Wettbewerbsfähigkeit die Arbeitslosigkeit kraft technologischer Erneuerung eher erhöht, die Löhne noch niedriger werden, gewerkschaftliche Organisation beseitigt, Sozialleistungen gekürzt oder gar nicht erst eingeführt werden. Da der Privatsektor alle menschlichen Bedürfnisse regelt, sind diese nur noch mit Geld zu erfüllen, wenn es keine staatliche Fürsorge für die Bevölkerung mehr gibt. Das gilt auch für Bildung und Kultur.

Angesichts dieser ernüchternden Bilanz stellt Mahjoub die Forderung nach einer „globalen politischen Partnerschaft" auf, welche weit über den Freihandel hinausginge. ALECA (DCFTA) sei kein Selbstzweck. Es gehe vielmehr um „eine Neukonzeption des Assoziierungsabkommens, das Ausdruck einer aktiven solidarischen Partnerschaft zwischen Tunesien und der EU sein müsste." Dies sei umso wichtiger als in den Augen vieler Tunesier die EU trotz der Hilfen vor und nach der Revolution noch nicht begriffen habe, welchen Bedrohungen und Herausforderungen Tunesien ausgesetzt ist. Sie sei sich auch nicht der „strategischen sicherheitspolitischen Bedeutung" der Konsolidierung des demokratischen Übergangs in Tunesien bewusst, dessen Fehlschlag auch schwerwiegende Konsequenzen für die Stabilität der ganzen Region haben könnte.

Mahjoub präsentiert abschließend seine Vorstellung von einer solidarischen Partnerschaft zwischen Tunesien und der EU, in der die Fortschritte Tunesiens bei der Annäherung an die Werte Europas honoriert würden. Auch für die Fortschritte beim demokratischen Übergang verdiene Tunesien eine privilegierte Behandlung. Es sei notwendig, die Beschränkung auf das Kommerzielle zu überwinden und sich auf eine umfassendere Logik einzulassen, in der neben der ökonomischen auch und besonders die sozialen, menschlichen und kulturellen Dimensionen zur Geltung kämen.

Nach Meinung auch vieler Experten nördlich des Mittelmeers müsse es einen Paradigmenwechsel in der europäischen Politik gegenüber Tunesien geben:, die europäische Regionalpolitik, insbesondere die Strukturfonds, müssten auf Tunesien ausgeweitet und die entwicklungspolitische Unterstützung von einem sektorspezifischen Projektansatz in einen strukturellen, territorialen Ansatz überführt werden. Dank des Regionalfonds sei es weniger entwickelten Ländern in der EU gelungen, eine wirkliche Konvergenz zu erreichen. Voraussetzung dafür sei natürlich, dass Tunesien einen nationalen Konsens über die kurz-, mittel-, und langfristigen Entwicklungsziele des Landes erarbeite und strategische Prioritäten für die regionale Kooperation und die Kooperation mit der EU definiere. Dies könne am besten anhand einer gemeinsamen Evaluierung der europäischen Partnerschaftspolitik geschehen. In diesem Zusammenhang gelte es auch, die für die Beziehungen zwischen Tunesien und der EU zentrale Frage der Mobilität von Personen neu zu stellen: ein neues umfassendes Abkommen müsse die „reguläre Migration" einbeziehen. Bis heute gebe es in diesem Bereich keinerlei Öffnung oder die Schaffung zusätzlicher Möglichkeiten für die reguläre, auch zeitlich begrenzte Migration tunesischer Arbeitnehmer in die EU.

In seinem Beitrag: „*Le ‚partenariat' entre le Maroc et l'Union européenne: Bilan d'un échec*" zeichnet der marokkanische Wirtschaftswissenschaftler Mohamed Zoubdi ein düsteres Bild der Beziehungen zwischen Marokko und der Europäischen Union, die er für einen Fehlschlag hält. Da beide Länder nach ihrer Unabhängigkeit zum Einflussbereich der ehemaligen europäischen Kolonialherren, Frankreich, Spanien und Italien gehörten, waren sie auch im Zuge der Entwicklung der EWG zur EU von Anfang an Adressaten europäischer Politik. Nach Zoubdi hatte Marokko jedoch von Anfang an eine subalterne Position und „keinerlei Handlungsspielraum zur Durchsetzung eigener Prioritäten" im Zusammenhang mit seiner wirtschaftlichen und sozialen Entwicklung, ein Grund weshalb er das Wort Partnerschaft in seinem Titel in Anführungsstriche gesetzt hat. Für ihn ist der „hegemoniale" Freihandelsansatz, angeführt von der „Triade" USA, EU, Japan ein „neokoloniales Projekt", in welchem die radikale Öffnung des Handels der Länder des globalen Südens einem ebenso radikalen Protektionismus der Länder des globalen Nordens gegenüberstehe.

Die Integration der beiden Länder in das Freihandelsregime und ihre Unterordnung unter die EU-Politik vollzog sich – anders als in Algerien – auch zeitlich parallel. 1996, ein Jahr nach Tunesien unterzeichnete Marokko ein Assoziierungsabkommen mit der EU zur Schaffung einer Freihandelszone. Aufgrund der Bedeutung des marokkanischen Landwirtschaftssektors setzte die EU dabei Exportrestriktionen für marokkanische Früchte und Gemüse zum Schutz der europäischen Landwirtschaft, insbesondere der spanischen durch, bei denen bereits nichttarifäre Instrumente eingesetzt wurden, wie Kontingentierung und zeitliche Begrenzung der Lieferungen. Ein neues Landwirtschaftsabkommen von 2012 sah eine vollständige Öffnung der marokkanischen Märkte für die Einfuhr europäischer landwirtschaftlicher Produkte vor. Die Einfuhrkontingente von marokkanischen Früchten und Gemüsen wurden leicht erhöht, aber dafür mit einer Gebühr belegt. 2014 verschärfte die EU die Bedingungen nochmals und erhöhte die Zölle auf Früchte und Gemüse aus Marokko.

Der Grüne Plan Marokko, die derzeit herrschende Strategie, sei, so Zoubdi (wie in Tunesien), ausschließlich an der Förderung des Agrobusiness orientiert.

Dieser Zustand führe, so seine Schlussfolgerung, dazu, dass nicht einmal die minimalsten Voraussetzungen für Ernährungssicherheit gegeben seien, die Existenz der Kleinbauern zerstört werde, was zur Erhöhung der Arbeitslosigkeit in den ländlichen Gebieten, einer verstärkten Landflucht, der Ausbreitung der Slums in den Städten und insgesamt zu einer sozial höchst explosiven Situation führe.

Der Fehlschlag der von Weltbank und IWF in den 80er Jahren lancierten Strukturanpassungsprogramme (SAP) habe, so Zoubdi, dazu geführt, dass im Assoziierungsabkommen ein begleitendes Unterstützungsprogramm vorgesehen worden war. Im Rahmen dieses Programms habe Frankreich eine Reihe von Krediten und Vergünstigungen gewährt, die aber mit Fallstricken verbunden waren: es wurde die bereits in den SAP vorgesehene Privatisierung staatlicher Dienstleistungsunternehmen betrieben, so hat die französische Vivendi-Gruppe heute einen 51 % Anteil an Maroc-Telecom. Nach Zoubdi sind mehr als 25 % der marokkanischen Industriebetriebe mit französischen Konsortien liiert. Hauptnutznießer dieses „Ausverkaufs" ist ohne jeden Zweifel die Monarchie, das „Palais und seine Unterstützer, die Reichen" (Perrin 2002, zitiert bei Zoubdi). Besonders schlimme Auswirkungen habe auch die Privatisierung der öffentlichen Dienstleistungen, wie die Trinkwasser- und Energieversorgung, die bis 1995 von interkommunalen Trägern verwaltet wurden und seitdem von den französischen Konzernen Lyonnaise des Eaux und Vivendi und einem portugiesisch-spanischen Konsortium geführt werden.

Die Privatisierung hat zu einer empfindlichen Erhöhung der Verbraucherpreise und einem Verfall der Qualität der Serviceleistungen geführt. Dasselbe gilt für den öffentlichen Nahverkehr und die Müllbeseitigung, welche von multinationalen Konzernen regelrecht heimgesucht wurden. Der öffentliche Nahverkehr in der Hauptstadt Rabat sei bereits bankrott. (Zoubdi)

Das neoliberale Versprechen des komparativen Vorteils der Spezialisierung scheiterte ebenfalls an der Realität. Die Deckung der Importe durch Export ist von 71 % im Jahre 1997 auf 46,5 % im Jahre 2014 gesunken. Das Handelsbilanzdefizit hat im Jahre 2013 175 Milliarden Dhs erreicht (1997 noch 29 Milliarden).

Ein beunruhigendes Ausmaß hat nach Zoubdi auch der Transfer der Gewinne aus den Direktinvestitionen in Marokko in die Heimatländer der Konzerne angenommen, die zu 69 % in der EU liegen, was mit hohen Verlusten an Devisen verbunden sei. Das Gesamtvolumen der Auslandsinvestitionen hat sich zwischen 1998 und 2005 mehr als verfünffacht und 44 % des BIP erreicht.

Aufgrund des permanenten Anstiegs des Haushaltsdefizits wurde der Regierung von den Bretton-Woods-Institutionen eine Austeritätspolitik verordnet, die 2013 zu einer 25 %igen Haushaltskürzung geführt hat und zulasten der Sozialausgaben und der Löhne geht.

Angesichts der hier nur beispielhaft dargestellten Gesamtsituation stellt sich für Zoubdi die Frage nach den Vor- und Nachteilen des DFTCA/ALECA nicht mehr. Er schließt mit Überlegungen, die auf einen vollständigen Bruch mit der EU und den neoliberalen Bretton-Woods-Institutionen hinauslaufen und sich an lateinamerikanischen Beispielen orientieren, nachdem ein Wiederaufleben der UMA – der Union du

Maghreb Arabe wegen der Uneinigkeit und mangelnden Solidarität der Beteiligten in weiter Ferne liege.

Die Verhandlungen über das neue Freihandelsabkommen ALECA haben in Marokko bereits 2013 begonnen, was auch mit dem Arabischen Frühling zu tun hat. Marokko ist für die EU der wichtigste Pfeiler ihrer Mittelmeerpolitik, auch im Zusammenhang mit der Eindämmung der „illegalen Migration". Das geplante Abkommen geht, nach einer Studie von ATTAC Marokko[4] weit über Wirtschaft und Freihandel hinaus. Die Autoren sehen darin eine Abschaffung der Souveränität des marokkanischen Staates und eine neue Form des Kolonialismus.

Zurzeit versuche Marokko Zeit zu gewinnen, indem eine eigene unabhängige Studie zu den Folgen von ALECA erstellt werden soll, bei der die „marokkanischen Partner", d.h. die Unternehmer, welche sich beschwert haben, in die Verhandlungen einbezogen werden sollen. Die Autoren haben jedoch ebenso wenig die Hoffnung, dass sich an der Generallinie etwas ändert, wie Ahmed Zoubdi und hoffen auf eine Mobilisierung der Zivilgesellschaft.

In seinem Beitrag: „*Accord d'Association Algérie-UE et diversification économique en Algérie: Quel bilan, quelles perspectives?*" geht Ahcène Amarouche auf das Assoziierungsabkommen zwischen der EU und Algerien ein, das erst im Jahre 2002 unterzeichnet worden war, zunächst 2017 und nach einer Änderung jetzt 2020 endgültig in Kraft treten soll. Im Unterschied zu Tunesien und Marokko befindet sich Algerien in einer Phase der Handelsbeziehungen mit der EU, die die beiden Nachbarländer bereits hinter sich haben. Gleichwohl kommt er schon jetzt zu dem Schluss, dass das Abkommen bis dato keine positiven Resultate gezeitigt habe. Nicht umsonst habe die algerische Regierung eine Revision gefordert, was aber bislang ohne Antwort geblieben sei. Anlass war die Kritik der einheimischen Unternehmer, „die Mühe haben, im Arsenal der nicht tarifären Handelsbeschränkungen, welche die EU aufgerichtet habe, eine Lücke zu finden, in der sie ihre Exporte unterbringen könnten" (Amarouche). Man könne sich des Eindrucks nicht erwehren, dass die EU mit Hilfe von technischen Normen den Abbau von Zöllen kompensiere – im selben Geist des Protektionismus. Das hindere die EU jedoch keineswegs daran, den Abbau der Zölle als schlagendes Argument für eine Kooperation anzuführen, die beiden Seiten gleichermaßen „zum Wohl gereiche."

Die Schwäche der einheimischen Wirtschaft geht jedoch, so Amarouche, nicht nur auf das Freihandelsabkommen zurück. Sie sei ein Resultat der mangelnden Diversifizierung. Gleichwohl sei ein solches Abkommen ein schwerwiegendes Hindernis für eine solche Diversifizierung der lokalen Wirtschaft, da die damit angestrebte Integration der algerischen Wirtschaft

---

4 Najib Akesbi, Omar Aziki, Lucile Daumas, Salaheddine Lemaizi, Othman Mellouk, Brahim Oubaha, Mimoun Rahmani, *Accords de libre-échange, des accords coloniaux contre les peuples. Analyse des accords de libre-échange liant l'Union européenne et le Maroc*, ATTAC / CADTM Maroc (ed.), Mars 2015, 109 S.

in den globalen Markt mit dem Anspruch der Spezialisierung für den Export dem Diversifizierungskonzept diametral entgegenstehe.

Die Kumulierung von Effekten interner Prozesse der Desindustrialisierung in den vergangenen 30 Jahren und den Folgen der Klauseln des Assoziierungsvertrages mit der EU hätte dazu geführt, dass Algerien heute noch mehr als vor der Jahrtausendwende von Importen aus der EU abhänge. Das ganze Spektrum industrieller Fertigprodukte sei davon betroffen, von Werkzeugmaschinen über sie gesamte Palette allgemeiner Konsumgüter bis hin zu Luxusgütern.

Der Verfall des Ölpreises und damit der drastische Rückgang der Einnahmen an Devisen aus dem Verkauf von Öl und Derivaten habe den Bretton-Woods-Institutionen zufolge Algerien in eine schwierige Situation gebracht, da die Importe den Vorrat an Devisen verschlingen.

Amarouche will in seiner Analyse der Auswirkungen des Assoziierungsabkommens aufzeigen, dass die algerische Wirtschaft aufgrund ihrer geringen Differenzierung zu schwach sei, um daraus Vorteile zu ziehen. Mit Blick auf Marokko und Tunesien scheint es jedoch angebracht darauf hinzuweisen, dass die Hoffnung auf die Förderung einer potenten einheimischen Wirtschaft, die Wohlstand generiert und die notwendigen Arbeitsplätze schafft, durch die Strukturanpassungspolitik nachhaltig enttäuscht worden ist, deren auf Staatsabbau und Privatisierung basierender Ansatz auch in Algerien zwischen 1996 und 2001 zur Schließung vieler öffentlicher Industriebetriebe und der Entlassung von nahezu einer halben Million Arbeitnehmern geführt hat. Da die EU dieselben Prinzipien teilt und bei ihrer Verfeinerung und Umsetzung außerdem eine Vorreiterrolle spielt, ist auch von der „Nachbarschaftspolitik" gegenüber den nordafrikanischen Staaten nichts Besseres zu erwarten. Sowohl Tunesien als auch Marokko, deren Verflechtung mit der EU erheblich weiter fortgeschritten ist als die Algeriens, sind im Zuge der Direktinvestitionen europäischer Konzerne zu Billiglohnländern degradiert worden, welche Halbfertigprodukte mit geringer Wertschöpfung zur Weiterverarbeitung an diese Konzerne liefern. Die ausschließliche Exportorientierung trägt daher nicht zur Entwicklung einer einheimischen Produktion von Fertigwaren mit hoher Wertschöpfung bei.

Da Algerien, so Amarouche, aufgrund der „Ölrente" (Dutch disease) zwischen 1960 und 1970 sein Entwicklungsprogramm aufgegeben hat, ist seine Position im Zusammenhang mit dem Freihandelsregime noch ungünstiger als die Tunesiens und Marokkos, da es kaum über qualifizierte Arbeitskräfte für die Industrie verfügt: Dominante Sektoren sind in Algerien allen voran Öl- und Gasförderung, öffentlicher Bausektor und Landwirtschaft, letztere hauptsächlich zur Versorgung der einheimischen Bevölkerung. Bausektor und Landwirtschaft werden aus den Deviseneinnahmen von Öl und Gas subventioniert. Die dramatische Importabhängigkeit lässt sich laut Amarouche kaum durch eine Importsubstituierungspolitik abbauen, vor allem wenn dies hauptsächlich über eine Änderung des Konsumverhaltens der Bevölkerung (acheter algérien) erreicht werden soll. Die Defakto-Abhängigkeit des Rohstoffproduzenten Algerien vom Weltmarkt schwächt seine Position gegenüber den internationalen Finanzinstitutionen und der EU, da er zur Absicherung lebensnotwendiger Einfuhren auf Kredite angewiesen sein wird, solange und sofern die Ölpreise nicht wieder entsprechend steigen.

In seiner abschließenden Reflexion über die Beziehungen zwischen Algerien und der EU weist Amarouche auch auf die Divergenz der politischen Systeme hin und befürchtet angesichts des „politischen Dialogs", den das Freihandelsabkommen vorsieht, eine auf Asymmetrie beruhende autoritäre Einmischung der EU in die inneren Angelegenheiten des Landes. Die negativen Auswirkungen auf die Wirtschaft illustriert er am Beispiel von insgesamt 2 800 Produkten, die nach dem Zollabbau zollfrei aus der EU importiert werden. Aufgrund der ständig steigenden Ölpreise bis 2008 waren diese Produkte immer teurer geworden. Allein Maschinen und Produkte für die industrielle Produktion hatten 2011 ein Gesamtvolumen von 30 Milliarden Dollars erreicht. Die algerische Handelsbilanz, die bis 2013 positiv war, ist inzwischen mit einem Defizit im Jahre 2014 von 8 Milliarden Dollar negativ. Wenn man der Presse zu Beginn des Jahres 2016 Glauben schenken dürfe, so Amarouche, habe Algerien zwischen 2005 und 2015 mehr als 197 Milliarden Euros für Importe aus der EU ausgegeben, gegenüber Einnahmen von 13 Milliarden im selben Zeitraum.

Mit Blick auf die tunesische Revolution und die Forderungen nach Würde und fairen Arbeits-und Lebensbedingungen fällt die Bilanz der tunesisch-europäischen Beziehungen und des Assoziierungsabkommens von 1995/96 zwischen der EU und Tunesien aus der Sicht der tunesischen Autoren überwiegend negativ aus. Das in Verhandlung befindliche „Tiefgehende und umfassende Freihandelsabkommen" (DCFTA / ALECA) wird nicht, wie die EU es darstellt, als Chance, sondern eher als fundamentale Bedrohung aufgefasst: die bereits als negativ wahrgenommenen Auswirkungen des Assoziierungsabkommens, das seit 2008 zur vollständigen Öffnung des tunesischen Marktes für europäische Industrieprodukte geführt hat, würden durch eine Ausweitung auf die Liberalisierung des Dienstleistungssektors und die öffentliche Auftragsvergabe sowie den Abbau der nicht-tarifären Handelsbeschränkungen in ungeahntem Ausmaß verschärft, da letztere sogar die Souveränität des Staates antasten, indem sie ihm verbieten, seine Bevölkerung und seine Wirtschaft zu schützen. Der weitere Verfall der Kaufkraft, die zu erwartenden Preissteigerungen, das weitere Anwachsen der Arbeitslosigkeit, insbesondere der besser Qualifizierten lässt weitere soziale Unruhen erwarten und treibt die perspektivlosen Jugendlichen in die Arme radikaler Djihadisten, da ihnen die Festung Europa verschlossen bleibt. Auch für Ahmed Zoubdi sind die Beziehungen zwischen EU und Marokko im Sinne der Prosperität der gesamten marokkanischen

Gesellschaft ein Fehlschlag. Es ist dabei nicht verwunderlich, dass die Verhandlungen über das neue Freihandelsabkommen DCFTA/ ALECA bereits 2013 aufgenommen wurden, da es auch dort eine soziale Bewegung mit ähnlichen Forderungen gab wie in Tunesien. Aus Angst vor der Destabilisierung eines ihrer wichtigsten Brückenköpfe zur Eindämmung der „illegalen" Migration hatte die EU sich zunächst Marokko zugewandt. Die neue Marokkanische Verfassung von 2011 und die neue Migrationspolitik, die im September 2013 vom König verkündet worden war, wurden beide durch die EU unterstützt. Algerien befindet sich im Vergleich zu Tunesien und Marokko noch in der Vorphase, da die algerische Regierung auf Druck der einheimischen Unternehmen eine Revision des Assoziationsabkommens gefordert hat, das ohnehin erst im Jahre 2020 voll in Kraft treten sollte. Die Situation des Landes ist deshalb nicht vergleichbar, weil der algerische Staat 30 Jahre lang von den Öl- und Gaseinkommen leben konnte und bis 2013 trotz hoher Importe eine positive Handelsbilanz aufwies. Amarouche zeigt aber in seinem Artikel, wie fragil eine solche Abhängigkeit von Weltmarktpreisen ein Land macht, das von der Rente lebt und es versäumt hat, eine differenzierte Wirtschaft aufzubauen. Aus diesem Grunde fällt auch seine Bilanz der Beziehungen zur EU negativ aus, da diese einseitig durch die Liberalisierung ihrer Importe nach Algerien profitiert. Da seit 2014 Algeriens Handelsbilanz negativ ist, wächst seine Abhängigkeit von den internationalen Finanzinstitutionen und der EU.

Die Autoren aus den drei Ländern stellen sich aufgrund dieser negativen Situation alle die Frage nach Alternativen.

3. Entwicklung im Kontext der neoliberalen Agenda

In einem historischen Exkurs geht der Wirtschaftswissenschaftler und Dekan der juristischen und wirtschaftswissenschaftlichen Fakultät Jendouba in Tunesien, Baccar Gherib in seinem Beitrag: „*Penser le développement, hier et aujourd'hui. Grandeur et décadence d'une ambition*" dem Wandel der Bedeutung des Konzepts Entwicklung unter Betonung der „subtilen Dialektik zwischen wissenschaftlicher und politischer Agenda" nach, indem er drei Phasen unterscheidet: die „reformistische" Phase der Entwicklungsökonomen, die „radikale" Phase der neo-marxistischen Theoretiker der Dritten Welt und schließlich die „reaktionäre" Phase, die in den 80er Jahren aus der neoliberalen Gegenoffensive entstanden sei.

Die Begriffe Unterentwicklung und Entwicklung sind, so Gherib, kurz nach dem 2. Weltkrieg im Zusammenhang mit der antikolonialistischen Bewegung und der Auflösung des britischen und französischen Kolonialimperiums entstanden. Der französische Demograph, Albert Sauvy, hat 1952 den Begriff der „Dritten Welt" geprägt und analog zum 3. Stand (tiers état) der französischen Revolution erklärt, „dass diese vernachlässigte, ausgebeutete und verachtete Dritte Welt" („Tiers Monde") nun auch einen Status reklamiere. Frühzeitig spielte die Konkurrenz zwischen dem liberalen Westen und dem kommunistischen Osten in der Sichtweise der „Dritten Welt" eine Rolle. So betrachteten klassische Ökonomen die Dritte-Welt-Länder als „rückständig": sie müssten die Entwicklung der Industriestaaten in 5 Etappen nachholen, um schließlich in der letzten Etappe des Massenkonsums anzukommen. Es sei alles nur eine Frage der Zeit. Dieser Vorstellung von der „nachholenden Entwicklung" widersprachen die Entwicklungsökonomen, welche die „Unterentwicklung" ableiteten aus der „Destrukturierung der vorkapitalistischen Ökonomien und Gesellschaften durch die Kolonisation". Für unterentwickelte Gesellschaften sei ein Dualismus charakteristisch zwischen einem autonomen introvertierten traditionellen und einem modernen Sektor, der über niedrige Löhne mit dem Weltmarkt verbunden sei. Durch den ungleichen Tausch seien diese Länder von den Industrieländern (ehemaligen Kolonialherren) abhängig.

In den entwicklungsländerzentrierten Theorien, die in den 60er/70er Jahren zunächst in Lateinamerika aus der Kolonialismus Kritik entstanden sind und zu denen auch die Dependenztheorie zählt, wurde das Konzept einer autonomen nationalen Wirtschaft mit einem starken öffentlichen Sektor nationalisierter Unternehmen erarbeitet ohne Abhängigkeit vom internationalen Kapitalmarkt. Für Länder, die über umfangreiche natürliche Ressourcen verfügen, gilt dieses Konzept bis heute als attraktiv und ist, wie die Beispiele Ecuador und Bolivien zeigen, auch und gerade erfolgreich, weil es gleichzeitig gelungen ist, die Armut substanziell abzubauen (siehe Fußnote 5). Wenn allerdings die Erträge aus der Förderung der Bodenschätze in eine Rente für die herrschenden Eliten umgewandelt werden, wie beispielsweise im Falle Algeriens, entwickelt sich kein eigenständiger Industrie- und Landwirtschaftssektor. Wie Amarouche in seinem Beitrag beklagt, hatte Algerien zwischen 1960 und 1970 sein Entwicklungsprogramm beendet. Für Algerien vertritt er das Konzept der Import-Substitution auf der Basis einer Strategie der Diversifizierung der Wirtschaft, getragen von einer Bevölkerung, die sich selbst um die Produktion ihrer Lebensgrundlagen kümmert.

Entwicklung ist für ihn ein industrieller Lernprozess, und nicht gleichbedeutend mit Wachstum. Diversifizierung der Wirtschaft sei zunächst ein interner Prozess. Eine Diversifizierung des Exports sei dann denkbar, wenn die interne Produktivität ein Niveau erreicht habe, das es möglich mache, sich der internationalen Konkurrenz zu stellen. Dieser Ansatz hat sehr viel Ähnlichkeit mit der o.g. lateinamerikanischen Strategie und verlangt einen starken Staat, nationalisierte Industrien, Subventionen und Handelsschranken zum Schutz vor Konkurrenz, also das strikte Gegenteil des neoliberalen Modells. Bezogen auf Algerien scheint eine Umsetzung unter den gegebenen Bedingungen des Ölpreisverfalls und des Handelsbilanzdefizits jedoch unwahrscheinlicher denn je, da der Staat diesen Diversifizierungsprozess einleiten und subventionieren müsste.

Ähnlich utopisch wirken auch die Ansätze von Hartmut Elsenhans in seinem Beitrag: „*Instrumentaliser la coopération pour sortir de sous-développement et de la dépendance?*“ Bemerkenswert in seinem Titel ist, dass er die Begriffe „Unterentwicklung“ und „Dependenz“ in einem Atemzug verwendet, da diese, wie Baccar Gherib in seinem Abriss der Geschichte der Entwicklungstheorien seit dem 2. Weltkrieg beschreibt, zwei verschiedenen „Schulen“ angehören, welche weltanschaulich kaum unterschiedlicher sein könnten: Unterentwicklung heißt, dass die „rückständigen“ Entwicklungsländer den Industrialisierungsprozess der Industriegesellschaften des Nordens nachholen. Die in Lateinamerika entstandene Dependenztheorie fordert eine Entkoppelung der Entwicklungsländer von der Dominanz der Industrieländer zugunsten einer vor deren Konkurrenz geschützten, eigenständigen Entwicklung.

Trotz seiner Affinität zum Marxismus plädiert Elsenhans mit Blick auf die Erfahrungen der asiatischen Länder für einen gleichberechtigten Zugang der Entwicklungsländer zum kapitalistischen Produktionssystem. Dies setze voraus, dass sich in den Ländern eine Werkzeugmaschinen-Industrie entwickeln könne, die für den Binnenmarkt produziert, Arbeitsplätze schafft und auskömmliche Löhne bezahlt, welche den Konsum der breiten Bevölkerung ankurbeln, der seinerseits neue Investitionen nach sich ziehen werde. Gleichzeitig mit dem Produktionsprozess finde die notwendige Qualifizierung der Arbeitskräfte statt. Die Entstehung neuer Bedürfnisse führe zur Entwicklung neuer Technologien und erhöhe so die Kompetenzen der Arbeitskräfte. Ein gestärkter industrieller Sektor könne sich dann dem Export öffnen und sich zunächst auf niedrigem Niveau (zu Niedriglohnkonditionen) in die Weltwertschöpfungsketten integrieren. Das Beispiel Chinas zeige, dass man von ausländischen Direktinvestitionen profitieren könne. (Allerdings hat nicht jedes Entwicklungsland die power Chinas, nur Joint Ventures zuzulassen und den Technologietransfer zur Bedingung zu machen, um das zu erreichen, was Abdelkader Sid Ahmed, zitiert bei Elsenhans, als Strategie zur Verbesserung der technologischen Kompetenz beschreibt: die schlecht bezahlten Etappen einer Produktionskette zu nutzen, um dank der dabei erworbenen Fähigkeiten in Etappen mit höherer Entlohnung aufzusteigen). Elsenhans räumt allerdings ein, dass ein kleines Land wie Tunesien nicht die notwendigen Druckmittel habe, um die transnationalen Konzerne, welche die Wertschöpfungsketten beherrschen, zu Konzessionen bei der Entlohnung oder bei der Einführung von differenzierteren Produktionsprozessen mit höherer Wertschöpfung zu bringen. (Eine Ausnahme ist jedoch beispielsweise der Textilsektor in Tunesien, der nach der Abschaffung der Einfuhrbeschränkungen für chinesische Textilien nach Europa in eine schwere Krise geraten war: Die Betriebe, welche diese Krise überlebt haben, haben sich auf das Luxus-Segment des europäischen Textilmarktes eingestellt und im Laufe der Zeit eigene Kollektionen entwickelt, die vollständig in Tunesien produziert werden. Die Arbeitskräfte konnten sich dank interner Qualifizierungsprogramme weiter qualifizieren und innerbetrieblich, auch ins Management, aufsteigen, mit entsprechend höheren Gehältern). Elsenhans schlägt seinerseits eine regionale Kooperation der arabischen Länder vor.

Mit Blick auf Tunesien ist er der Ansicht, dass eine Zusammenarbeit aller politischen Akteure über weltanschauliche Grenzen hinweg notwendig sei, um eine solche Wirtschaftspolitik voran zu bringen. Dass er dabei für eine enge Kooperation mit den Islamisten plädiert, scheint angesichts des seit der Regierungszeit von Ennahda zu beobachtenden extremen ökonomischen Neoliberalismus dieser Partei, nicht unbedingt in seinem Sinne zielführend.

In seinem Beitrag: „*De l'échec du modèle économique et social en Tunisie et de la nécessité d'un modèle alternatif*" konstatiert der Wirtschaftswissenschaftler Abdeljeli Bedui von der Universität El Manar in Tunis, dass man nach der Revolution das bisherige Wirtschafts- und Sozialmodell Tunesiens offenbar einmütig für einen Fehlschlag gehalten habe, dass es aber über die Diagnose und die Auswege erhebliche Meinungsunterschiede gebe. Die liberale und konservative Bourgeoisie gehe davon aus, dass die durchzuführenden Reformen ohnehin diejenigen seien, welche von den internationalen Institutionen vorgeschlagen würden. Es genüge, im Bereich Governance eine Reihe von kleinen Kurskorrekturen vorzunehmen und bestimmte Fehlentwicklungen und Ungleichgewichte zu beseitigen, um die Situation zu verbessern. Für die Islamisten genüge es, islamische Institutionen zu gründen, um die Moral der Geschäftswelt zu verbessern (islamische Banken und Versicherungen, islamische Zertifikate etc) und die soziale Solidarität zu stärken durch bestimmte Wohltätigkeitsfonds. Dies garantiere eine „harmonische neoliberale und gerechtere Entwicklung".

Bezogen auf die Rolle, welche er der EU zumisst, ist die Argumentation von Elsenhans eher politisch motiviert: er hält eine Einbindung der Islamisten in die Regierung für eine notwendige Voraussetzung, um die Sicherheitsinteressen der EU zu befriedigen und sie zu motivieren, für eine solche Entwicklung der einheimischen Industrie die notwendigen Mittel zur Verfügung zu stellen.

Es erscheint jedoch äußerst fraglich, ob dieselben Akteure, die den ALECA unbedingt durchsetzen wollen, für ein derartiges Ansinnen ernsthaft ansprechbar sind.

Dies gilt auch für Vorstellungen von Azzam Mahjoub für eine neue Art der Beziehungen zur EU, die gekennzeichnet wäre vom Willen, Tunesien eine den osteuropäischen Ländern vergleichbare Entwicklungschance zu geben, indem man das Land in die Förderung des Europäischen Entwicklungsfonds aufnimmt.

Bedoui, der sich der demokratischen und progressiven Fraktion der tunesischen Bourgeoisie zuordnet, zählt noch einmal die Ursachen des Scheiterns des „tunesischen Modells" anhand der asymmetrischen Wirtschaftsbeziehungen zwischen dem Norden und dem Süden und der Folgen der neoliberalen Strukturanpassung auf:

Abbau des Anteils der öffentlichen Ausgaben am Bruttosozialprodukt, Reduktion der Ausgaben für Bildung, Ausbildung und Gesundheit, fortschreitende Kommerzialisierung aller Dimensionen des sozialen Lebens, Umformung der Konsumgewohnheiten, steigende Lebenshaltungskosten der Haushalte bei gleichzeitiger Zunahme der Verschuldung und schließlich eine allgemeine Verschlechterung der Lebensbedingungen vieler Gruppen der Bevölkerung. Die Bedingungen für ein Alternativmodell sind, nach Bedoui, nur dann gegeben, wenn die „neoliberalen Konzepte und Dogmen aufgegeben bzw. auf den Prüfstand gestellt werden. Auch Bedoui plädiert für eine Stärkung des Staates und seiner Rolle in der Gestaltung der Wirtschaftspolitik, eine Diversifikation des produktiven Sektors, eine De-Sakralisierung des Marktes, der ein von Menschen gemachtes Instrument sei und den Interessen der Menschen zu dienen habe. Sichere Arbeitsplätze anstatt der Flexibilisierung der Arbeit, Überwindung des merkantilen Konzepts der Ernährungssicherheit, das sich mit einer ausgeglichenen ernährungstechnischen Handelsbilanz begnüge, anstatt sich um die Herstellung von Nahrungsmitteln zu kümmern, die den traditionellen tunesischen Konsumgewohnheiten entsprechen, sind Komponenten des Alternativ-Modells. Für seine Umsetzung bezieht sich Bedoui, wie auch schon Amarouche, auf lateinamerikanische Erfahrungen, die u.a. eine aktive Umverteilung und gerechtere Lohnpolitik, umfangreiche Sozialleistungen im Bereich Bildung, Gesundheit und Armutsbekämpfung, Nationalisierung natürlicher Ressourcen, regionale Integration vorsehen. In seinen Schlussfolgerungen versäumt es Bedoui jedoch nicht, auf die schwierigen Rahmenbedingungen und insbesondere den Mangel an politischem Willen der derzeit an der Macht befindlichen Akteure hinzuweisen.

Eine sehr interessante „Erdung“ der Problematik bringt der Beitrag des Wirtschaftswissenschaftlers Abderrahmane Ben Zakour: „*Le secteur informel: Une menace ou une opportunité?*“ in die Debatte. Anstatt in die allgemeine Klage über die unkontrollierte Ausweitung des informellen Sektors einzustimmen, befasst sich Ben Zakour mit der „unumgänglichen Realität“ dieses Sektors in Tunesien, der nach Schätzungen der Weltbank 50 % des BIP Tunesiens ausmacht.

Er wehrt sich von Anfang an gegen die explizite oder implizite Kriminalisierung dieses Sektors der Armen, Unqualifizierten und von der Bildung und Entwicklung Ausgeschlossenen in den vernachlässigten Regionen und den Vorstädten der Großstädte der Dritten Welt. Charakteristisch für die „Informellen“ sind nach Ben Zakour Produktionen in ganz kleinem Maßstab, die so wenig abwerfen, dass davon weder Steuern noch Sozialversicherung bezahlt werden könnten. Im Einzelnen handele es sich um kleine Ladengeschäfte, in Heimarbeit gefertigte und auf dem lokalen Arbeitsmarkt angebotene Gegenstände, fliegende Händler, grenzüberschreitenden Handel und Schmuggel, Handy-vermittelte Dienstleistungen.

Um an Informationen heranzukommen, hat sich Ben Zakour auf empirische Studien gestützt, da kaum belastbare Daten vorliegen. Er konzentriert sich in seinen Ausführungen auf den grenzüberschreitenden Handel und Schmuggel im Süden Tunesiens, in den Regierungsbezirken Medenine und Tataouine, welcher die Haupteinnahmequelle der lokalen Bevölkerung ist. Beide Regionen waren seit der Unabhängigkeit marginalisiert. Die dort ansässigen Stämme leben von Viehzucht, es ist eine arme Bevölkerung ohne Ressourcen. Sie haben Beziehungen zu Stämmen in Libyen, die auf Vertrauen und dem Ehrenwort aufbauen. Alle Aspekte des „Informellen" sind hier vereinigt: Arbeitslosigkeit, Armut, Marginalisierung, große Einkommensunterschiede, Preisunterschiede und Wechselkursunterschiede bringen die Menschen, die „obwohl Analphabeten, dennoch rational vorgehen" (Ben Zakour), dazu, sich außerhalb der offiziellen Wirtschaft Einkommensquellen zu suchen. Gehandelt wird mit allen denkbaren Produkten, von Kleidungsstücken, über Kosmetika bis hin zu Haushaltsgeräten, entweder weil sie auf einer der beiden Seiten fehlen oder weil die Preisunterschiede groß sind.

Ben Zakour betont nachdrücklich, dass dieser Handel weit davon entfernt sei, anarchisch abzulaufen. Er sei im Gegenteil durchstrukturiert und hierarchisiert, in Form einer Pyramide, an deren Spitze sogenannte „Barone" sich den Markt teilen und sich auf bestimmte Produkte spezialisieren: im Bereich des Devisenhandels gibt es 5 Operateure, im Textilbereich 15 Grossisten, im Nahrungsmittelbreich 10 und 10 im Bereich der Haushaltsgeräte, insgesamt sind es 60. Sie verfügen über 80-90 % der Produkte.

Dieser einträgliche Handel hat einige Familien in den beiden Gouvernoraten reich gemacht. Hinzu kommt, dass die Arbeit in diesem Kontext nicht anstrengend ist. Obwohl offiziell die Arbeitslosigkeit sehr hoch ist, zitiert Ben Zakour den Fall eines Industriellen, dem es nicht gelang, einen einzigen Arbeiter zum Preis von 600 TND im Monat zu rekrutieren (zum Vergleich: im Tourismus haben vor der Revolution viele Menschen weniger als 300 TND monatlich verdient!) Nach den offiziellen Statistiken haben Medenine und Tataouine die höchste Arbeitslosenrate Tunesiens.

Nach Schätzungen einer empirischen Studie leben zwischen 25 und 30 000 Personen von diesem Grenzhandel. Jährlich werden ca. 750 Millionen Dinar (ca. 360 Millionen Euro) umgetauscht. Jeder Grossist verfügt ungefähr über ein Kapital von 300 000 Dinar. Die 60 Grossisten haben zusammen also 18 Millionen Dinar. 110 Millionen Liter Brennstoff wechseln jährlich die Grenze. Der Jahresumsatz liegt bei 1,1 Milliarden Dinar. Seit 1988 wurde dieser illegale Handel toleriert und sogar von den Politikern beider Länder begrüßt. Die Grenzregion wurde zu einem riesigen Open-Air-Hypermarkt, auf dem alle Produkte weit unter dem Ladenpreis verkauft werden und wurde gar 2001 Bestandteil einer Freihandelszone zwischen Tunesien und Libyen, die 2005 auf alle arabischen Länder ausgeweitet wurde (Ben Zakour). Dieser illegale Markt hat sozusagen die Weihen des Freihandels erhalten.

In diese System kommt jeder auf seine Kosten: die Armeeoffiziere beider Länder, die Beamten, die Zöllner und die Händler. Kein einziger noch so ehrlicher und integrer Zöllner kann den Bestechungsversuchen und Drohungen auf Dauer widerstehen. In einer Studie für das Ministerium für Handel von 2014 hatte Ben Zakour eine Strategie zur Integration des Grenzhandels in das staatliche System entwickelt mit dem Ziel, dieses wirtschaftliche Potenzial zu einem Faktor der Regionalentwicklung zu machen.

Zunächst warnt er vor einem verhängnisvollen Irrtum, den man nicht begehen solle: dem Einsatz von Gewalt, Repression und der Forderung nach strikter Einhaltung der Gesetze. Die Strukturen seien schwer fassbar, illegal und am Rande des Gesetzes. Stattdessen solle man sich mit den 28 Baronen zusammensetzen und ihnen einen gesetzlichen Rahmen anbieten, der für beide Seiten von Vorteil wäre. Es gehe darum, eine Strategie zu entwickeln, welche geeignet wäre, diese Milliardäre in einen legalen Rahmen regionaler Entwicklung einzubinden. Folgende Schritte wären seiner Ansicht nach denkbar:

1. Der Staat würde die Großhändler anerkennen als Partner im Handel zwischen den beiden Ländern, indem man ihnen einen entsprechenden Ausweis aushändigt. Auch den Zwischenhändlern und den Kleinhändlern müsste ein solcher Ausweis gegeben werden. Alle sollten außerdem registriert werden.
2. Die Freihandelszone würde von den Händlern gestaltet und finanziert. Sie wären Besitzer und Verwalter dieser Zone.
3. Gemeinsame Erstellung einer Liste von Produkten, deren Import (z.B. Drogen oder Waffen) und deren Export (z.B. subventionierte Lebensmittel) verboten wären. Festlegung von Quoten für den Export von landwirtschaftlichen Produkten.
4. Festlegung einer Umsatzsteuer, die alle Großhändler akzeptieren müssten und Eröffnung eines Steuerbüros in der Freihandelszone.
5. Diskussion über ihre Mitarbeit an der Regionalentwicklung anhand von Investitionsprojekten, die vom Büro für die Entwicklung des Südens vorgeschlagen würden, wie zum Beispiel Privatkliniken für libysche Patienten oder Betriebe zur Produktion von Exportartikeln für den libyschen Markt.
6. Änderung des Modus der Zollkontrolle zur Verhinderung von Korruption und Einschüchterung durch Einsetzung mobiler Zollbeamter, die nicht länger als 24 Stunden an einem Ort bleiben und erst kurz vorher über ihre Mission informiert würden. Prämien für die Beschlagnahmung von illegalen Waren etc.

In einer, wirtschaftlich und politisch, instabilen Situation, wie der Tunesiens, ist es nach Ben Zakour nicht verwunderlich, dass sich in vernachlässigten und marginalisierten Regionen mafiöse Strukturen am Rande der Legalität bilden, um den Menschen das Überleben zu sichern. Mit Recht wehrt er sich gegen eine einseitige Kriminalisierung der Akteure des Informellen, weil sie keine Steuern und Sozialabgaben entrichten, (was übrigens auch Bürger Tunesiens am anderen Ende des Spektrums bekanntermaßen unterlassen). Er anerkennt ihre Leistung, die dazu geführt hat, dass um die 30 000 Menschen ohne staatliche Unterstützung überleben können. Dass es auch in diesem Kontext Gleiche und Gleichere gibt und dass auch hier Korruption herrscht, ist angesichts der kulturellen Folgen des Ben-Ali-Systems wenig verwunderlich. Ob sein Traum, aus diesem marginalen System einen Motor der regionalen Entwicklung zu machen, realisiert werden kann, steht in den Sternen. Im Sinne der Alternativen lässt sich jedoch eine Lehre daraus ableiten: Not macht erfinderisch, was auch bedeutet, dass sie ihre eigenen Gesetze erfindet.

Das „*buen vivir*"[5] der ecuadorianischen und bolivianischen Verfassungen ist, im Falle Boliviens das Ergebnis eines Wasseraufstandes, den der heutige Präsident von Bolivien, Evo Morales, angeführt hatte. Es war ein Aufstand der einfachen Leute, hauptsächlich aus der indigenen Bevölkerung, insbesondere von Frauen, die unter Einsatz ihres Lebens für den freien Zugang zu Trinkwasser gekämpft haben, den der amerikanische Konzern Bechtel ihnen entziehen wollte, um damit Geld zu verdienen und ihnen sogar verbot, das Regenwasser aufzufangen. Freies Trinkwasser wurde als Menschenrecht verteidigt. Am Ende musste die Regierung den Vertrag annullieren.

Die lateinamerikanischen Erfahrungen wurden in mehreren Beiträgen als Vorbilder angesprochen, und, wie die Erfahrungen Boliviens zeigen, geben sie Anlass zur Hoffnung, dass eine Abkoppelung von den neoliberalen Prinzipien doch möglich ist. Was sie vor allem zeigen, ist, dass

5 In Lateinamerika vollzieht sich eine bemerkenswerte Entwicklung. Ecuador und Bolivien haben das Ziel des „Buen Vivir", bzw. des guten Lebens als Verfassungsgrundsatz festgeschrieben und damit politisches Neuland betreten. Die Verfassung zielt nicht auf wirtschaftliches Wachstum, sondern auf das ganzheitliche Wohlergehen der Menschen ab. Zugleich wurde in den Verfassungen die Natur zum Rechtssubjekt aufgewertet. Das neue Verfassungsziel fußt auf dem Verständnis des „Sumak Kawsay", einer Tradition der indigenen Andenvölker. „Sumak Kawsay" lässt sich mit „Buen Vivir" bzw. dem guten Leben übersetzen. Nach der Tradition der Andenvölker ist „Buen Vivir" eine Kultur des Lebens, die ein harmonisches Gleichgewicht zwischen Mensch und Natur anstrebt. Nicht Fortschritt und Wachstum sind die Lebensziele der Menschen, sondern die Produktion und Aufrechterhaltung eines Gleichgewichtszustandes (http://www.denkwerkzukunft.de/index.php/inspiration/index/BuenVivir, Zugriff 12.8.2016). Vgl. auch den Artikel: „Lebensqualität in Bolivien unter Evo Morales gestiegen", von Serena Pongratz, amerika21 vom 8.8.2016: „Nach Ansicht von Finanzminister Luis Arce trugen das Wirtschaftswachstum und die Umverteilungspolitik der Regierung von Präsident Evo Morales erheblich zur Verbesserung der Lebensqualität bei. Am Wichtigsten in diesem Zusammenhang seien die Verstaatlichung der natürlichen Ressourcen und die Industrialisierung von Kraftstoffen gewesen" (https://amerika21.de/2016/08/157384/lebensqualitaet-bolivien, Zugriff 12.8.2016).

der Widerstand gegen unrechtmäßige Dominanzansprüche und schreiende Ungerechtigkeit nie aufgegeben werden darf, auch und gerade wenn sie von einer Europäischen Union ausgehen, die das Gegenteil im Munde führt.

Dies ist auch der Geist des Beitrags des Politikwissenschaftlers und Professors em. von der Universität Kassel, Werner Ruf, der den Band abschließt:

„*La coopération scientifique dans les domaines socio-économiques en Afrique du Nord: Défis, conditiona, priorités*". Die größte Herausforderung bestehe darin, dass die neoliberale Agenda auch Wissenschaft und Kultur erfasst hat und damit deren geistige und schöpferische Substanz weltweit attackiert. Da sie die Lebens- und Arbeitsbedingungen der Menschen so nachhaltig verschlechtert, haben viele Künstler und Wissenschaftler ihre Heimatländer verlassen, so dass ihre Schaffenskraft und Kreativität paradoxerweise den Ländern zugutekommt, deren Wirtschaftspolitik für die Zerstörung der Grundlagen eines Wohlstands für alle in ihren Heimatländern verantwortlich sind. Der von Ruf beklagte *brain drain* ist ein geistiger Aderlass für die Herkunftsländer, welcher ihnen auch wesentliche Potenziale für eine ihren Bedürfnissen gemäße Eigenentwicklung entzieht. Gerade in Nordafrika profitieren die ehemaligen Kolonialländer, allen voran Frankreich, einerseits über ihre transnationalen Konzerne von den natürlichen und menschlichen Ressourcen von Ländern wie Tunesien, Marokko und Algerien und andererseits im eigenen Land von den intellektuellen Ressourcen der emigrierten Wissenschaftler und Künstler. Dass, wie Ruf hervorhebt, die arabischen Länder lediglich für 1,1 % der Buchproduktion verantwortlich sind, ist in erheblichem Maß der Tatsache geschuldet, dass Einheimische und Emigranten dieser Länder gleichermaßen, im Falle Frankreichs über die frankophonen Verlage der ehemaligen Metropole, publizieren (müssen), um einen Anschluss an die internationale Wissenschaftskommunikation zu erhalten.

Da die Forschung im Bereich der Naturwissenschaften und der Wirtschaftswissenschaft ebenfalls immer stärker der Kommerzialisierung und der Intervention global agierender privater Stiftungen unterliegt, welche die Inhalte und Zielsetzungen der Forschung über enorme Geldmittel steuern, ist die Freiheit der Wissenschaft weltweit bedroht, im Süden wie im Norden. Nicht zufällig verweist Ruf auf das „goldene Zeitalter" der Naturwissenschaften und der Philosophie der arabischen Welt des 10. und 11. Jahrhunderts, die „einen fundamentalen Beitrag zur Entwicklung der gesamten Menschheit geleistet haben." Das Zentrum der Globalisierung war zu dieser Zeit die arabische Welt, „mit einer völligen Freiheit der Forschung ohne Ansehen von Herkunft oder Religion" (Ruf).

Wie weit wir davon entfernt sind, kommt in den Beiträgen zu den Auswirkungen der neoliberalen Freihandelspolitik, bei gleichzeitiger Be- bzw. Verhinderung der Mobilität der Menschen deutlich zum Ausdruck. Die Festung Europa schränkt auch die Zusammenarbeit und den Austausch in

Wissenschaft und Kultur in unziemlicher Weise ein. Ruf fordert daher, dass die EU mit ihrer Verantwortung für die Förderung eines demokratischen Umfeldes konfrontiert werden müsse, das Freizügigkeit von Forschung und Kultur in gleicher Weise wie die Freizügigkeit der Akteure der Wirtschaft, aber unabhängig von ihnen, garantiert.

Die Beiträge zu den politischen Konsequenzen des Freihandels zeigen, wie weit wir angesichts der parallel von der EU praktizierten strikten Beschränkung der Mobilität von einer solchen Freizügigkeit entfernt sind. Die „Festung Europa" reduziert außerdem den wissenschaftlichen und kulturellen Austausch in unziemlicher Weise. Ruf fordert daher konsequenterweise, die EU dazu aufzufordern, ihrer viel beschworenen Verantwortung zur Schaffung demokratischer Verhältnisse nachzukommen und nicht nur Wirtschaftsakteuren, sondern auch Wissenschaftlern und Künstlern die Möglichkeit zu geben, sich frei zu bewegen.

1.

The dominance of the European Union's neoliberal economic approach in its relations with the North-African countries

L'Union européenne comme actrice d'une politique économique néolibérale dans ses relations extérieures avec les pays de l'Afrique du Nord

Die Europäische Union als Akteurin neoliberaler Außen(wirtschafts)politik in Nordafrika

Elmar Altvater

Open Markets and Closed Frontiers

The European Union's negative and exclusive neoliberal integration

Introduction

At the beginning of the 19th century, the German geographer and natural scientist Alexander von Humboldt discovered, in the Mediterranean basin, a geological constellation of "dry" terrestrial masses consisting of rocks, stones, land and "liquid" maritime masses of water. They formed a favorable environment for seafaring and land transport, i.e. for the extensive as well as intensive exchange of goods, capital, people, information and cultures. He was sure that this uniqueness of the Mediterranean was a decisive factor for the supremacy of this region in the "civilized" world. In his treatise on Science and Nature, "Cosmos", he described the Mediterranean region as "privileged by nature", the Northern shores being more favored than the Southern ("underprivileged") shores. This "North-Mediterranean structural privilege (Dill 2013: 11 f) ended with the discovery of the "new World" and the shift of the world economic center from the Mediterranean basin to the Atlantic. The Mediterranean and (to a lesser extent) the Baltic Sea had been "dethroned as motors of civilization" (Dill 2013: 12).

This earth-historical constellation opened space for technical, social and political progress, the formalization of borders of newly founded empires, city states and since the 16th century nation states, the birth of citizenship so that the cross border transport of goods and services and the migration of people could remarkably increase. After the Second World War also monetary and financial relations (which already have a long and negative imperialist history since the indebtedness of the Osman Empire in the 19th century) developed under the rules of the Bretton Woods system, i.e. under the influence of the IMF and the World Bank. These relations never were smooth and simple, they were crisis ridden and they triggered political unrest in many countries, including the Arab world.

The political and economic situation around the Mediterranean also changed. The dynamics of integration on the European shores of the Mediterranean in the decades after the Second World War and the developments in Northern Africa, the Maghreb and the Levant (not to speak of the Ukrainian crisis on the shores of the Black Sea) triggered in recent times massive flows of migrants and refugees towards the countries of the European Union. In addition, the growing instabilities and crises-tendencies of the world economy and particularly of financial markets had a massive impact on the region. Hence, the unevenness and inequality of incomes, of wealth, of the distribution of jobs and thus of employment chances between the Southern and the Northern shores of the Mediterranean increased. The pull-factors of migration are located on the Northern shores and the push-factors on the Southern. Therefore, the direction and the routes of migration are predictable. However, turbulences of migration flows provoked chaos in the whole world-region from the Baltic and the Channel to the Sahara and the Persian Gulf. It is an open question whether the European Union as the most powerful actor in the region is able to find a solution to this major crisis.

1. Negative neo-liberal integration

The EU since its very origin in the 1950s followed the trajectory of a "negative integration". Nobel laureate Jan Tinbergen in the 1950s coined this word not as a critical evaluation but as a descriptive and analytical explanation of an integration project, based on the liberalization of markets by dismantling borders, by deregulation of political rules and by the privatization of public goods and services. As early as 1944, F.A. von Hayek had put forward the term "negative integration" in his famous book on "The roads to serfdom". He cynically aimed at making deregulation, privatization and liberalization irreversible on the national level by an international treaty that no national government had the legal power and political legitimacy to reverse. Being "locked in" the Hayekian project of negative integration no left government would have a chance to realize an alternative: it would have to accept "the rules of the game".

Half a century of political deregulation, privatization of public spaces and goods and economic liberalization made that markets in the economic space of the EU are as free as never before in history – and market actors such as big corporations or financial institutions more powerful than ever. Thus markets are more than free: they are "disembedded" markets (Karl Polanyi): disembedded from social networks of the society, from the "web of life", as Jason Moore puts it and thus also from nature. The labor movement and its organizations, i.e. trade unions are as weak as never before in modern history of developed capitalist countries. They even do not have the power to guarantee formal labor standards. Employment gets informal and inequality between classes and within classes increases, as many reports about global inequality clearly show.[1]

1 e.g. the recent IMF-study: "Power from the People" (http://www.imf.org/external/pubs/ft/fandd/2015/03/jaumotte.htm) or the Oxfam-publication on social injustice

Since the "neoliberal counter-revolution" (Milton Friedman) in the 1970s trade relations and investment flows multiplied in the last decades partly because of diminished transaction costs. Due to intensive competition, technical product-standards are equalized, juridical regulations harmonized, fashions and styles assimilated. Most important the unit labor costs of production are on a common downward trend. Vice versa, the cultural, technical and natural diversity diminished, influencing direction and speed of social, economic and last but not least ecological evolution.

In the very long perspective, this is a reversal of a development, which already began millions of years ago, when the Mega-continent Pangea broke into pieces, i.e. into the present five continents separated from each other through the waters of the great oceans. Distance then was the reason for the diversity of ecological development in different world regions – until the new warm period of the Holocene, which began about 11700 years ago in the history of the planet Earth, facilitated the diversities of human development. Since the formation of a capitalist world system in the "long 16th century" (Fernand Braudel), social development accelerated, up to industrial capitalism in the last quarter of the 18th century. Growth rates of the world economy sprang up from nearly zero during the millennia before the industrial revolution to 2.2 per cent per capita and year from 1820 to 1998 (calculation by Angus Maddison 2001). That is a reduplication of real per-capita-income from one generation to the next. The liberal promise given by the classical political economy of an increase of the "wealth of nations" was not false. The impact on the culture of modern societies is immense because qualitative diversity changes into quantitative inequality of incomes, wealth and access to resources. This is the origin of the fetishism of growth dominating the modern world.

There are not only economic, social and political, but also geological consequences of the industrial revolution and its repercussions, so that geologists now speak of a new earth-historical period, the so-called Anthropocene, or even better "Capitalocene". Now, human activities under capitalist rules – production, investment, trade, migration stimulated by profit-maximization – not only shape the economy, but also the geology of the Earth. The continents, which geologically drifted away from the original super-continent, Pangea, now, are, once again to integrate into an economic "Neo-Pangean" supercontinent. Human trade agreements, such as the Transatlantic Trade and Investment Partnership (TTIP) "bridge" the Atlantic Ocean; the Transpacific Partnership (TPP) "bridges" the Pacific; the Bilateral Investment Treaties (BIT) between European and African countries, "bridge" the Mediterranean. They "create" this new "continent" together with a network of financial relations forcefully organized as a straightjacket for debtors to protect the monetary wealth of creditors. So,

(https://www.oxfam.de/economy-1-percent on the 62 super-rich persons in the contemporary world).

the new financialized supercontinent is dominated by a globalized socio-economic formation: by modern Capitalism. Therefore, it makes sense to call this intercontinental constellation the "Capitalocene". The most successful "neo-pangean" integration-project is the EU. It is forming not only a European, but also a powerful global economic entity.

2. The hierarchy of disembedded markets

The EU and its treaties with neighboring countries and regions are part of the "longue durée" (Fernand Braudel) of history which is characterized by very long-term geological properties. In the shorter term of history, the neo-pangean integration exhibits a hierarchy of markets, which never existed so obviously as nowadays. On the top of the hierarchy, there are financial and currency-markets where the formation of interest and exchange rates takes place driven by private actors and only to a lesser extent by public institutions, i.e. by national governments, by central banks or by international financial institutions such as the Bretton Woods-institutions. On the lower level of the market hierarchy come markets for goods and services and the formation of commodity-prices. The crucial prices for the economic performance in the world are energy-prices fossil fuels, electricity). In this context, the most important actors are private ones, mostly big transnational corporations, and state-owned companies which also follow the principle of profit-maximization.

The least-important market in a modern capitalist system is the labor market. It determines employment (and unemployment), the precariousness of employment and formal and informal wages and salaries. – There is, however one decisive difference compared to the before mentioned markets: the deregulation of labor markets is limited to the national space and does not include the European or global space. Social systems and the welfare state even in a highly integrated area as the EU are still, mainly national within national borders.

Therefore, the process of negative integration is substantially incomplete. Article VIII of the Roman treaties of 1956 established the four fundamental freedoms: (1) the freedom of capital transfers, (2) the freedom of trade of goods, (3) that of services and (4) the freedom of movement of people, particularly of migrant workers from member country to member country of the EU. However, national borders while abolished on commodity and financial markets still matter on the labor market. The EU made serious efforts to establish a space of free movement of persons (the creation of the "Schengen-space" and the Dublin II rules). But due to the recent increase of the number of refugees, this free space is, more and more closed by new walls and by fences of NATO-razor wire, and the establishment of refugee camps very often not obeying to humanitarian minimum-standards.

Neo-nationalists, chauvinists, inhumane attitudes of citizens in nearly all European countries contribute to this. The Nobel peace award winning EU (2011) has become a continent of shame.

The most intriguing evolution of the transnational labor markets in the EU is the consequence of a profound change of the European migration flows in the last decades. In the past centuries Europe, particularly Western and Central Europe, was a continent of emigration. Due to the capitalist production of "redundant population", as David Ricardo called the side effect of productivity-growth inscribed into the laws of capitalist accumulation, more than 50 million people left Europe since the beginning of industrialization in the late 18th century until the First World War. 50 million people immigrated into the "New World", to the Americas, to Australia, but also to Africa and Asia, mostly as settlers, later also as workers in the flourishing new industries. The success of primitive capitalist accumulation in Europe to a considerable extent was the consequence of the success of methods aimed at getting rid of the "redundant population".

Nevertheless, these population flows also had another unintended effect. The "post-pangean separation" of the continents symbolically reversed. The separation of Africa from the Americas and the disappearance of a "Pangean" land bridge between Africa and Europe is over – not because of a new continental shift, but because of global trade-, information-, financial- and migration flows which create a new, a "neo-pangean mixture" of populations, cultures and social and economic systems.

The problem is that this earth-historical passage to a planetary state of increased entropy occurs not in hundred thousands or millions of years but in a very short period of centuries or even decades and years. Therefore, long-term migration processes turn into short-term changes, which create unintended, chaotic turbulences and thus natural catastrophes, social unrest, political and even military conflict. This is the reason why it is necessary to take the different layers of history into account – as Fernand Braudel proposed in his history of the Mediterranean world – when we analyze the relations between the EU and Africa.

3. Bastard Integration

Why is deregulation and negative integration at the end of the day a failure? The data show that there was an uneven and cyclical but stable upward trend of economic development in the EU and then in the Euro-zone over decades until the crisis of the 1970s and then again until the outbreak of the crisis of 2008. Therefore, one can say, that in the past economic growth was the driver of economic and political integration by building European political institutions and a Europe-wide civil society. Therefore, very often the picture of the cyclist is used who does not fall as long as he holds a minimum tempo with his bicycle. Growth results in improved living and labor conditions of many European citizens. The 30-years period after the end of the Second World War therefore represented what Germans called the "economic miracle" and the French "les trente glorieuses". Only since the 1980s, the new discourse about the "costs of growth" came up.

The EU-markets outgrew the geographical and political limits of the EU In these roaring years of fast growth and intensified integration of global commodity chains and after the neoliberal deregulation in the 1970s. Transnational corporations of the EU became more and more dependent on global financial markets. Nevertheless, economic growth rates declined. The political elites in the EU as well as on the other side of the Atlantic Ocean, in the USA and in Canada, are hoping that the historical exhaustion of the growth-potential can be stopped by means of further (deeper and broader) market integration. Now, mainstream economists do not consider economic integration as being a result of economic growth, but as a prerequisite of further economic growth. Economic research-institutes calculate gains from transatlantic integration with TTIP in the size of several hundred billion Euros. The promise of stimulating growth rates by negative integration is ideologically loaded and growth rates are absurdly overestimated. Markets once embedded into a framework of social and ecological regulation, after being disembedded only follow the economic rules of mere profit making.

It is a Keynesian idea to enhance economic dynamics by means of demand stimulation. This idea is an eclectic combination of econometric calculations and neoliberal promises of growth-creation by (negative) market integration, i.e. by an anti-Keynesian retreat of the state from active intervention into the economy. Hence, European integration is a project of "bastard-integration" which results inevitably in nothing less than the return of disembedded markets after an era of "welfare economics" and social policy.

This is a re-make of the "great transformation", which Karl Polanyi described in his seminal book on the emergence of modern market capitalism in England in the last quarter of the 18th and the first half of the 19th century. The rhetoric of "free markets" today should not be understood as an argument in favor of free, but of disembedded markets with no respect for social and environmental boundaries which need regulation and rules.

The reason is that disembedded and deregulated markets are highly profitable markets. It was already David Ricardo who explained that the "the rate of profits never (can be) increased but by a fall in wages. There can be no permanent fall of wages if the prizes of the necessaries on which wages are expended do not fall. If, therefore, by the extension of foreign trade, or by improvements in machinery, the food and necessaries of the laborer are available at a reduced price, profits will rise… Foreign trade then, though highly beneficial to a country, as it increases the amount and variety of the objects on which revenue may be expended, and affords, by the abundance and cheapness of commodities, incentives to saving, and to the accumulation of capital, has no tendency to raise the profits of stock, unless the commodities imported be of that description on which the wages of labour are expended." In Ricardo's times it was above all basic food stuff, such as cereals which became less expensive due to foreign trade (e.g. with Ireland and the colonies in North America or with Tsarist Russia) and therefore beneficial for profits and profitability of British capital, for capitalist accumulation and economic growth. Today the situation is different, for there are many industrial high-tech goods such as automobiles, electric household-equipment or electronics for participation in the digital world, which belong to the indispensable basket of wage goods. This is a powerful reason not only for a *trade* but also for an *investment partnership*, which allow for the construction of transatlantic commodity chains including trade companies in the circulation of capital, as well as manufacturers, industrial producers, extractive companies and financial institutions. Disembedding now is not only a measure concerning markets for goods and services but also places of production at different and separate locations of the global market place and of different but connected industries and branches. This is the basis of further negative integration between developed economies. Less developed economies cannot participate in such an integration project on a playing level field.

Participation in commodity-chains including high-tech-production sites and diversified trade prerequisites qualified labor, hence a highly developed education system, technology and infrastructure, big science as well as an efficient administration, capable governance bodies and last but not least a sophisticated financial industry. Thereby developed market economies are harvesting the comparative advantages of liberalized trade systems. Less developed economies are falling behind. The Ricardian theorem of comparative cost advantages today is a fairy tale without any justification in the real world. This is also a lesson learned in the last decades of trade relationships between the EU and the countries on the southern shores of the Mediterranean.

David Ricardo as well as John M. Keynes argued in their economic writings that the liberalization of trade could be beneficial for the trade partners, contrary to the liberalization of financial markets. Because of the hierarchy of markets, free and disembedded financial markets require adjustments on commodity and labor markets, which can be harmful for the societies concerned. The situation for trade partners therefore is unequal and asymmetric. This is the reason why the doors of the rooms where trade negotiations take place are closed to the public. The negotiations on the TTIP or the TPP are secret and not transparent, without public participation and democratic control. Only pressure organized by social movements and political parties can stop and reverse the anti-democratic tendencies included.

The transatlantic and transpacific regulation is conceived as the overarching regulatory free trade framework for the hundreds of free trade and investment agreements negotiated between the EU and the USA as well as other countries, among them also the countries of the Maghreb.

4. Sequences of debt crises and the failure of negative integration

Finance today is global and the rules emanate from global markets, applied on the local or regional level. This is part of the conditionality of modern finance. The vehicle of the conditionality is indebtedness and the debt service imposed by creditors. It is an insane and crisis-prone relationship, which since the liberalization of financial markets in the 1970s has driven so many countries into severe debt crises and undermined or even destroyed national sovereignty. This is an experience, Tunisia made under the rule of a British-French-Italian Finance-Commission after the Tunisian state bankruptcy. At the end of the day, Tunisia ended as a French protectorate.

The most recent example for the consequences of indebtedness is Greece. The financial and political pressure on the country destroys economic structures, the social fabric, and political democracy. Indebtedness prohibits the economic development of whole continents, instead of creating credit-financed growth – as the Bretton Woods institutions and their neoliberal ideologies promise. The stock of debt increased everywhere in the world with different consequences for debtors and creditors. For creditors claim monetary wealth, which, being securitized can be traded on global financial markets, by a variety of financial innovations including also illegal and criminal transactions. Debts however are an obligation to be serviced by the concrete (mostly national) debtor – after a bail-out operation in which private debts are changed into public debts – out of revenues produced on a concrete place by the working population.

Therefore, during the debt crisis of the 1980s, Latin American countries were obliged to service the Latin American debt. In the 1990s the debt crisis became Asian, then during the "new economy" and later in the "subprime-crisis" it became American and finally in the second decade of the 21st century it became European, and in Europe it became Greek, Irish, Portuguese, Spanish and Italian.

It is clear now that the financial crisis hits the Euro and therefore a backbone of the European negative integration project. It is now facing challenges for which the ruling elites in the EU are not well prepared: If European integration continues to be seen as a means to overcome the crisis, it can no longer be on the road of negative integration. The Greek example of forcing a sovereign country with a population of 11 million people into misery by the European partners ("brothers and sisters") clearly shows that negative integration ends up in economic disaster, social disintegration and political turmoil. Therefore further integration only can happen as a project of positive, i.e. non-neoliberal integration. Negative, neoliberal integration ends up in a dead end.

The emergence of new actors on the stage underpins this assessment. The BRICS-Group, on the one hand, is the result of an arbitrary exclusion of China and India from the TTP and of Russia from the TPP as well as from the TTIP: The USA and the EU attempt to exclude competing market-participants from the new oceanic (Atlantic and Pacific) trade and investment zones. Thus, the bastard-integration schemes, which follow the line of negative integration, are not appropriate to reestablish the super-continent Pangea, because they are not inclusive, but exclusive. They follow the geopolitical line of supremacy without hegemony.

5. Regime change, migration and the closure of borders

It is also obvious that negative integration of disembedded labor markets is destructive for the social fabric, which makes a humane society. It is not only income, jobs and other economic factors, which determine the direction of migration but many other factors, which make up human security: Secure housing, political and public security, a safe and secure natural environment including food security, security of access to land and basic public goods and services and always more climate security are important. With regard to human security, the European community still is much better off than other regions neighboring the EU. This is the reason why, during the last few years, a strong pull-tension grew up between the EU and countries of the Balkan, the Levant, Northern Africa and the Maghreb, which made that a growing number of people stranded at the borders of the EU, partly due to the activities of a new "industry" emerging around migration and flight. The flight- and migration routes follow the networks established by a diversity of intermediaries, legal, official, informal and sometimes criminal ones.

The situation aggravated, due to political and military interventions deemed to achieve a regime change in some countries such as the Iraq, Afghanistan, Libya and Syria. The following political instability and chaos triggered a further wave of migration. Hundreds of thousands if not millions of refugees have been driven to Europe.

In the 1990s, large parts of the refugees came from former Yugoslavia, when the country was dismantled in the Balkan wars. EU-members were directly involved in the destruction of civil societies and of political state structures in Serbia, Kosovo, Bosnia and Hercegovina, Croatia, Macedonia. Ten years later Libya, Syria, the Iraq and Afghanistan transformed into failed states not at least become of US-, NATO- and EU-interventions.

The United States were the driving force of the new regime change wars around the EU. European states were also involved in this chaos creating wars. The fall and the cruel assassination of the former Libyan leader Muammar Gaddafi was enforced by France and the United Kingdom and other countries. Bulgaria, Lithuania, Romania, the Czech Republic, Hungary, Slovakia and Slovenia allowed the secret prisons of the CIA on their territory. These countries are members of the EU, and therefore the treatment of refugees and inmates in these establishments is a case of the EU, if not of human right and the international community.

However, in the mainstream European discourse, the civil wars in the Middle East and North Africa are attributed to fanaticism, corruption, dictatorship, economic failure and other reasons in the emigration countries, for which the EU and its member states reject or deny any responsibility.

Moreover, many of the refugees, on their way to the European shores and harbours come for economic, political and ecological reasons from regions farer away from Europe. Very often they are not in line with the Geneva Convention on refugees, which defines a refugee as a person who "from the well-founded fear of persecution because of his/her race, religion, nationality, belonging to a particular social group or political opinion" is forced to leave his/her country. In fact, there are additional reasons for fleeing one's country or region. Under the predominant conditions of economic reproduction, survival of people is in danger because climate change or environmental destruction up to nuclear contamination of landscapes forces people out of their traditional neighborhoods.

This is a situation quite different from that immediately after the collapse of the Soviet bloc in 1989. Prior to the fall of the Berlin wall refugees from Eastern bloc countries were welcome in the West. Escape helpers, i.e. migration intermediaries used to be perceived as "freedom heroes", who helped to overcome borders to emigration into the "free world". The treatment of refugees today fundamentally changed, rhetorically and politically: nowadays borders are set up to prevent immigration. Refugees are facing rigid restrictions on immigration. The governments of certain countries define themselves ideologically as a "no-immigration country". The former "freedom heroes" are now traffickers of human beings.

In this respect, the meaning of the market-hierarchy becomes obvious. Globalized markets for capital and goods and services are free and exceed all limits, while the migration of people is blocked. The notion of ethnically homogeneous nations and colonial and racist thinking spread and justify the fortress Europe against the Southern Mediterranean coasts and within the minds of people. This new state of mind finds its political expression in the recent changes of the European asylum policy, security and military defense measures as a reaction to increasing rightist movements everywhere in the EU. These are only some consequences of the contradictions between more and more open financial and commodity-markets and the closure of the labor market.

The EU responds to the growing number of refugees by the militarization of border controls (Frontex). In the political discourses the main problem, however, is not the humanitarian catastrophe before the house-door of the EU, but the "unequal burden" of migration-costs to be shared by the member countries of the EU. Each member country of the EU tries to load the burden of the growing number of refugees on the shoulders of the neighbors. The predominance of neoliberalism in the past decades has destroyed the germs of solidarity so that the social web of an integrated Europe is going to be broken. This also is an argument for a project of positive integration.

The categorical imperative of Immanuel Kant urges citizens on the "limited surface" of planet Earth to elaborate common rules, which allow a peaceful and decent conviviality of people, of women and men of all nations, colors, religions or races. The Kantian world is the opposite of the situation today. For, the forces of disembedded markets result inevitably in a TINA-situation: There is no Alternative. On the long run, however the social, economic and ecological system needs transformation.

Bibliography

Dill, Hanns-Otto (2013): *Alexander von Humboldts Metaphysik der Erde. Seine Welt-, Denk- und Diskursstrukturen*, Berlin, Peter Lang.

IWF (2015): Florence Jaumotte and Caroline Osorio Buitron, "Power from the People, Finance and Development", March 2015, Vol. 52, No. 1 http://www.imf.org/external/pubs/ft/fandd/2015/03/jaumotte.htm.

Oxfam (2015): Social Injustice https://www.oxfam.de/economy-1-percent on the 62 super-rich persons in the contemporary world.

Sascha Radl

Structural Adjustment in Tunisia

The Crisis of Neoliberalism and the 'Gafsa Riots' of 2008

Introduction: neoliberal structural adjustment and the Maghreb

Neoliberal theory goes back to the economists Friedrich August von Hayek and Milton Friedman. Although developed in the 1940s, its first implementation was only possible with the coup of Chile's General Augusto Pinochet in 1973. Shortly afterwards, Margaret Thatcher as Prime Minister of the United Kingdom and Ronald Reagan as President of the United States (US) were confident that neoliberal restructuring could solve the problems of the economic crisis which had been haunting industrialised countries since the end of the 1960s. Precisely because the term neoliberalism is often used ambiguously, here it is defined according to the geographer David Harvey:

> Neoliberalism is in the first instance a theory of political economic practices that proposes that human well-being can best be advanced by liberating individual entrepreneurial freedoms and skills within an institutional framework characterized by strong private property rights, free markets, and free trade. The role of the state is to create and preserve an institutional framework appropriate to such practices [...] (Harvey 2007: 2).

Between the 1980s and 1990s an increasing number of states adjusted their economies in a neoliberal manner and different institutions began to spread the idea. So it became – in a Gramscian sense – a hegemonic concept not only dominating economics but also structuring perceptions within society. Meanwhile the World Bank and the International Monetary Fund (IMF) were responsible for neoliberalising the highly indebted Global South by changing new loans and debt forgiveness against neoliberal Structural Adjustment Programs (SAP).

This resulted in a period of protests in the Maghreb, mainly caused by cutting off subsidies for food or fuel, wage reduction, privatisation and dismissals. Even though the SAPs lead to high economic growth rates and new jobs – and thereby less protests – in the midterm, ultimately they fostered a large low-cost industry, a concentration of prosperity in coastal regions and impoverishment of large parts of society. Hence, this study will complement the on-going discourse about causes for the current uprisings in North Africa by revealing the socioeconomic impact of the 1980s/90s SAPs on Tunisia, based on reports published by international financial institutions (IFI) like the World Bank or IMF as well as data provided by the Tunisian *Institut National de la Statistique* (INS). It will be focused particularly on (1) the country's textile industry which can be seen as the basis of the broad export branch, (2) the vital agricultural sector and (3) the phosphate industry which is one of the few employers in the rural heart of Tunisia.

I will argue that the impoverishment of the subalterns, especially the peasantry and the working class, together with misguided agricultural reforms and following high prices of several foodstuffs, as well as the general marginalisation of the country's interior have been the main reasons for dissatisfaction of large parts of society with the regime of Zine el-Abidine Ben Ali and ensuing governments. We have seen the consequences of this dissatisfaction during the unrests of the so-called 'Gafsa Riots' in 2008 and the overthrowing of Ben Ali in 2010/11.

It should be noted that I only point out the economic changes – here seen as the base – for dissatisfaction and rioting. Concurrently this means that this study does not include detailed remarks on the forming of protest movements, specific juristic-administrative opportunities for demonstrations like e.g. a temporarily weak government, authoritarianism and repression, etc.[1] Nevertheless the analysis of economic structural adjustment and its impact on society contributes to the understanding of why people in Tunisia take to the streets enduringly and is able to frame the protests in global neoliberal developments and the consequences of the relationship of dependency between North Africa and the European Union (EU). In this way the understanding of the SAPs also sheds light on the likely impacts of the planned Deep and Comprehensive Free Trade Area (DCFTA).

The 1980s: Bourguiba is facing problems

Different neoliberal institutions such as the World Bank argue that Tunisia like most states of the Global South has faced economic problems in the 1980s, due to its strong dependence on phosphate and oil exports and the drop of international market prices of the latter after the so called 'oil crisis'[2]

1 For instance repression and different ways of dependency between the regime and society as e.g. caused by heavy indebtedness are analysed in Hibou 2011 while aspects like the foreign policies of the US and France towards Tunisia, media and the forming of social movements are included in Gana 2013. Beinin 2016 describes the contemporary role of labour movements.

2 The term 'oil crisis' is Eurocentric because it only contains the negative perception of the industrialised countries and does not include the positive effects on e.g. oil-exporting states.

accompanied by the outstanding reformation of an economy which was built on import-substitution industrialisation (cf. World Bank 1988: 2). To some degree, this assumption could be considered true – if it is placed in the wider context – but even then it does not explain the high indebtedness of the country.

Figure 1: Sascha Radl: External debts and GDP of Tunisia between 1970 and 1990

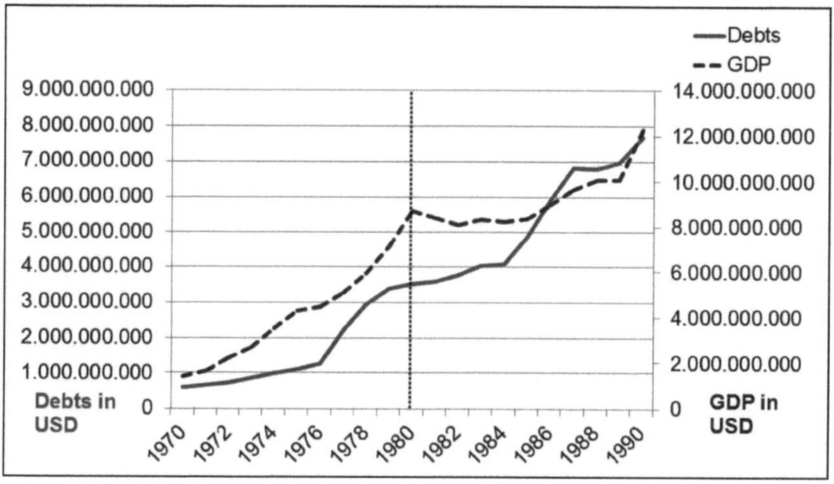

Data: World Bank (2016).

Figure 1 illustrates this more precisely. It shows separately the gross domestic product (GDP) of Tunisia under the rule of President Habib Bourguiba which was strongly influenced by oil exports, and the external debts. The GDP clearly grows until 1980, after that it falls and almost stagnates until 1985, followed by a slight growth until 1988. The relatively weak development from the 1980s onwards is most probably induced by sinking oil prices after the so called 'oil crisis' in 1979. Besides the state's large dependence on natural resources, the long-term impact of the orientation towards the European market and the beginning neoliberal transformation of the world economy should be considered as other causes. The crisis of Keynesianism in the 1970s, caused by several inherent contradictions of Fordism,[3] led to a Post-Fordist system which carried first pillars of what is later to be called neoliberalism, thereby influencing

3 Fordism is named after the American industrialist Henry Ford and refers to a regime of accumulation between the 1920s and 1970s which was built on mass production by technical innovation and relatively high wages to ensure consumption inside the own domestic market. Governments implemented Keynesian measures while trade unions were generally strong (cf. Overbeek 2008: 171-176).

countries of the Global South especially those with strong dependence on the United States of America (USA) or Europe: most industrialised countries answered initially with increasing exports and high national trade barriers to the economic crisis of 1973 (cf. Huffschmid 1989: 44). Because of growing interdependence of global economic relations Tunisia's export industry and trade balance was also hit by the new European policy. Furthermore, the incipient internationalisation of labour division forced Tunisia's government to orient the country's economic structures towards the needs of foreign conglomerates. Thus, protective measures like high customs duties could not be maintained anymore. Together these long-lasting developments had to result in a stagnating GDP and the end of import-substitution industrialisation.

The 'outdated' economic structures and the mid-1980s low price for oil also had an impact on the country's high indebtedness, as shown in Figure 1, but only in so far as the debts increased constantly – this is only found up until 1976 and during the beginning of the 1980s. This means that both periods characterised by a *sharp* rise of Tunisia's debts, 1976-1979 and 1984-1987, can neither be explained fully by the drop of international oil prices because this precisely happened from 1981 – above all from 1986 – on and was initially decelerated by reserve assets, nor by the direct impact of the global crisis of Fordism on import-substitution industrialisation as it was a slow process. To solve this problem, we have to pay attention to another consequence of the end of Fordism, namely the beginning of the neoliberal turn of the US-financial policy.

After termination of the Bretton Woods arrangement, capital markets were almost "flooded" (Overbeek 2008: 122) by US-Dollar revenues accumulated by the Gulf States so that banks gave very cheap loans to governments and companies in the Global South. By the end of the 1970s, the US-Federal Reserve Board (FRB) straitened its lending strategy and in 1984, President Ronald Reagan started the so called 'Star Wars Programme', the Strategic Defence Initiative (SDI), an arms programme by which the US needed a large amount of new loans. In consequence the adjustable international interest rates increased heavily at the end of the 1970s and again in the middle of the 1980s, so that a great number of states including Tunisia faced a sudden excessive indebtedness which only could be solved by the IMF's and World Bank's refinancing strategy: new loans and SAPs (cf. *ibid.*: 122-124). This radical break of Tunisia's economic policy also marked the end of the rule of President Habib Bourguiba who refused further implementation of new neoliberal reforms. His removal was conducted by Prime Minister Zine el-Abidine Ben Ali in 1987. As an approach so solve the crisis, he directly continued the economic reform process which was immediately rewarded by the IFIs with massive debt forgiveness between 1989 and 1994 (cf. World Bank 2016).

Wage reduction and softening of the labour law in the textile industry

One main aim of the World Bank was to strengthen industrial exports. Therefore Tunisia had to devaluate the Dinar which simultaneously decreased the price of exports, increased the price of imports and also diminished the actual wages. So wages of industrial workers have been declining continuously since the 1990s: supported by currency devaluation of 54%, labour costs decreased from 2.81 USD per hour in 1990 to 1.65 USD in 2000 (cf. Someya *et al.* 2002: 15). In addition to that, the World Bank, accompanied by the European Community (EC), aimed at further improving the 'locational advantages' of Tunisia, which meant building up an industrial sector where not only 'human capital' is cheap but also a sector with low taxes and without laws regulating the situation and employment of labour as for example the right to choose independent workers' representatives or high security restrictions.

The result was the establishment of Special Economic Zones (SEZ, *Parcs d'Activités Economiques*) in Bizerte and Zarzis in which the normal labour code is not valid. Hence it is now possible to avoid for example the comparatively high dismissal requirements, since they have been criticised often by private firms (cf. Hibou 2011: 172-170). Equally important is the fact that companies also enjoy tax exceptions.

Beatrice Hibou describes the conditions inside SEZs as follows:

> [A]ccess is denied to persons not belonging to the enterprise, [...] the walls have been built so high that nobody can see the factory from outside, people are forced to work behind locked doors and with barred windows [...] (*ibid.* 164).

With officially about 52,000 new textile and clothing workers between 1995 and 2001 the number of people working in that sector increased, as Figure 2 shows. Certainly, this data also includes the number of workers in private companies as a result of former public companies being privatised. But the share of people working in the textile and clothing industry compared to other privatised industries also increased heavily – from about 27% in 1985 to 41% in 1995 (cf. Someya *et al.* 2002: 7).

Figure 2: Official numbers of formal workers in the private textile and clothing industry between 1996 and 2010

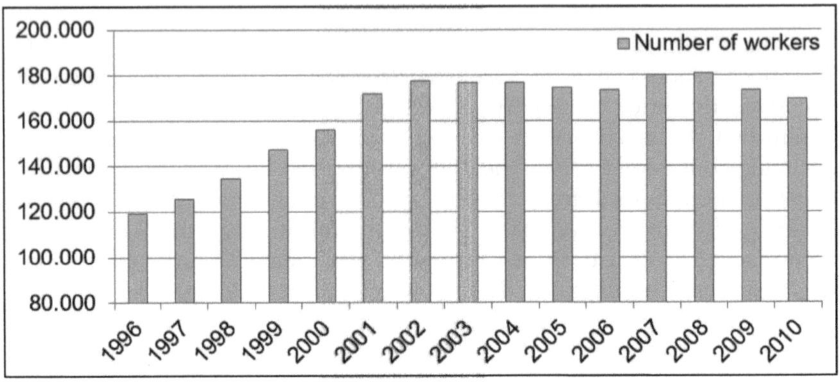

Source: INS (2016).

As mentioned before, the textile sector is based on cheap labour and does not need highly educated workers. So the percentage of workless people with basic education fell from 19.5% to 17.6% between 1997 and 2001. On the other hand the number of people with higher educational degrees increased by about 2.5% (cf. World Bank 2004: 66-79). This points out why so many well educated Tunisians are jobless today: the new economy is simply based on cheap mass production and has no place for graduates with higher educational degrees.

EU-Association and the end of the Agreement on Textile and Clothing

From early on it was obvious that the SAPs intended to deepen Tunisia's economic orientation towards the EU-market: In 1984 the country was the 7th most important exporter of textiles, by 2000 it occupied the 4th position (cf. Someya *et al.* 2002: 10). In 1994/95 80% of all Tunisian exports were directed to the EU (cf. Jbili, Enders 1996: 19). So the country was and still is completely dependent on the European market. Because of the EU-Association Agreement of 1995 and the previous Investment Initiative Code with numerous advantages for exporting companies, the EU could expand its powerful position. Also the IMF supported the Association Agreement in its reports because it "would [...] enhance existing investment incentives, such as Tunisia's relatively low labor costs and its proximity to European markets" (*ibid.*: 20). But with the beginning of the 2000s, predictable problems occurred and brought to light the economic disadvantages of the neoliberal policies:

1. In 2005 the Agreement on Textiles and Clothing (ATC), which exceeded the Multi-Fibre Agreement (MFA), expired. This implied the revocation of all quotas on textile exports to the EU which meant a great improvement of market access for mostly Asian countries like Pakistan, India and China.
2. The Association Agreement became effective entirely in 2008 which meant custom-free trade between Tunisia and the EU – in other words increased competitive pressure on the Tunisian economy. Agricultural exports were excluded because of the disadvantages for the productions of the countries of the Northern Mediterranean shore.

Figure 3 shows the textile, clothing and leather exports of Tunisia. They increased until 2001, followed by a weakening – almost stagnation – between 2001 and 2006, with new growth in 2007 but finally followed by a clear decline. The same development is presented in Figure 2, concerning the number of workers in private textile and clothing companies: with about 4,200 dismissals from 2002 to 2006, and again with more than 10,800 between 2008 and 2010, the number of workers decreased clearly. This data is the official one for formal work in the private sector, given by the INS. So the real number of dismissals has to be set much higher. Abdeljelil Bédoui estimated a loss of 200,000 jobs (public and informal work included) and the closing of one third of textile and clothing companies (cf. Bédoui 2000: 15). Lilia Ben Salem estimated 600 shutdowns of factories even a few years before the end of the ATC, combined with about 35,000 dismissed women (cf. Ben Salem 2010: 12-17). Together, the numbers refer to the declining textile and clothing industry as a consequence of new competitive pressure from more competitive, mostly Asian countries and their newly enhanced market access to the EU and with it also to Tunisia.

Figure 3: Exports of textiles, clothing and leather between 1993 and 2010 in Million Tunisian Dinar

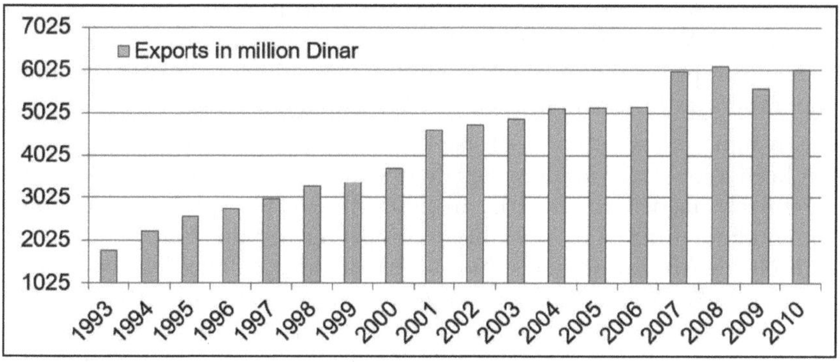

Source: INS (2016).

The basic problems also become apparent in the trade balance in Figure 4: indeed, Tunisian exports have been increasing since structural adjustment and EU-association but so did the imports. Exports as well as imports mainly consisted of manufactured goods but there is a significant difference: Tunisian exports consist of cheap textiles and imports of expensive heavy machinery from the EU – a development facilitated by the Association Agreement. The SAP's focus on cheap manufacturing combined with external pressure on the local textile and clothing branch is expressed in the strong increasing trade deficit from 2005 onwards.

Figure 4: Exports, imports and trade deficit of Tunisia between 1993 and 2010 in Million Tunisian Dinar

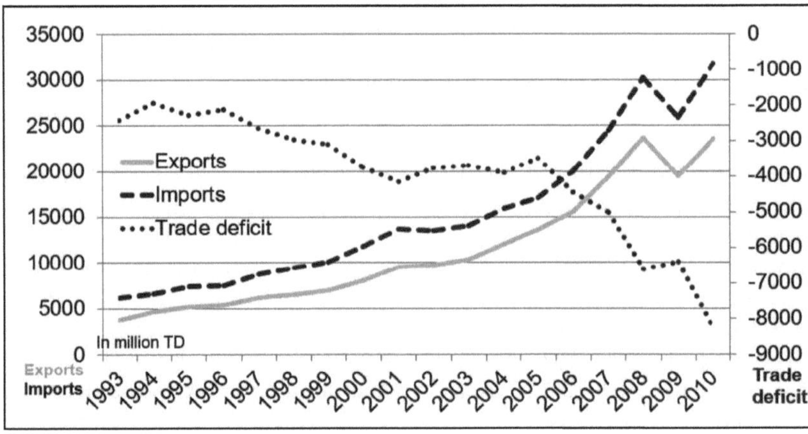

Source: INS (2016).

Another direct impact of the Association Agreement on Tunisia that I will mention here is the loss of governmental revenues. Until 1995, more than 26% of Tunisia's income was based on taxes on international trade. Since free trade with the EU this amount decreased rapidly to about 6% in 2010 (cf. World Bank 2016). Therefore, the government was not able to maintain programmes which could have absorbed social and economic implications as for example caused by the end of the ATC.

To sum up, the outcome of the SAPs in the textile and clothing sector has been a low-wage industry largely based on unskilled labour and nearly completely aligned to the EU. In 2005, the ATC expired and clothing commodities from Asia have been competing for the European market with North African products. Not later than since full implementation of the EU-Association-Agreement in 2008, industrial imports from the EU have been flooding the domestic Tunisian market. Together these events caused a vast trade deficit and competitive inability in line with a high rate of unemployment among already poor workers.

Agricultural production before, during and after liberalisation

The basic reforms proposed by the World Bank were included in the Agricultural Adjustment Loan (AAL) one and two: Liberalisation and an end to subsidies, the sector's full adjustment on exports, adaption of producer prices to global markets, a drop of wages and cutting 80,000 jobs (cf. World Bank 1988: 1-27). Even if the World Bank's reports state that the situation could be worse without SAPs, they confess as early as 1988 that by now "the poor will be affected by the reduction in consumption subsidies and unemployment will persist as a problem" (*ibid.*: 10).

In the following I will demonstrate the long-term outcome of the SAPs in the agricultural sector by taking wheat as an example because of its strategic importance as one of the most consumed basic foodstuffs.

Figure 5: Cultivation of wheat between 1965 and 1987

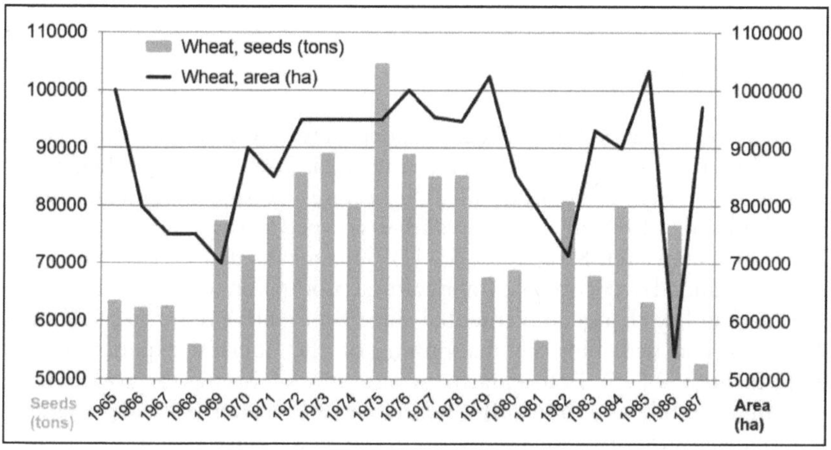

Source: FAOSTAT (2014).

Figure 5 shows the amount of wheat seeds in tons as well as the harvested area of wheat in hectares during the rule of Bourguiba. Until 1978 both, the calculated yearly average of 77,700 tons of sown seeds and 891,000 hectares of the harvested area was much higher than the amount – 69,800 tons and 804,000 hectares – of the ensuing period from 1978/79 until 1987. Figure 6 compares sown wheat seeds in Tunisia to the international market price. The first period clearly shows a strongly positive correlation: High market prices were followed by high production. Regarding strategically important crops like wheat this governmental policy makes sense because of the 'Natural Hedge'-effect which says that in less integrated, local markets an increasing production leads to falling prices for consumers (cf. Maurer 2014: 143). By contrast, the second period from 1978/79 onwards, the picture changes: high market prices were followed by low production.

Figure 6: Wheat seeds in tons compared to the international market price of wheat in USD between 1965 and 1987

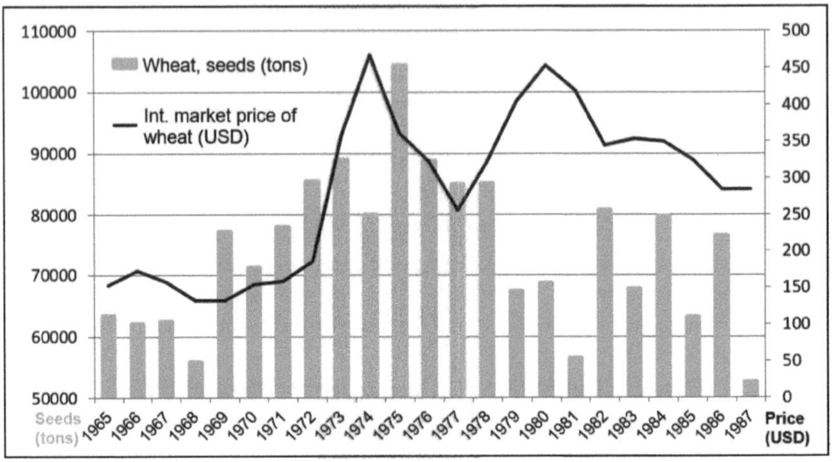

Source: FAOSTAT (2014).

It can be concluded that wheat production was considerably reduced by the end of the 1970s caused by the changing landownership and beginning liberalisation: until 1984 about 400,000 hectares of state owned land were privatised and in 1989 28% of farmland was owned by owners who had more than 100 hectares (cf. King 2003: 35-41). This means that first liberalisation attempts handed over control of agricultural production to the arising private sector – a policy change implemented since Bourguiba's removal of Ahmed Ben Salah and with him the abandoning of the 'socialist experiment' (cf. Willis 2014: 232-233). Before, farmers were sure of having the government as main buyer of basic foodstuffs and in case of low international prices also as a financial supporter. As liberalisation meant a freer formation of prices, cultivation was now much more dependent on planting 'crash crops' and finding new buyers, both influenced by global developments. So, negative correlation of wheat production and international market price in the second phase can be explained most likely by the new uncertain and complex system of global instead of ensured, mostly governmental demand. In addition, on a more general level, the long-term decline of wheat cultivation was caused by the lower price of basic foodstuff compared to expensive crops like fruits, dates or fresh vegetables.

Figure 7: Cultivation of wheat between 1987 and 2010

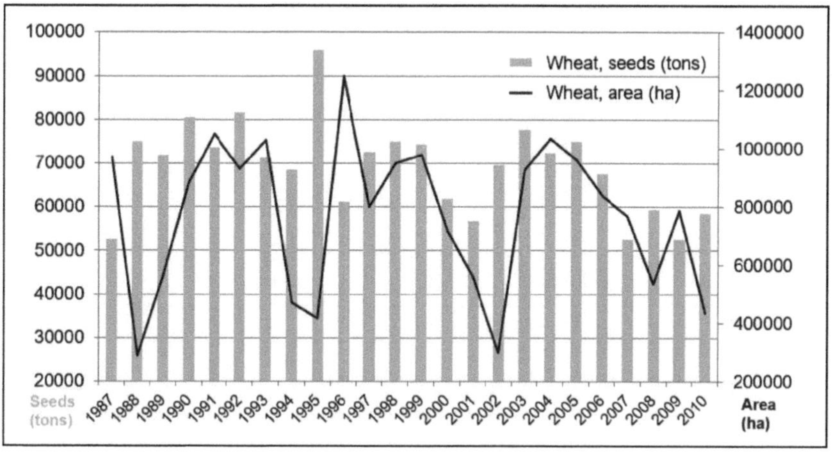

Source: FAOSTAT (2014).

Figure 7 presents the relation between wheat seeds and the harvested area during the rule of Ben Ali from 1987 until 2010/11. Also here wheat cultivation, a yearly average production of 74,500 tons of seeds, was higher in a first period until 1995 than the average cultivation of 65,700 tons in a second half from 1996 on. Furthermore, the considerable ups and downs in wheat harvests mark the beginning of climate change: since the 1980s, crop failures tend more and more to be a global phenomenon. According to climate researchers like Leila Radhouane, rain will be absent even more often, periods of drought will happen regularly, longer and stronger in Tunisia's future. The water resources will fall by about up to 28%, especially in the South (cf. Radhouane 2013: 103-108).

The calculated correlation between wheat seeds and international market prices in Figure 8 again shows a positive correlation in the first phase until 1995, followed by a negative in the second.

Figure 8: Wheat seeds in tons compared to the international market price of wheat in USD between 1987 and 2010

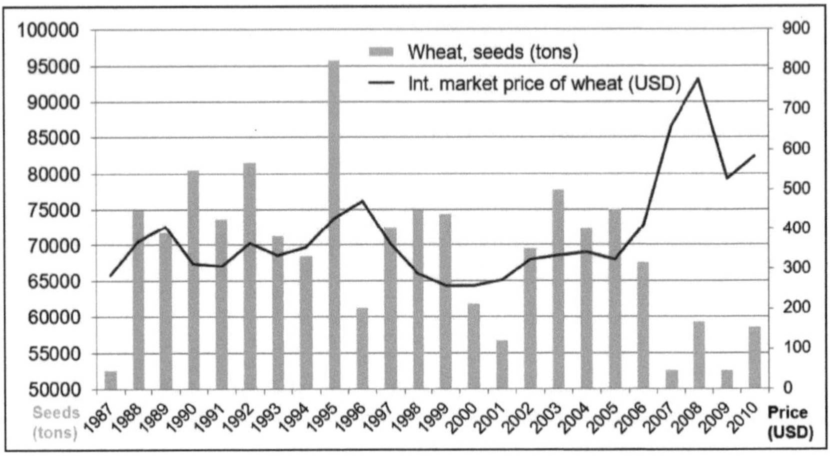

Source: FAOSTAT (2014).

So, as a result of his experience as Minister of the Interior under Bourguiba, Ben Ali likely tried to achieve food security at the beginning of his own rule – in 1984 riots broke out against the high prices for bread as a consequence of the abolishment of subsidies as demanded by the SAPs. So Ben Ali tried to consolidate his rule without making the same mistakes as Bourguiba. But from the mid-1990s on, he was forced – to some extent also willing – to strictly implement SAPs in the agricultural sector as the above data show. The subsequent break of 1995/96 marked a further step of the full neoliberalisation of the agricultural sector which also included governmental support for large modernised farms willing and able to cultivate expensive products for exportation.

From the neoliberal viewpoint, large-scale seems to be more successful than small-scale farming: big agricultural enterprises have the means to buy heavy machinery, pay for land as well as water, use new technologies and are able to develop capabilities for marketing. Thus, trade balance should improve and cheap basic foodstuffs like wheat could be imported without causing a trade deficit. In addition, compared to government controlled agriculture, neoliberal strategies do not prevent the private sector from making profits (cf. Ayeb 2012a: 5-8). For Tunisia one of the consequences is the clearly increasing area of harvested olives while the one of wheat decreased, as seen in Figure 9.

Figure 9: Harvested area of wheat and olives between 1987 and 2010

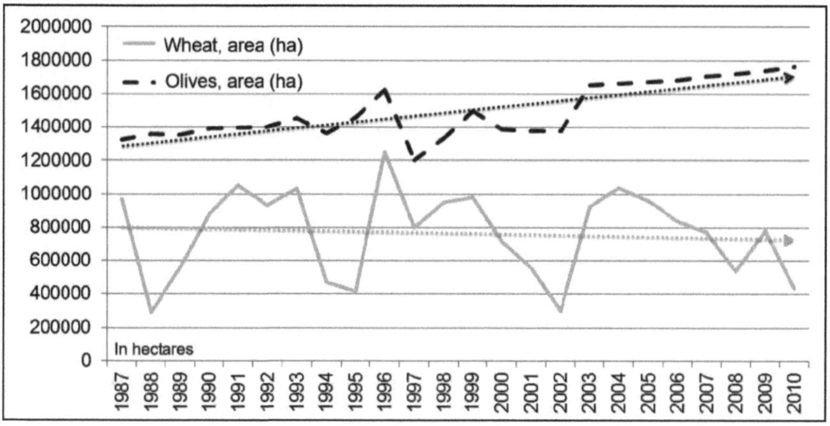

Source: FAOSTAT (2014).

In 2007/08 this strategy turned out to be vulnerable for the globally integrated Tunisian agriculture and the local food supply, when the price of wheat in the world market peaked mainly caused by speculations (cf. Bass 2011: 27-36). By this time, the already low Tunisian wheat production decreased as shown by Figure 7 and 8. As a result, large parts of society could no longer afford to pay for the high prices of bread and similar basic food. It should have been obvious that the neoliberal idea of compensating expenditures for the import of foodstuffs with high-price export does not work.

All in all, agricultural data during the rule of Bourguiba shows the initial attempt of achieving food safety with high numbers of yearly wheat seeds, vast harvested areas and increasing production but it also gives evidence to the beginning implementation of liberalisation which took place along with the above described rise of neoliberalism. Because of the exceptional importance of cheap food Ben Ali's policy was mainly guided by food safety until the beginning of the 1990s but was followed by *strong* liberalisation as demanded by the World Bank. This opened the doors to large modernised farms, adjustment of local food prices to fluctuating global market prices and the declining cultivation of wheat. From now on the country was constantly threatened by the lack of basic foodstuff due to liberalisation, financial market speculation as in 2007/08 and climate change.

Unemployment and marginalisation in central Tunisia

Besides the impact on agricultural production, the SAPs also strongly influenced the life of farmers. Geographer Habib Ayeb describes the struggle for survival of small-scale farmers pointing out the "[u]nequal and fearsome competition for agricultural resources between millions of peasants [...] and capitalist investors" (Ayeb 2012a: 7). According to him, the Tunisian oasis of Gabes is just one example where small-scale farming is threatened by modernised large-scale agriculture in the periphery of the oasis, made possible by high investments of urban investors like businessmen, former state officials or wealthy returnees from abroad. These farms have the capabilities to tap deep water in semi-arid regions while peasants lose their natural water resources like rivers and small wells. Another issue is the unplanned urbanisation and the increasing chemical-industrial sector which has been polluting the environment since the 1960s (cf. *ibid.* 2012b: 86-94). A similar example is the oasis of Tozeur. Also here modernised large-scale farming and urbanisation is threatening peasantry. New large-scale farms at the periphery of the oasis use deep water sources for irrigating water-intensive but highly exportable dates of the Deglet Nour-palm. But in addition to that, a tourist park with luxurious hotels and even a golf course were built. Because of the privatisation of water it seems to be impossible for small-scale farms to get enough water so that peasants would be able to provide food for their families and gain some income (cf. Battesti 2011: 6-17). Alila Gana studied the increasing local adjustment of the production to export crops instead of planting cereals or raising traditional livestock in Bir el-Machariqa in Zaghouan. Because of revoked subsidies, liberalisation and privatisation, peasants lost their land and men were forced to migrate to find work in large urban areas while women and children usually stayed for working as seasonal labourers on mostly olives planting large-scale farms (cf. Gana 2002: 200-206).

These are just some examples of the social outcome of the agricultural SAPs and general neoliberal modernisation of Tunisia's economy, particularly in the central provinces. Expressed in numbers it means that especially those governorates with high shares of people employed in the agricultural sector, i.e. Bejah (37.3%), Jendouba (39.2%), Sidi Bouzid (37.5%) and Kébili (33.8%) (cf. INS 2016), have negative rates of migration within the country's borders. In 2004, the INS found out in a survey that about 104,000 people migrated from the interior to the urban areas of the coast line, of these people 78.6% – highest in Kairouan with 85.2% and Sidi Bouzid with 86% – because of unemployment (cf. *ibid.*). According to the African Development Bank (AfDB) which calculated the local poverty rates in 1990 and again in 2000, the Tunisian government "could not claim any success in reducing relative deprivation and social exclusion" (AfDB 2011: 7). In Zaghouan, relative poverty during these years increased by 7.9%, in Kasserine by 19%, so that it reached 49.3% in 2000. In Sidi Bouzid the poverty rate grew from 39.8% to 45.7% (cf. *ibid.* 9).

These cases illustrate the direct link between structural adjustment focused on export-orientated large-scale farming, impoverishment and the migration to urban areas of Tunisia's peasantry. Therefore it appears consistent that especially the rural population experienced starvation and increased dissatisfaction with the regime of Ben Ali.

Neoliberal restructuring of the mining sector and the riots of 2008

Regarding the phosphate mining sector, the World Bank demanded strategies for "restructuring and rationalization" (Saghir 1993: 3): beginning with reducing payments to compensate losses of the public sector, this was followed by large waves of dismissals (cf. World Bank 1988: 9). For example the most important employer of the region, the *Compagnie des Phosphates de Gafsa* (CPG), shrunk from 14,000 workers in 1980 to just 5,853 in 2006 (cf. Beaugé 2008; Gobe 2010: 4). Therefore, unemployment in main mining regions like Redeyef or Moularès rose up to officially 26.7% and 38.5% (cf. Gobe 2010: 4-8). The World Bank expected the possibility of "social and political difficulties, especially with the phosphate mines, which are the main source of income for a whole region" (*ibid.*) but it did not develop any counter-actions like e.g. new comprehensive job programmes. Instead, welfare state-institutions and social benefits in the region have been reduced continuously since the second half of the 1970s – deeply linked to the decline of the CPG (cf. Allal 2008).

Nevertheless, especially from 1995 onwards, production of phosphate increased strongly as shown in Figure 10. Revenues made by phosphate exports rose from 669.9 Million TD in 1997 to 765 Million TD in 2001 (cf. World Bank 2004: 51-82). As a consequence of the SAPs and the use of new technologies and modernised machinery, former workers and their families living around Gafsa could not have their share of the increasing profits of the mining companies. In addition to dismissals, labour force increased at the same time, between 1997 and 2001, by 7% in rural areas and by 15% in urbanised regions so that more people than before entered the labour market (cf. INS 2016).

Figure 10: Official CPG-production of phosphate between 1975 and 2009

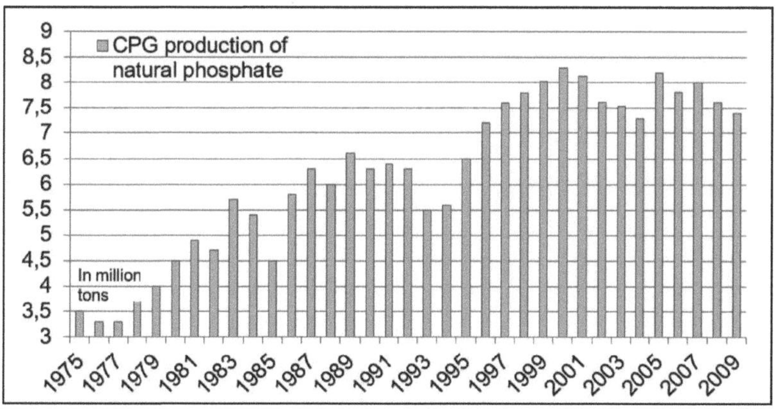

Source: CPG (2009).

The overall situation clearly was a problem leading to discontent but it was worsened by heavily increasing international market prices of phosphate between June 2007 and the end of 2008: as seen in Figure 11, the prices raised more than nine fold and again ordinary people did not profit. As a response, the CPG offered merely adequate 81 new jobs in the end of 2007. In order to put up with the above described increasing costs of bread in 2007/08, finding an employment was crucial – here especially the CPG is important because general working conditions are relatively better and wages are higher than the income generated by smuggling or by work for the numerous subcontracting companies in the region (cf. Gantin/Seddik 2008). This is why about 1,000 people applied for the available 81 jobs. After the announcement of the names of newly hired persons, rumours about a corrupted recruitment process occurred, followed by the first protests in the city of Redeyef on January 5, 2008. Until April, demonstrations as well as hunger strikes took place in all larger cities close to the mining region and people occupied buildings of the CPG and the trade union federation *Union Générale Tunisienne du Travail* (UGTT). Meanwhile, one of the movement's speakers, Adnane Hajji, claimed that the hiring process was an issue of "corruption and nepotism" (Hajji cited in Beaugé 2008; cf. Gantin/Seddik 2008; Schmid 2008). A growing number of people joined the protests so that the regime answered with police force and waves of arrests – in May one unemployed young person was killed (cf. Gantin/Seddik 2008). In June, officers shot randomly at a demonstration and captured insurgents, among them Adnane Hajji (cf. Nawaat 2008). Further riots arose when the court sentenced the movement's leaders to longstanding imprisonment but they were no longer able to threaten the regime (cf. Schmid 2009).[4]

4 For a comprehensive analysis of the 'social movement'-character of the riots, see Chouikha / Gobe 2009 and Gobe 2010.

Figure 11: Sascha Radl: International market price of phosphate between 2000 and 2010

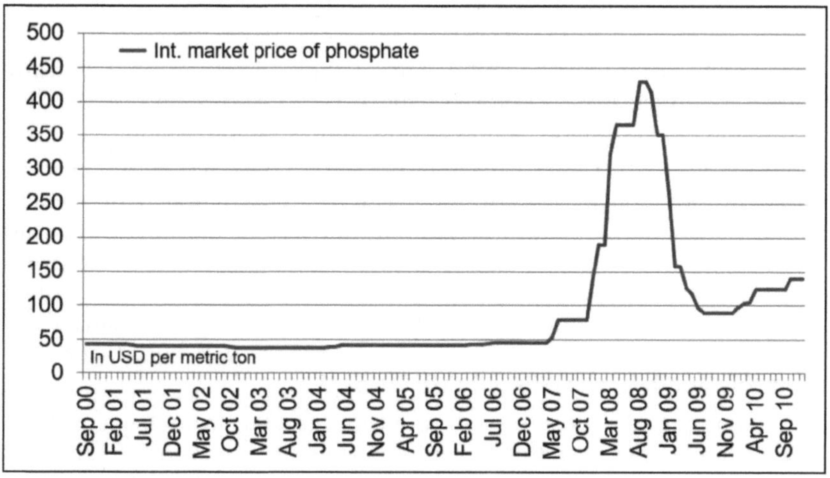

Data: World Bank (2016).

While the anger of the people was driven by poverty, starvation, and strong marginalisation it also has to be emphasised that the comparatively successful predecessor movement of the uprising in 2010/11 was only possible because it started during a time when the regime was considerably weak. The global increase of wheat prices meant that governmental revenues – which were already low because of narrowed taxes on trade and other business activities – were diminished because of expensive food imports. In addition, the country was slowly hit by the economic crisis starting in 2007/08. Therefore it was hardly possible for Ben Ali and his government to assuage the protesters by providing new jobs in the public or private sector and co-opting leading figures.

Conclusions: the contradictions of two decades of neoliberal structural adjustment

Decades of structural adjustment laid the ground for growing dissatisfaction in Tunisia: peasants lost their land and income in the rural areas so that their only option was to migrate to the urban centres. There, some found new jobs in the low-paid manufacturing industry. Competing with a great number of other subalterns, people were forced to accept inhuman working conditions and further wage reductions which also affected their families being dependent on remittances. From the beginning of the 2000s, textile and clothing factories dismissed a large part of their employees, as did the public mining companies since the 1980s. The situation was worsened by starvation caused by failed agricultural policies. These circumstances directly resulted in the so-called 'Gafsa Riots'. Interestingly, as early as 2008, Karine Gantin and Omeyya Seddik described "détermination et dignité" (Gantin/Seddik 2008), determination and dignity, as the basic claims of these early protests and anticipated the paroles of the so-called 'Arab Spring' in 2010/11.

Against this backdrop, the uprising in 2010/11 again highlighted the marginalisation of Tunisia's central provinces. The waves of protests started in Sidi Bouzid, one of the most neglected cities in the centre. The demonstrations found sympathisers not just in the urban low-paid sectors but also in the country's middle class, building on the widespread dissatisfaction caused by neoliberalism and the declining socio-economic situation. However, the two main parties of post-2011 Tunisia, Ennahda as well as Nidaa Tounes, still rely on neoliberal policies and signed letters of intent followed by new SAPs (cf. IMF 2015).

As a result, the deep-rooted problems are far from being solved: smugglers and religious extremists are rioting in the mountains of Chaambi. Severe poverty provides a base for the popular support of fundamentalists. Thousands of Tunisians are imprisoned because they wanted to leave the state to join the IS in Libya or Syria. Most of them suffered from social marginalisation and the current economic downturn so that recruiters close to the IS do not have difficulties finding new fighters by promising a small salary and providing a community of solidarity (cf. al-Mukhtar Ahmed 2014). Seif ed-Din Yacoubi, the assassin of the Sousse attacks in 2015, who was born in neglected Siliana and studied in Kairouan, is just one example.

Other indicators of marginalisation are the subalterns' constant protests and violent disputes with security units in Tunisia's central provinces. When the Tunisian government published its plan to build a wall at the border to Libya, people in this region expressed their dislike by blocking off roads. They explained that the plan is an "unilateral governmental decision that will deepen the marginalisation and the restrictions on livelihoods in the absence of developmental alternatives" (Middle East Monitor 2015). In April and May 2015, local youth blocked the production sites of important phosphate mines and demanded job opportunities (cf. Byrne 2015). With the absence of tourism in the aftermath of the Sousse Attacks, farmers lost important consumers while their production costs and indebtedness remained high (cf. Nawaat 2015). In September 2015, they protested under the slogan "day of farmers' discontent" (*ibid.*) in the streets of Tunis. In January 2016, large waves of demonstrations began in the city of Kasserine, spilling over into neighbouring towns and into the poor suburbs of the capital turning violent. Protesters demanded "work, freedom, dignity" (Saleh 2016).

With the beginning 21st century, the neoliberal system unveiled its inherent contradictions in Tunisia: the competition for investments between the provinces reinforced the predominance of the cities of the coast line above the impoverished inner provinces. The ensuing migration of the rural population to the urban areas required new job opportunities but employment creation failed because of the country's strong dependence on the EU-markets and them being taking over by less expensive Asian exports. The use of new technologies, as e.g. launched in the mining sector, increased pressure on new hiring. Simultaneously, the wages of the still existing broad low-cost branches turned out to be too marginal to nourish the population so that further reductions were hardly possible. As a consequence, companies left the country.

Since 2007/08, neoliberalism has been losing its hegemony in Tunisia's society but the regime of Ben Ali as well as succeeding governments and economic elites were not able to transform the economic system – also because of the EU's unwillingness to do so. The planned DCFTA offers a way out of crisis for European transnational business by opening up new segments to neoliberal accumulation which would be followed by new processes of impoverishment and a strengthening of reactionary politics. At the same time, the crisis of neoliberalism, clearly perceptible not only in North Africa but also in countries such as Spain, Italy and Greece, could give rise to a new balance of power lead by subaltern forces. Therefore it is needed trans-Mediterranean cooperation on a grass-root level.

Bibliography

AfDB (2011): "Economic Brief. Poverty and Inequality in Tunisia, Morocco and Mauritania" http://www.afdb.org/fileadmin/uploads/afdb/Documents/Publications/North%20Africa%20Poverty%20Anglais%20ok_North%20Africa%20Quaterly%20Analytical.pdf.

al-Mukhtar Ahmed, Mohammed (2014): "Sousse: Seaside home of 'jihadist' volunteers" http://www.aljazeera.com/news/middleeast/2014/11/sousse-seaside-home-jihadist-volunteers-2014115111928307861.html.

Allal, Amin (2008): "Réformes néolibérales, clientélismes et protestations en situation autoritaire. Les mouvements contestataires dans le bassin minier de Gafsa en Tunisie", in: *Politique africaine*, 2010/1 (No. 117), pp. 107-125. https://www.cairn.info/revue-politique-africaine-2010-1-page-107.htm.

Ayeb, Habib (2012a): "Agricultural Policies in Tunisia, Egypt, and Morocco. Between Food Dependency and Social Marginalization", in: *Reversing the Vicious Circle in North Africa's Political Economy, Confronting Rural, Urban, and Youth-Related Challenges*, Mediterranean Paper Series, May 2012, pp. 5-11.

Ayeb, Habib (2012b): "The marginalization of the small peasantry. Egypt and Tunisia", in: Bush, Ray / Habib Ayeb (eds.), *Marginality and Exclusion in Egypt*, Cairo: The American University in Cairo Press.

Bass, Hans-Heinrich (2011): "Finanzmärkte als Hungerverursacher" http://www.welthungerhilfe.de/fileadmin/user_upload/Mediathek/Studie_Nahrungsmittelspekulation_Bass.pdf.

Battesti, Vincent (2011): "The Power of a Disappearance: Water in the Jerid Region of Tunisia", in: Johnston, Barbara Rose *et al.* (ed.), *Water, Cultural Diversity, and Global Environmental Change. Emerging Trends, Sustainable Futures?* Dordrecht: Springer.

Beaugé, Florence (2008): "Troubles sociaux meurtriers au Maroc et en Tunisie" http://www.lemonde.fr/afrique/article/2008/06/09/troubles-sociaux-meurtriers-aumaroc-eten-tunisie_1055648_3212.html.

Bédoui, Abdeljélil (2000): "Tunesiens Ökonomie am Scheideweg", in: *INAMO*, 22/2000, pp. 11-15.

Beinin, Joel (2016): *Workers and Thieves. Labor Movements and Popular Uprisings in Tunisia and Egypt*, Stanford: Stanford University Press.

Ben Salem, Lilia (2010): "Tunisia", in: Kelly, Sanja / Julia Breslin (eds.), *Women's Rights in the Middle East and North Africa. Progress amid Resistance*, New York: Freedom House / Lanham: Rowman & Littlefield, pp. 487-417.

Byrne, Eileen (2015): "Jobless locals bring Tunisia's phosphate industry to a halt" http://www.thenational.ae/world/middle-east/jobless-locals-bring-tunisias-phosphate-industry-to-a-halt.

Chouikha, Larbi / Eric Gobe (2009): "La Tunisie entre la 'révolte du bassin minier de Gafsa' et l'échéance électorale de 2009", in: *L'Année du Maghreb V*, CNRS Éditions, pp. 387-420.

CPG (2009): "Compagnie des Phosphates de Gafsa. Gafsa Production 1906-2009" http://www.gct.com.tn/english/wcpg.htm.

FAOSTAT (2014): "Production. Crops" http://faostat.fao.org/site/567/default.aspx#ancor

Gana, Alia (2002): "Processes of Liberalization and Family Farm Restructuring in Tunisia", in: Cristovao, Artur / Luigi Omodei Zorini (eds.), *Farming and Rural Systems Research and Extension. Local Identities and Globalisation*, Florenz: IFSA.

Gana, Nouri (ed.) (2013): *The Making of The Tunisian Revolution. Contexts, Architects, Prospects*, Edinburgh: Edinburgh University Press.

Gantin, Karine / Omeyya Seddik (2008): "La révolte du 'peuple des mines' en Tunisie" http://nawaat.org/portail/2008/07/04/la-revolte-du-peuple-des-mines-en-tunisie/.

Gobe, Eric (2010): "The Gafsa Mining Basin between Riots and a Social Movement: meaning and significance of a protest movement in Ben Ali's Tunisia", Working Paper.

Harvey, David (2007): *A Brief History of Neoliberalism*, Oxford: Oxford University Press.

Hibou, Béatrice (2011): *The Force of Obedience*, Cambridge: Polity Press.

Huffschmid, Jörg (1989): "Das Binnenmarktprojekt 1992 – Hintergründe und Stoßrichtung", in: Deppe, Frank *et al.* (ed.): *1992 – Projekt Europa. Politik und Ökonomie der Europäischen Gemeinschaft*, Köln: Pahl-Rugenstein Verlag, pp. 39-60.

IMF (2015): "Tunisia and the IMF" https://www.imf.org/external/country/tun/index.htm?type=9998.

INS (2016): "Informations Statistiques" http://www.ins.nat.tn/indexfr.php.

Jbili, Abdelali / Klaus Enders (1996): "The Association Agreement between Tunisia and the European Union", in: *Finance and Development*, Vol. 33, No. 3 (September), pp. 18-20.

King, Stephen (2003): *Liberalization against Democracy. The Local Politics of Economic Reform in Tunisia*, Bloomington: Indiana University Press.

Maurer, Klaus (2014): "Where Is the Risk? Is Agricultural Banking Really More Difficult than Other Sectors?", in: Köhn, Doris (ed.), *Finance for Food. Towards New Agricultural and Rural Finance*, Heidelberg: Springer.

Middle East Monitor (2015): "Tunisians protest against border wall with Libya" https://www.middleeastmonitor.com/news/africa/19959-tunisians-protest-against-wall-border-with-libya.

Nawaat (2015): "qam' masīrat al-fallāhin wa-l-bahhāra fī ittiğāh wizārat al-filāha". http://nawaat.org/portail/2015/09/03/%D9%82%D9%85%D8%B9-%D9%85%D8%B3%D9%8A%D8%B1%D8%A9-%D8%A7%D9%84%D9%81%D9%84%D8%A7%D8%AD%D9%8A%D9%86-%D9%88%D8%A7%D9%84%D8%A8%D8%AD%D8%A7%D8%B1%D8%A9-%D9%81%D9%8A-%D8%A7%D8%AA%D8%AC%D8%A7%D9%87-%D9%88/.

Nawaat (2008): "Tunisie: Arrestation de Adnane Hajji, porte-parole du mouvement de protestation sociale dans le bassin minier de Gafsa" https://nawaat.org/portail/2008/06/23/tunisie-arrestation-de-adnane-hajji-porte-parole-du-mouvement-de-protestation-sociale-dans-le-bassin-minier-de-gafsa/.

Overbeek, Henk (2008): *Rivalität und ungleiche Entwicklung. Einführung in die internationale Politik aus der Sicht der internationalen politischen Ökonomie*, Wiesbaden: VS Verlag für Sozialwissenschaften.

Perkins, Kenneth (2004): *A History of modern Tunisia*, Cambridge: Cambridge University Press.

Radhouane, Leila (2013): "Climate change impacts on North African countries and on some Tunisian economic sectors", in: *Journal of Agriculture and Environment for International Development*, 2013-107 (1), pp. 101-113.

Saghir, Jamal (1993): "CFS Discussion Paper Series. Privatization in Tunisia" http://www-wds.worldbank.org/external/default/WDSContentServer/WDSP/IB/1993/01/01/000009265_3961004043931/Rendered/PDF/multi0page.pdf.

Saleh, Heba (2016): "Tunisia job protests echo spark for Arab uprising" http://www.ft.com/intl/cms/s/0/5d5eaab2-bf86-11e5-a8c6-deeeb63d6d4b.html#axzz40MOKMkNe.

Schmid, Bernard (2009): "Gafsa in Tunesien. Terror-Urteil gegen Gewerkschaftler/innen und Teilnehmer am Massenprotest im tunesischen Bergbaubecken" http://www.trend.infopartisan.net/trd0109/t180109.html.

Schmid, Bernard (2008): "Soziale Revolten im Maghreb" http://www.trend.infopartisan.net/trd7808/t197808.html.

Someya, Masakazu *et al.* (2002): "Textile and Clothing Exports in MENA. Past Performance, Prospects and Policy Issues in Post MFA Context" http://siteresources.worldbank.org/INTMNAREGTOPTRADE/Resources/Textile-Clothing-Exports-MENA.pdf.

Willis, Michael J. (2014): *Politics and Power in the Maghreb. Algeria, Tunisia and Morocco from Independence to the Arab Spring*, New York: Oxford University Press.

World Bank (1988): "Report and Recommendation of the President of the International Bank of Reconstruction and Development to the Executive Directors on a Proposed Structural Adjustment Loan in an Amount Equivalent to US$150 Million to the Republic of Tunisia. May 20, 1988" http://www-wds.worldbank.org/external/default/WDSContentServer/WDSP/IB/1988/05/20/000009265_3960926220125/Rendered/PDF/multi0page.pdf.

World Bank (2004): "Republic of Tunisia Employment Strategies" https://openknowledge.worldbank.org/bitstream/handle/10986/15653/25456110v.pdf?sequence=1&isAllowed=y.

World Bank (2006): "Morocco, Tunisia, Egypt and Jordan after the End of the Multi-Fiber Agreement. Impact, Challenges and Prospects" http://www-wds.worldbank.org/external/default/WDSContentServer/WDSP/IB/2007/01/12/000020953_20070112084509/Rendered/PDF/353760MNA0P0891e0agreement01PUBLIC1.pdf.

World Bank (2016): World DataBank. World Development Indicators" http://databank.worldbank.org/data/reports.aspx?source=2&country=TUN&series=&period=.

Béatrice Hibou

Le moment révolutionnaire tunisien en question

Vers l'oubli du mouvement social ?[1]

Après quelques semaines d'une présence exceptionnelle de l'actualité politique tunisienne dans la presse nationale, les Français n'entendent plus parler de Tunisie mais seulemet de Tunisiens, arrivant en masse à Lampedusa, des bagarres franco-italiennes sur les visas temporaires que le gouvernement Berlusconi leur a accordés et *in fine* de la révision des accords de Schengen. De manière indirecte, ce traitement de la question renvoie à l'image d'un gouvernement tout à la fois impuissant et manipulateur et d'une police en déliquescence. Pourtant, cette représentation simple et repoussoir d'une révolution créant désordre, confusion et embarras cache une situation extrêmement complexe et intéressante qui pose des questions sur l'économie politique et morale d'un mouvement social puissant et qui, au-delà du seul cas tunisien, interroge les sociétés et leurs dirigeants sur leur capacité à appréhender de façon concrète les questions d'intégration économique et sociale, de justice et d'égalité.

De fait, le mouvement de protestation, qui a émergé en 2008 (avec les événements dans le bassin minier de Gafsa), qui s'est développé en décembre 2010 pour aboutir à la révolte populaire généralisée puis au départ de Ben Ali le 14 janvier 2011, a été rendu possible par l'affaiblissement des mécanismes d'insertion et les difficultés économiques et sociales d'un nombre croissant de gens. Les jeunes des régions marginalisées ont constitué le fer-de-lance de la contestation, et ce n'est pas un hasard. Depuis la fin des années 1990, derrière des taux de croissance honorables, le paysage économique se dégradait en termes de création d'emplois, et la situation ne cessait d'empirer depuis le milieu des années 2000. Les chiffres du chômage ne prêtent pas à discussion, même si les données officielles (une stabilité de ce taux aux alentours de 14-15 %) étaient clairement faussées et entendaient cacher le problème. La situation n'a, sur ce point, évidemment pas changé depuis le départ du dictateur. Chaque année, il y a environ 140 000 entrants sur le marché du travail contre seulement 60 000 à 65 000 créations d'emplois, principalement localisées dans le grand Tunis

1 Comme elle ne pouvait pas assister à notre colloque, Béatrice Hibou nous a gentiment autorisés de republier cet article paru en mai 2011 sur le site du Centre de recherche international CERI-Sciences Po (http://www.ceri-sciences-po.org).

et sur le littoral. Il ne fait aucun doute que depuis le milieu des années 1990, le modèle économique et social, développé depuis au moins trois décennies en Tunisie, a eu chaque année davantage de difficultés à intégrer les jeunes, notamment ceux de l'intérieur. À partir de la révolte de Gafsa (janvier-juin 2008) et dans toutes les manifestations à partir des événements de Sidi Bouzid qui se sont rapidement étendus à Thala, Kasserine et dans le reste des régions intérieures du pays, les slogans portaient systématiquement sur des revendications liées au travail, demandant des emplois ou tout simplement la possibilité d'avoir accès au marché du travail. Les jeunes ont dit leur volonté d'assouvir leurs besoins vitaux, comme les autres segments de la population.

Ce désir d'intégration et de vie normale ne doit cependant pas être seulement entendu en termes matériels, et le délitement des mécanismes d'insertion économique n'explique pas tout. Le mouvement de protestation, son ampleur et son enracinement social sont également et peut-être surtout nés du sentiment d'injustice et d'humiliation. Autrement dit, pour reprendre l'analyse proposée par E.P. Thompson en termes d'économie morale, la révolte n'est pas seulement née des difficultés économiques et des contraintes croissantes pesant sur le modèle économique et social tunisien ; elle n'a pas été une « rébellion du ventre ». Elle a été rendue possible par le sentiment, partagé dans la population, que les normes mêmes de ce modèle n'étaient plus en vigueur, que les principes de la vie en société, les valeurs à la base de la conception validée du bien public n'étaient plus respectées. Les slogans, qui mettaient en avant la dignité et le respect recherchés, là aussi, étaient sans appel. Il n'existe évidemment pas de relations de causalité entre situation économique et révolte populaire ; cette dernière résulte de l'interaction complexe de processus nombreux qui mobilisent aussi des compréhensions différenciées de la justice, de la dignité et du bien public, des perceptions différenciées de la légitimité de l'ordre politique présent et de celle de l'ordre politique passé (qu'il soit réel ou supposé), des normes et pratiques issues d'éthiques collectives. La vie quotidienne des dominés ne peut être perçue comme la seule recherche de bien-être et de survie, l'adaptation à des dispositifs, des pratiques et des valeurs venues « d'en haut », elle doit aussi être comprise comme le champ de production autonome, de la part des dominés, de normes, de principes et de valeurs tels la justice, la dignité, le respect.

Dans ce contexte, on aurait pu penser que les termes du débat politique, en ce moment révolutionnaire, reprennent ces questions d'intégration et de reconnaissance dans une réflexion sur la redéfinition des contours du modèle économique et social tunisien. Mais force est de constater que ce qui a fait la force et la détermination du mouvement social est aujourd'hui en grande partie oublié, que les demandes et les revendications des manifestants n'ont pas encore été prises en compte, ni même étudiées, y compris lorsqu'il aurait suffi de quelques gestes symboliques – comme, tout simplement et humainement, une visite gouvernementale à Sidi

Bouzid et à Kasserine, les gouvernorats qui ont payé le plus cher tribut à la protestation. Comment expliquer cette situation ? À quoi renvoie-t-elle en termes de modes de gouvernement, d'exercice du pouvoir et de pratiques de domination ? Répondre à ces questions, c'est aussi s'interroger sur la nature des événements en cours, sur les enjeux d'un moment révolutionnaire dont l'issue n'est évidemment pas encore connue mais qui laisse apparaître les lignes de fracture et d'inégalité de la société tunisienne.

À la suite de ses prédécesseurs, le troisième gouvernement de transition, dirigé par le très bourguibien Béji Caïd Essebsi, semble paralysé devant toute décision économique et sociale. Il semble redouter deux forces contradictoires : d'une part, l'UGTT (Union générale tunisienne du travail) qui est entrée dans un cycle de surenchères revendicatives d'autant plus irréalistes que sa direction entend ainsi se refaire une virginité et, de l'autre, les cadres et dirigeants de l'administration largement liés à « l'ancien régime » et qui jouent de la résistance et de la continuité en cette période d'incertitude. Quelle que soit la réalité de ces dangers, l'immobilisme domine, renforcé par le désintérêt affiché, jusqu'à ce jour, par la classe politique. La soixantaine de partis politiques reconnus sont certes, pour la très grande majorité d'entre eux, des coquilles vides ; mais les quelques « grands » partis (essentiellement les anciens partis d'opposition) n'ont, par principe, pas de culture de gouvernement et à l'exception peut-être du POCT (Parti des ouvriers communistes de Tunisie), n'ont pas vraiment défini de ligne économique et sociale claire. Quoi qu'il en soit, à l'heure de la Constituante et du choix du mode de scrutin électoral, ces partis sont avant tout impliqués dans un jeu d'influence et de structuration partisane. Ils doivent surtout penser à s'insérer dans la société tunisienne, travail de longue haleine et pour lequel ils sont peu préparés, toutes tendances confondues, mis à part les émanations du RCD (Rassemblement constitutionnel démocratique, ex parti hégémonique) qui ont un véritable ancrage dans la société et le parti islamiste Ennahda (renaissance), qui est en train de réactiver ses réseaux militants et de sociabilité sur tout le territoire. Mais ni l'un ni l'autre ne sont actuellement en situation de rupture par rapport aux options économiques passées : le RCD et ses rémanences actuelles n'ont, par nature, pas pensé à un schéma de développement alternatif ; et sur ce point Ennahda ne se distingue pas vraiment : même si le parti incarne pour des segments entiers de la population une véritable rupture en termes de reconnaissance et de valeurs morales, il a incontestablement fait le choix d'une orientation libérale conservatrice.

Plus encore, pour les uns comme pour les autres, ces considérations économiques et sociales sont énoncées de façon floue, et elles restent secondes face à la résurgence du débat sur la laïcité et la place de la religion dans la société, suscité tout à la fois par l'élite politique de ce que l'on nomme désormais « l'ancien régime » et par l'ancienne opposition laïque représentant la société dite civile. Dans la mesure où le mouvement social n'a pas eu de leader dans le monde politique, qu'il n'était pas véritablement organisé et qu'il est réellement parti « du bas », souvent même à l'encontre de forces plus structurées, il est normal que les événements actuels prennent les partis politiques pour ainsi dire par surprise. Jusque-là réprimés et empêchés d'exercer leurs activités, ils peinent à se positionner et à définir leurs options gouvernementales. Il reste que les orientations actuelles sont quelque peu étonnantes en la matière, lorsque l'on voit les débats se centrer sur des questions certes importantes, comme celles du code électoral et des recompositions politiques, celles de la laïcité et de la place des femmes dans la vie politique, institutionnelle et sociale, mais qui n'ont pas été à l'origine du mouvement social et se trouvent même en décalage complet avec les aspirations fondamentales de ceux qui ont animé la protestation sociale. Car le moment révolutionnaire tunisien a renforcé l'identité tunisienne plus qu'elle n'a exacerbé ses tensions internes, la religion étant réservée à l'espace personnel et social et non à l'espace politique. Le mouvement protestataire s'est noué autour des questions d'emploi, de développement, de justice, de transparence et de liberté, non sur des questions identitaires et des questions de laïcité.

Rien ou très peu n'est aujourd'hui discuté sur les conditions d'intégration des jeunes, des diplômés et de façon plus générale des chômeurs et des plus pauvres dans la société et notamment dans le marché du travail ; rien ou très peu est fait pour penser les questions de l'injustice et de l'inégalité économique et sociale ; rien ou très peu est proposé pour répondre aux questions existentielles que des pans entiers de la population, les oubliés du « miracle économique », ont posées depuis quelques mois en exigeant reconnaissance, dignité et respect. C'est sur ce point que je voudrais revenir plus longuement pour mieux faire apparaître les enjeux qu'exige l'avènement de la révolution et d'une véritable transition démocratique.

Le mouvement de protestation a d'abord été l'expression d'une colère et d'un ras le bol d'une partie croissante de la population vis-à-vis de ses conditions de vie, au regard du discours sur le « miracle économique » tunisien bien sûr mais surtout des conditions et niveaux de vie d'autres catégories sociales. Il est significatif que les victimes des semaines de protestation de décembre 2010 et janvier 2011 soient principalement issues des classes populaires, et parfois des segments les plus pauvres d'entre elles. Comme le soulignent des membres de la Commission d'établissement des faits, les victimes (morts ou blessés) sont le plus souvent les seuls soutiens de familles nombreuses, des journaliers faisant vivre de 5 à 10 personnes. Cette problématique de l'inégalité et de l'injustice est extrêmement complexe et difficile à débattre parce qu'elle renvoie non seulement à des choix économiques et à des orientations sociales et politiques mais aussi à des modes de gouvernement, des stratégies inscrites dans la trajectoire nationale et des rapports de force structurés dans le temps mais simultanément mouvants. Aujourd'hui cependant, elle est le plus souvent analysée à travers le seul prisme de la corruption, en écho aux slogans entendus dans les manifestations. Il est d'ailleurs emblématique

que l'une des trois commissions établies immédiatement après le départ de Ben Ali soit centrée sur ces questions. Cette perspective pose problème : certes, la prédation des « clans » était une réalité économique et politique incontestable mais elle touchait avant tout la communauté des affaires, et en son sein les plus grands d'entre eux. Les classes moyennes et populaires n'étaient que peu concernées par ces pratiques, comme le suggèrent d'ailleurs les enquêtes menées par ladite commission qui traitent principalement d'affaires concernant les quartiers huppés de la capitale (les terrains de Sidi Bou Saïd, de Carthage et de la Marsa) et les catégories les plus aisées (des hommes d'affaires se considérant comme spoliés). Elles l'étaient cependant en termes symboliques, expression même de l'inégale répartition des richesses, du népotisme, de l'impunité et *in fine* de la corruption de l'État. C'est cette dimension symbolique qui a permis que des catégories sociales aussi différentes, aux intérêts opposés, se rassemblent autour du fameux « Ben Ali dégage ».

Il reste que la disparition des « clans » et de leur prédation ne change rien aux pratiques discriminatoires qui touchent effectivement les acteurs du mouvement social et qui ont aiguisé ces sentiments d'arbitraire, d'iniquité et de mépris. Ces populations vivaient et continuent à vivre l'injustice au quotidien, à travers le comportement des policiers et plus largement des agents d'autorité, à travers les conditions effectives d'accès au travail et au marché de l'emploi, à travers la baisse de leur pouvoir d'achat et une réelle paupérisation. Or ces questions ne sont aujourd'hui abordées ni dans les débats publics ni dans les travaux des instances dirigeantes. Il est vrai que réfléchir aux manières d'infléchir les logiques inégalitaires et aux pratiques injustes est extrêmement exigeant, et que le recul, la distanciation et la pensée critique ne caractérisent que rarement les périodes révolutionnaires. Pourtant, pour faire face à ces questions lancinantes qui sont au cœur de la logique révolutionnaire, il est impératif de reconsidérer la success story économique tunisienne : les réformes, les politiques économiques et sociales menées depuis au moins deux décennies se doivent d'être réévaluées précisément parce qu'elles se fondaient en partie sur une image faussée de la réalité quotidienne des Tunisiens. Le mouvement social a mis en évidence ce que les esprits critiques dénonçaient en vain depuis longtemps, à savoir que le discours sur le « miracle » tunisien cachait en réalité des failles, des lignes de fracture, et de nombreuses inégalités régionales et générationnelles en termes de niveaux et modes de vie, d'accès à l'emploi et aux services publics.

Reconsidérer le modèle tunisien nécessite, en premier lieu, une mise à plat des priorités économiques. Très concrètement, les variables « macro » et les satisfécits des bailleurs de fonds sur les « grands équilibres » doivent-ils rester l'aune à laquelle évaluer le succès économique du pays ? Les deux décennies de « miracle » ont certes abouti au respect de ces équilibres et à des « fondamentaux » excellents mais au prix d'un chômage exponentiel et d'inégalités croissantes, notamment au regard de l'accès à l'emploi et aux services publics. Penser la transition démocratique, la sortie de l'économie politique « benaliste »[2] exige que ces questions soient ouvertement posées et qu'elles remplacent les slogans abstraits et formels sur la nécessité de « répondre aux objectifs de la révolution ». À long terme, cette réflexion doit porter sur les modalités possibles d'accroissement de la création d'emploi par remontée dans l'échelle de la spécialisation et par remise en cause d'un modèle dualiste porteur d'inégalités, par diversification de l'économie, par amélioration du système éducatif et de façon générale des infrastructures indispensables à l'accroissement de compétitivité, par une meilleure adéquation entre formation et emplois offerts. Elle doit également repenser la relation fiscale qui ces dernières années, suivant l'ordre néolibéral, s'est révélée beaucoup plus favorable au capital et aux classes possédantes qu'au travail et aux classes moyennes et populaires. Elle doit encore reformuler les politiques de services publics. Ce dernier point est fondamental tant est importante l'inégalité des citoyens en la matière, qui se traduit de deux manières différentes que l'exemple de l'accès aux soins exemplifie parfaitement : d'une part, des régions entières vivent sans hôpitaux et avec des infrastructures sociales minimales, les gens étant obligés de se déplacer et de dépenser des ressources que, pour la plupart d'entre eux, ils n'ont pas ; d'autre part, les soins ne sont désormais plus gratuits, les plus pauvres n'ayant désormais tout simplement plus les moyens d'y accéder, ce qui souligne une autre exigence : que les politiques sociales, les actions de « lutte contre la pauvreté » ne soient plus réduites à de la charité privée (comme on le voyait auparavant à travers le clientélisme et la personnalisation des politiques sociales pour ainsi dire privatisées au profit du président Ben Ali, ou de façon tout autre comme on le voit actuellement, dans un extraordinaire élan de solidarité, à travers des initiatives citoyennes) et à la constitution de filets sociaux, mais que de véritables politiques publiques soient conçues et mises en œuvre en mettant au cœur de leur conception ces questions d'égalité. Mais toutes ces considérations (emploi, fiscalité, service public) nécessitent du temps et ne peuvent résoudre les tensions actuelles. À court terme, pour faire face aux difficultés croissantes et aux demandes de ceux qui ont porté le mouvement social, l'option keynésienne de relance – à travers de grands et moins grands travaux, un traitement social mais aussi économique du chômage par création d'emplois et amélioration de la protection sociale, de petits investissements rapidement réalisés dans les services publics – devrait pouvoir être réalisée ou du moins envisagée et discutée car la situation est intenable dans les régions de l'Ouest et du Centre ainsi que pour une grande partie des jeunes. Le chômage ne cesse de s'aggraver avec les retombées de la révolution sur l'activité touristique et, dans une moindre mesure, sur l'activité manufacturière, et plus encore avec les conséquences de la crise libyenne sur le tourisme, les remises des

2 Cf. Béatrice Hibou : *La force de l'obéissance. Économie politique de la répression en Tunisie* (Paris : La Découverte, 2006), traduit en anglais chez Polity Press, avec une nouvelle préface en avril 2011 sous le titre : *The Force of Obedience. Political Economy of Repression in Tunisia.*

migrants, le retour des Tunisiens travaillant dans ce pays, l'arrivée des réfugiés et l'arrêt quasi total du trafic frontalier qui fait vivre tout le sud et une partie du centre du pays. Malheureusement, en l'état actuel des forces politiques, le gouvernement dirigé, faut-il le rappeler, par un homme de 84 ans, n'est pas à la hauteur de ces enjeux. Non pas, comme cela est souvent énoncé, en raison du caractère transitoire du gouvernement et de son manque supposé de légitimité mais parce que les principaux dirigeants partagent une même vision, sont issus d'un même moule : certains sont d'anciens membres du RCD et ont eu des postes de responsabilité en tant que ministres ou hauts fonctionnaires ; d'autres sont incompétents en matière économique ; d'autres encore, présentés comme indépendants mais loin de l'être, ont préalablement rempli des fonctions de conseillers plus ou moins occultes des derniers gouvernements Ben Ali ou partagent une vision néolibérale et macroéconomique mainstream toute en continuité avec les orientations passées.

Reconsidérer le modèle tunisien exige, en deuxième lieu, que les dynamiques politiques à l'œuvre dans les réformes et dans la mise en œuvre des politiques économiques et sociales soient prises en considération et, ce faisant, que les jeux de pouvoir soient altérés de sorte que les conditions des populations subalternes, de ceux qui ont énoncé leurs frustrations et leur désespoir se trouvent effectivement améliorées. Car les énoncés généraux en termes de prise en compte des « droits économiques et sociaux » qu'il faudrait inscrire dans la nouvelle Constitution ne garantissent évidemment rien et sont l'expression d'une grande naïveté – ou d'un choix de la continuité plutôt que de la rupture. De fait, les rapports de force actuels ont pour résultat paradoxal d'aggraver les inégalités plutôt que de les réduire alors même que des avancées semblent apparentes. Il va sans dire que les revendications sur les salaires et sur les conditions de travail sont tout à fait légitimes : la baisse du niveau de vie du fait de la stagnation des salaires et de l'augmentation du coût de la vie depuis une quinzaine d'années désormais et le développement de l'emploi précaire et de la flexibilité du travail ont contribué à l'intensification des tensions sociales et des difficultés économiques des classes populaires tunisiennes. Cependant, la façon dont ces revendications ont été prises en compte se révèle problématique. En effet, les salariés ont obtenu des augmentations de salaire dans les secteurs où l'UGTT était la plus forte, à savoir essentiellement dans la fonction publique, dans les entreprises publiques ou parapubliques (à l'instar de Tunisair) et dans les plus grandes entreprises privées, c'est-à-dire dans les secteurs relativement privilégiés et protégés – et non pas (ou très peu) dans les secteurs manufacturiers et les petites structures où les conditions de travail sont effectivement les plus problématiques mais où l'UGTT est faible, voire absente. Nombre d'entreprises offshore ont également accordé des augmentations de salaire, pour éviter de répondre à l'autre demande majeure du mouvement : la « permanentisation », c'est-à-dire le rejet des tendances généralisées de précarité et de flexibilité du travail. De la part de l'UGTT, cette stratégie peut paraître paradoxale mais elle est logique dans la mesure où le syndicat unique défend avant tout ses membres et qu'il s'est toujours historiquement positionné en tant qu'acteur politique. Dans la lutte actuelle, l'UGTT a davantage été soucieuse de montrer sa force, de répondre à sa base et de s'imposer sur la scène politique pour compter et influer sur les rapports de force qu'elle ne s'est comportée en acteur social représentatif d'un intérêt général, attentif aux demandes populaires des manifestants. Cette pression immédiate sur certains secteurs plutôt que sur d'autres a donc accru les inégalités dans le secteur productif lui-même mais aussi et surtout entre ceux qui possèdent un emploi (qui ont vu leur situation s'améliorer) et ceux qui n'en ont pas. Par ailleurs, les augmentations de salaire dans la fonction publique et dans les sociétés publiques et parapubliques se font nécessairement au détriment d'autres utilisations budgétaires, par exemple des investissements dans les régions défavorisées. Là aussi, l'effet inégalitaire se trouve accru, ce qui ne veut pas dire que les revendications des salariés et des employés n'étaient pas légitimes et qu'elles ne répondaient pas, également, à des attentes exprimées lors de la révolte. Mais les jeux politiques et l'absence d'intermédiaires sociaux structurés pour les catégories sociales les plus défavorisées ont orienté l'ordre des priorités, et favorisé les demandes de ceux qui étaient les plus organisés, c'est-à-dire par définition les mieux insérés socialement, économiquement et politiquement. La question la plus importante, celle des emplois pour ceux qui n'ont rien, ou celle des conditions d'accès au marché du travail, s'est ainsi trouvée reléguée au second plan, et elle le reste. Le suggèrent aussi les vagues continues d'émigration, reflet d'une opportunité ouverte par le retrait provisoire et stratégique d'une police honnie, mais aussi et surtout d'une détérioration de la situation économique, avec la chute de la croissance (prévue aux environs de 1 % cette année au lieu des 4-5 % habituels qui produisaient déjà du chômage et des 9-10 % nécessaires pour absorber les entrants sur le marché du travail) et les conséquences désastreuses de la guerre civile en Libye.

Reconsidérer le modèle tunisien exige, en troisième lieu, que les modes de gouvernement soient altérés. La question est gigantesque et l'on ne peut ici qu'en évoquer les principaux aspects, mais elle est fondamentale tant les sentiments d'injustice et d'inégalité se sont également nourris de ces pratiques. Je ne peux ainsi revenir sur toutes les modalités du pouvoir qui s'est exercé en Tunisie depuis des décennies mais je rappellerai les principales d'entre elles, qui font l'objet de conflits et sont au cœur des rapports de force issus de la nouvelle situation politique.

Tout d'abord, le clientélisme partisan a structuré toutes les relations entre les autorités et la population, dans la vie politique mais aussi bien, pour ce qui nous intéresse ici, dans la vie économique et sociale. La disparition du RCD ne remet pas en cause la sociabilité et les modes de fonctionnement par réseaux qui ont assuré l'ancrage de l'État, de l'administration et du parti dans la société mais qui ont simultanément dessiné les lignes d'exclusion et d'inégalité. Le moment révolutionnaire entend remettre en cause cette prééminence mais rien n'est joué tant ces réseaux structurés se trouvent avantagés par rapport à des demandes diffuses et relativement partagées mais peu organisées. Les conflits entre « forces révolutionnaires » et « forces contre-révolutionnaires » (qui ne recoupent pas seulement les membres actifs du RCD mais également des pans entiers de l'UGTT, ceux qui étaient alliés au parti) prennent des formes classiques, à l'instar de la résistance dans les administrations ou le sabotage d'initiatives par instrumentalisation de certaines catégories du réseau clientéliste. Tel est le cas, par exemple, à Grombalia où la municipalité RCD résiste au comité de protection de la révolution en donnant des licences de commerce à de « gros bras » ou en poussant les éboueurs à faire grève. Mais ces conflits peuvent prendre des formes plus nouvelles et dangereuses comme l'illustre le jeu, de plus en plus courant, sur des conflits régionaux et tribaux. Ainsi en est-il dans les villes où des emplois sont créés (comme à Sfax) et où les dirigeants, dans une stratégie populiste, entendent privilégier les autochtones au détriment des allogènes souvent issus des régions les plus pauvres de Tunisie d'où est partie la protestation. Ainsi en est-il encore des grandes entreprises publiques qui tentent de définir des stratégies destinées à répondre aux demandes sociales (à la fois la création d'emplois et la fin de pratiques non transparentes de recrutement) qui se voient sabotées par une partie des forces en présence. Dans le Bassin minier par exemple, la Compagnie des Phosphates de Gafsa (CPG) entendait dès février 2011 créer 3 000 emplois et aider au lancement de petites activités productives. Cette stratégie n'a pour l'instant pu être mise en œuvre du fait de l'instrumentalisation de conflits sociaux fondés sur les clivages tribaux et de la poursuite de pratiques clientélistes, pourtant dénoncées et à la base de la révolte de 2008 et de 2010.

Ensuite, l'administration tunisienne a depuis l'indépendance été fortement politisée, suivant le modèle de la correspondance parfaite entre structure administrative et structure partisane : pour avoir un poste de responsabilité et monter en grade, il fallait faire allégeance au parti, c'est-à-dire en être membre ou se plier aux exigences du politique et de la hiérarchie partisane. Dans la mesure où la loi, toujours en vigueur, stipule qu'il faut avoir atteint tel grade pour pouvoir accéder à tel poste de responsabilité et surtout qu'est fait le choix de la stabilité, de la continuité bureaucratique, de la « modération » et de l'évitement du conflit, le renouvellement de la haute administration ne peut être réalisé. Concrètement, les postes clés et les fonctions dirigeantes sont toujours entre les mains de personnes liées au RCD ou qui, de toute façon, ont été formatées par l'ancien système. Dans ces conditions, on assiste parfois à une organisation d'une réelle résistance comme l'illustre la définition des listes des nouveaux gouverneurs, sous-préfets ou délégués et le plus souvent à une reproduction de comportements frileux, sensibles aux injonctions venues d'en haut, y compris en violation des règles de droit. Au niveau local, les situations sont fortement contrastées : certaines municipalités ont été démantelées tandis que d'autres sont entièrement restées aux mains de RCDistes. Mais, quelle que soit la configuration, le pouvoir de ces autorités est aujourd'hui quasi inexistant en termes de travail administratif et de vie économique et sociale tant les conflits entre révolutionnaires et contre-révolutionnaires sont puissants et généralisés. Quant aux gouverneurs, issus de la hiérarchie administrative et partisane antérieure, ils sont souvent paralysés par les tensions voire l'hostilité à leur encontre, et partagent un éthos bureaucratique qui les rend peu entreprenants en cette période d'incertitude. Cette situation pose problème dans la mesure où les pouvoirs locaux ne jouent pas leur rôle de relais auprès de la population, notamment dans les régions les plus déshéritées où les attentes sont immenses. Dans ces conditions, l'État apparaît toujours aussi éloigné de la population, distant, hiérarchique et inatteignable. En cela, les gouvernements transitoires successifs, y compris le troisième gouvernement dirigé par Caïd Essebsi, sont dans la stricte continuité des gouvernements précédents. Il est frappant que ni le Premier ministre ni aucun ministre ne se soient rendus dans les régions marginalisées ou n'aient rendu visite aux familles des martyrs. Même au niveau local, ces familles ou celles des blessés de villes comme Sidi Bouzid ou Kasserine, les plus fortement touchées par la violence de la répression, n'ont toujours pas été reçues par le gouverneur. Aucune structure d'écoute, d'analyse et de recueil des revendications n'a été mise en place, alors que les situations sont souvent dramatiques.

Enfin, le double paradigme du consensus et du choix de l'efficacité économique par une technocratie apolitique continue à caractériser les modes de gouvernement. En ce sens, on peut même affirmer qu'il n'y a pas du tout de changement de régime. C'est ainsi aussi qu'il faut comprendre l'immobilisme du gouvernement transitoire : en refusant d'affronter des oppositions et des conflits, y compris dans le domaine économique, le gouvernement se restreint lui-même dans son action. Aucun débat économique n'est organisé sur les orientations à choisir pour faire face aux revendications sociales, et les difficultés économiques actuelles sont elles-mêmes en partie occultées. On peut même dire que, d'une certaine manière, il y a refus du moment révolutionnaire dans la mesure où le politique est ouvertement récusé : le gouvernement ne veut prendre aucune décision qui pourrait susciter des tensions et des affrontements, il ne veut pas prendre position, optant pour la gestion des affaires courantes et la poursuite des orientations antérieures. Il va de soi que ces revendications d'apolitisme et cette posture technocratique sont très politiques : le fait même de ne pas débattre ouvertement des questions hautement politiques de l'injustice, de l'inégalité, des conditions d'accès à l'emploi, de l'alternative entre relance dans une tradition keynésienne et attachement aux grands équilibres macroéconomique témoigne de choix implicites mais forts qui sont un déni des demandes du mouvement social.

La situation actuelle se caractérise donc par une tendance à se focaliser sur « le politique » et à marginaliser les questions « économiques et sociales » au nom de la transition et des urgences de l'établissement des règles de vie en démocratie. Comme les développements précédents entendent le montrer, cette préférence est problématique dans la mesure où ces questions économiques et sociales sont des questions éminemment politiques qui seules peuvent répondre aux attentes, aux demandes, aux revendications de ceux qui ont porté la révolution. Pointer les paradoxes de la situation actuelle, les continuités avec la période antérieure, les évolutions problématiques, l'absence de réflexion n'est cependant pas conclure à l'échec de la révolution et à l'inéluctabilité de la restauration autoritaire, mais tenter de souligner au mieux les points d'achoppement, les conflits, les lieux de tensions et d'affrontements qui voient se dérouler les rapports de force et les combats entre dynamiques opposées. D'une certaine manière, tout ne sera jamais pareil puisque la peur a en partie disparu, le silence a été brisé et la parole déliée. Le débat peut désormais avoir lieu même s'il n'a pas encore pris racine dans la sphère publique tant les conditions de sa concrétisation sont difficiles à réunir. Mais il importe aussi de rappeler les conditions indispensables à une véritable rupture et à une réelle démocratisation : elles résident en grande partie dans l'économie politique du pays. Jusqu'à présent, les élites qui tentaient de préempter la révolution n'y sont pas parvenues du fait de la vigueur du mouvement social et de l'action d'encadrement qu'ont joué quelques groupes politiques certainement minoritaires mais structurés. Cependant, les pressions, les revendications et les décisions ainsi obtenues n'ont pour l'instant pas porté sur des questions économiques et sociales, rendant d'autant plus partielles et fragiles ces avancées. La décision prise par certains segments (opposés à la direction centrale) de l'UGTT, certains membres de la LTDH (Ligue tunisienne des droits de l'homme) et de leaders locaux du mouvement social de créer un Forum pour les droits économiques et sociaux et de fonder un parti travailliste représente peut-être un premier pas dans cette direction ; il est cependant loin d'être suffisant. Par ailleurs, le gouvernement ne semble pas avoir pris la mesure des frustrations et de la tension sociale, comme le suggèrent la tendance à la répression des manifestations depuis quelques semaines, et la décision de gérer le mécontentement par l'instauration d'un couvre-feu.

Birgit Mahnkopf

From Barcelona to the policies of neighborhood

Goals and consequences of the EU's economic and trade policy

Even though there are competing visions of the EU's territorial future, the most likely one is the "Empire of Europe". This vision consists of a radical hierarchical pattern of concentric rings. With a central core of direct rule, more or less identical with the pre-2004 member states and a second circle where domination over subject units is combined with some internal autonomy – for some of the member states which joined after 2004. Further there is a circle emerging where overlordship and indirect rule over dependent client states is established, while territories beyond the empire's sphere of influence, which are officially designed as "neighbors" also are supposed to form a "cordon sanitaire" around the EU against an unstable and threatening world. Today, the "ring of friends", actually a wider border zone of defense and trade relations to ensure security and the well-being of "fortress Europe", includes as many as 16 "neighboring countries", reaching from Belarus to Azerbaijan, Jordan and Morocco. These neighbors are denied rights to membership, but are expected to agree to act in common with the EU on filtering and limiting migration and will be rewarded by Deep and Comprehensive Free Trade Agreements (DCFTAs) in exchange for steps taken towards the consolidation of democratic reforms.

As it will be argued in this short paper, it is essential that the European Union rethink its relationship to the countries along the shores of the Mediterranean. But it is just as important for the southern neighboring countries to strengthen their mechanism for cooperation and coordination among themselves if they are to develop a positive relationship with the EU.

1. Policy of the EU towards its southern neighbors

Since the 1990s the EU has aimed at establishing a coherent foreign policy towards the countries in the North African and Eastern Mediterranean region. It introduced several initiatives such as the multilateral Barcelona Process of 1995 (also known as EU-Med Partnership), the European Neighborhood Policy of 2007, the intergovernmental initiative of a "Union for the Mediterranean" in 2008 and after the Arab uprisings in 2010-2012 a so called "New European Neighborhood Policy" (EC 2012a; EUROMED; Martin 2004).

In the mid-1990s the EU's Mediterranean policies were mainly fostering a "stability partnership" with the region's autocratic, yet western oriented Arab governments. Not surprisingly, normative goals such as the promotion of plurality and human rights had become marginalized items in the EU's foreign policy agenda. Even though some mutually beneficial economic and ecological projects were identified on the EU side, the most important project of this policy process was a Free Trade Zone planned for launch in 2010.

In 2004 the European Neighborhood Policy (ENP) framework was initiated as a geopolitical effort to promote economic modernization, rule of law and respect of human rights in the post-soviet countries of Eastern and Central Europe. Only because Spain and Italy insisted that the scope of ENP should be extended to the Arab states that policy approach also incorporated the very different "neighbors" in the Southern and Eastern Mediterranean. Therefore, in 2007 the Barcelona Process was proposed by the EU's Southern ENP; even though in 2008, the former European-Mediterranean Partnership (EMP) was re-launched as an intergovernmental initiative under the heading of a "Union for the Mediterranean" by French President Nicolas Sarkozy.

In contrast to EMP which emphasized the importance of "shared values", the ENP approach clearly centered on EU's interests. The EMP at least was intended to stimulate regional integration, while ENP clearly defines commercial interests as the main goal to be pursued. Following from this, the EMP encouraged cooperation both between the EU member states and Mediterranean countries as well as within the group of Southern partners. In contrast, in the ENP framework these goals were replaced with a center-periphery approach, in accordance with the EU's hierarchical pattern of concentric rings. The aim of ENP always was to surround the EU with a "ring of friends" with whom if would eventually share "everything but institutions".

Even though a wide range of political issues were also included (such as visa facilitation, transport policy and the fight against so called "illegal migration" and "terrorism") the EU considered the trade part of its "Association Agreements" with Ukraine, Moldova, and Georgia to be the most important one. The purpose of "Deep and Comprehensive Free Trade Agreements" (DCFTAs) offered to its eastern "partners" was to integrate them into the EU single market – with a limited access to the EU agricultural markets and to EU funds but without giving them any say in setting the common rules. For the eastern and central European countries the main motivation for signing DCFTAs was political; trade liberalization was seen as a first step towards full membership. Nothing similar was ever governing EU policy with regard to its southern neighbors. These partners never had a possibility or even an ambition to become EU member states. Further the "deep and comprehensive" free trade agreement in the EU-Med region to be set up by 2010 was not accompanied by any mechanism how to achieve this aim.

However, after the popular uprisings of 2010-2012, the EU found itself in a difficult position and attempted to adapt to the new situation with the development of a strategy for the southern region as a whole. In February 2011, the European Council declared its intention to support the transition process towards democratic governance and pluralism, improve opportunities for long-term prosperity and social inclusion and strengthen regional stability. This was supported by a joint communication of the European Commission and the EU's High Representative for Foreign Affairs and Security Policy (EC and High Representative of the EU for Foreign Affairs and Security Policy 2011a, b). But the measures, which had been adopted, were all based on the principle of "political conditionality", a principle which is associated in North Africa and elsewhere with IMF efforts to promote a neoliberal economic agenda. Following the "3Ms"-approach – *monetary* support aimed at giving aid in order to build up free market societies, increased *mobility* (for business people and students) and *market* access – "in exchange" for promising "deep democracy" including regular elections, freedom of association and expression, rule of law, fight against corruption and democratic control of security forces.

It was no surprise that the trade issue emerged to become the center piece of the EU's strategy towards the Mediterranean region. In spite of this, trans-Mediterranean trade accounts for less than 4 percent of the EU's external trade. However, in particular for resource poor and somehow EU-oriented countries such as Morocco and Tunisia, trade with the EU accounts for the majority of their exports; even for Egypt foreign direct investment and remittances flows from the EU are significant. Already by the mid-1990s, traditional ties such as those established in the Tunisian Association Agreement had already become conditional upon free market reforms, including the dismantling of manufacture tariffs, while getting only partial liberalization of agricultural produce given by the EU side in return. But the impact of liberalizing trade by reducing import and export barriers, opening up and deregulating markets, privatizing state-run industries, in combination with cutting back government spending have contributed to an economic and social crisis that triggered the popular uprising of 2010-2012.

Given this background, it might be asked: *first*, whether DCFTAs can be seen as a vital response to these uprisings, facilitating aims loudly voiced by the EU as social prosperity and democratization in North Africa, *second*, whether these agreements will help to diversify and modernize the manufacturing sectors in the region and foster regional integration. But before addressing the so far foreseeable impact of the DCFTAs on the EU's southern partners, it is important to recall the characteristics of EU trade policy and recent trends resulting from the "new trade agenda" which is dominating EU trade since the early 2000s.

2. The offensive trade agenda of the EU

Trade has always been an important objective of EU politics. Much of what has materialized in terms of economic integration within the EU was motivated by the idea that the removal of trade barriers (through the creation of a common market) will benefit growth and welfare.

Officially liberal trade theory underpins the conceptual framework of EU trade policy, but in practical trade policy, the strategy approach of the EU is inspired by mercantilism (Raza 2007) – with the aim to maximize the proceeds from external trade on the basis of fostering exports while restricting imports. Under this doctrine, the role of the state is to foster business opportunities for domestic enterprises abroad, while at the same time shielding particular businesses from international competition. Even though, the EU state bureaucracy still occupies a proactive role in dismantling of trade barriers of third countries, often via other political means such as aid and migration policy and in the promotion of exports, it often intervenes actively abroad in the interest of European based companies; in practice EU trade policy import restrictions are applied very selectively. Where domestic economic interests call for protection against competition (i.e. in some areas of the agricultural sector or in the public service sector), the EU is still operating with a high number of peak tariffs or refuses to open the respective sector to competition from abroad. In those areas where EU companies seek to improve market access (including most manufactured goods and most service sectors) the EU's regulatory agenda aims at the deregulation of other national regimes with regard to investment, government procurement and intellectual property rights protection.

Meanwhile, with the WTO negotiations tracking behind initial EU expectations and with the accession of China to the WTO causing dwindling competitiveness of EU (and US) companies, the EU industry lobby groups lost interest in multilateral agreements. Thus the EU actors reconsidered their strategic approach and shifted towards the bilateral track in order to pursue further market opening. With its new strategy "Global Europe – competing in the world" launched in 2006, the EU became a pioneer of liberalization beyond the WTO. The strategy aims to reduce tariffs and non-tariff barriers further. It is focusing on the necessity to "import to export", meaning required access to resources in order to be able to produce goods and services. Further "stable and diverse (energy) sources" as well as intellectual property rights (held by European transnational corporations) should be secured; the liberalization of trade in services was to be fostered and investment conditions and opportunities in public procurement be improved (Mahnkopf 2008).

The objectives of the new trade agenda of the EU are *first*, to improve the external competitiveness of European corporations through "regulatory convergence" with most if its trading partners; *second*, the European Commission wants to listen to non-European corporate interests even before making decisions (on environment, health, social regulation) which are "affecting the market"; *third*, access to natural resources of developing countries has a "high priority". In its new trade strategy the EU distinguishes between different types of "target countries". A first group consists of countries with a considerable economic size and growth potential but with extensive trade barriers in place against the EU imports and investors; this is a criteria relevant for the ASEAN countries, India, South Korea, the Andean Community of Nations and Central America. With regard to its former colonies in Africa, the Caribbean and the Pacific, the most relevant criteria for bilateral trade and investment agreements with the EU is securing access to strategic raw materials and protecting EU investments therein. For the third group of "target countries", namely the Mediterranean countries, market liberalization for European service providers and investors seems to be the most relevant criteria for the conclusion of trade and investment agreements (EC 2006).

In this context, we might ask whether the DCFTAs to be negotiated with southern and eastern Mediterranean countries have the potential to meet the expectations of the southern neighbors with regard to their development potential (Zaafrane / Mahjoub 2007).

3. A critical assessment of the "Deep and Comprehensive Free Trade Agreements" under negotiation with southern partners

One thing at least can be taken for granted: the DCFTAs will go far beyond tariffs. Their main purpose is to combine further liberalization in manufacturing with the opening of service sectors and the harmonization of the regulatory environment along EU interests and standards, including such diverse fields as sanitary and phytosanitary issues, technical regulation, customs procedures, public procurement and competition and the protection of intellectual property rights. All these areas are seen as "non-tariff" barriers to trade or so-called "behind the border provisions" which should be eliminated. Therefore, liberalization in these areas would require very substantial efforts to change the legislation of the Mediterranean countries and develop means to implement and enforce it.

The EU claims that further tariff dismantling, service liberalization and the state's adoption of the EU "aquis communautaires" concerning customs regulation as well as sanitary and environmental standards in the production processes will have beneficial consequences for the partners in the South.

The treaty promises "deep liberalization": *first* greater foreign direct investment into the region; *second*, lower consumption prices of imports flowing from EU destinations, as cheaper EU goods will outcompete more expensive local products; and *third*, local people will benefit from a number of the environmental and hygienic impacts.

In contrast to these promises, empirical evidence from an "Independent Sustainability Impact Assessment" (SIA) of the Euro-Med Free Trade Agreement, commissioned by the EU in 2008, confirms that DCFTAs between the EU and its southern partners could easily destabilize the economic base of the latter (EC-DG Trade 2013; Langan 2014). A number of adverse impacts of the free trade agenda were identified which include: a loss in employment and increasing unemployment with an accompanying downward effect on wages and a further mushrooming of the informal economy; a loss of state revenues with potential for consequent social impacts through reduced social spending on health, education and social support programs; large increases in imports and a steady decline in domestic production of textiles and clothing, leather and footwear but, most importantly, also food production. Further environmental damages in particular due to accelerated urbanization including impacts on water resources, soil fertility and increased pollution levels were expected. The only positive impact the independent report was able to identify refers to the imports of cheap products – which consumers would be able to buy only if their demand will not be weakened due to unemployment.

But, as mentioned earlier, DCFTAs with the Mediterranean countries are supposed to go far beyond a "normal" free trade agreement. Therefore, we should devote particular attention to "behind the border provisions": *First*, the required protection of *intellectual property rights* could make the products these countries are depending on, much more expensive. *Second*, the intended *liberalization of services* is a hot topic, since services are a potential driver of economic growth and employment. However, in the area of tourism, telecommunication and financial services EU companies do have competitive advantages. Therefore, trade unions and employees in the affected countries might be confronted with a decrease in social and labor standards. *Third*, the issue of *government procurement* which is very important to support local industries and increase employment in the region is also a hot topic important for industries from Europe aiming to access foreign public contracts. However, public procurement would be very important to support local industries and increase employment in the region. But the EU has adopted an approach that is denying their trading partners the right of sovereignty to use protectionist principles (i.e. the imposition of local content requirements) to promote industrial and general socio-economic development. With rules established which enforce "non-discrimination" in competition laws, the Southern partners will be forced to open competition for public procurement to EU companies.

The WTO estimates that on average government procurement contributes 10-15 per cent to GDP of an economy, making it a "significant market and an important aspect of international trade" (WTO: n.d.). In this light, the following quote might illustrate the EU's interest in government procurement as a trade policy matter:

> Most public procurement markets in third countries remain closed to EU business (…). It is important (…) to ensure that businesses in sectors where it has a so-called 'offensive interest' can access foreign procurement markets (…). The opening of procurement markets in several of the EU's trading partners has been prevented by strong national agendas driven by domestic pressures from sectors that have been sheltered from international competition for years ('protectionist hysteresis') and in emerging economies by the desire to climb up the industrial technology ladder ('infant industry argument') (EC 2012b: 10-14).

Thus, it is very unlikely that there will be positive trade benefits for the Mediterranean countries since they lack the capacity to tap into the "reciprocal nature" of the agreement to tender in EU markets to supply governments with goods and services. At the same time most would lack the capacity to compete with foreign suppliers in their own domestic markets.

One might point to the fact that the DCFTAs incorporate only a "framework" which emphasizes transparency of government procurement, as opposed to required commitments. In fact any commitments would have to be negotiated bilaterally. But based on experience with other bilateral negations on EU FTAs, it is in the bilateral negotiations that individual countries come under overwhelming pressure to make commitments beyond "transparency". Considering asymmetric power relations and with at least some of the southern countries being heavily interested to retain access to EU markets, it is likely that the government procurement agreement would be extended on a de facto basis through the bilateral ratification process. Rights of reciprocity will provide little meaningful benefits for industries from these countries to compete in foreign markets.

The EU trade and investment agenda does not only seek nearly-full reciprocity in the liberalization of trade and services and the elimination of the so-called non-tariff barriers. Under the pressure from the DCFTAs requirements concerning *investment protection*, numerous measures and policies in the southern region may come under pressure. The EU seeks a maximum of investment protection for transnational corporations including unlimited capital and profit transfer from all areas and investor-friendly bilateral investment treaties with dispute settlement mechanisms in place which include the right to challenge public interest (re)regulations, environmental, energy, health policies and policy related to economic crisis. All these policies can be challenged under the existing 74 Bilateral Investment Treaties (BITs) already in existence between Jordan, Egypt, Tunisia, Morocco and individual EU member states.

Already today, some of these countries are confronted with claims and awards over profit lost because of policy changes in the course of the popular uprisings: Egypt is facing several arbitrations from companies that the government clamped down on for alleged corruption dealing with the former Mubarak regime (TNI 2013). But Tunisia might also face investor-to-state arbitration because foreign investors could claim that they are not granted the same rights as national ones – i.e. in the agricultural sector. Also foreign equity shareholdings in the Tunisian service sector are limited and the allowance of foreign investment in state monopoly activity (in electricity, water and postal services) is restricted on special establishments or concession agreements. A similar situation is apparent in Morocco, where private ownership in the sensitive sector of phosphate mining is not permitted and in Jordan, where not all sectors are open to investment – due to the state monopoly in energy, water and parts of the agricultural sector on which food security depends. In Egypt the required joint venture in upstream oil and gas development, existing restrictions on capital transfer, the ceiling of foreign ownership of insurance capital or the prohibition of individual ownership of agricultural land – all could be seen as not granting foreign investors the same rights as national economic actors. In addition, already today foreign investors see the Moroccan national labor regulation as "too rigid", therefore they are pressing for new regulations to lay-off staff more easily and to employ more foreign personal. In Egypt the labor laws are seen as preventing foreign companies from hiring more (than the allowed 20 percent) of non-Egyptians (see also Dimitrovova/Novakova 2015).

It is very likely that the number of arbitration cases will increase as soon as a country will enact new social and economic policies in response to popular discontent. If transnational corporations are granted the right to sue governments before international investment tribunals over policy measures that potentially damage their profitability, it will become difficult for a government to take measures to ensure employment and training opportunities for local workers or to insist that incoming investment contribute to local development objectives. In this context, while negotiating DCFTAs with the EU, the group of so called Agadir countries might be interested to revise the content of their old BITs with the individual EU member states and bring their provisions in line with their political, social and economic development objectives. Some EU civil society organizations already are campaigning for this. But any rebalancing of investors' rights with obligations relating to investor behavior will be opposed by the EU member states because it will be seen as "reduction from protection" currently offered by their own BITs.

To put it in a nutshell: DCFTAs are said to be focused on solving the problems the EU's Southern neighbors are facing today. EU trade policy, however, is oriented first and foremost towards the ends of EU-based transnational corporations and their dominant aim is to liberalize and deregulate foreign markets insofar as possible. For the southern partners of DCFTAs this easily might translate into quite negative developments: *Firstly*, manufacture might be undermined in the region as a lowering of tariffs is expected to lead to greater flows of imports of manufactured goods from the EU, thus displacing jobs in domestic sectors which will not be able to compete; imports flooding from the EU might especially compete out small and medium sized corporations. *Secondly*, continued tariff reductions in the manufacturing sector will diminish a significant source of government income. *Thirdly*, job displacement in the manufacturing sector will not be offset by increasing numbers of opportunities in agricultural production; since the EU Common Agricultural Policy (CAP) will remain in place, ensuring that agricultural production in the Maghreb countries will remain hampered by the stringent character of the EU's defensive regulation (Martín 2004).

Furthermore, the countries' alignment to the stringent "aquis communautaire" of the EU instructions can be viewed with great concern. Arguments referring to the benefits of agricultural trade liberalization usually refer to growth in Gross Domestic Product (GDP) through extended market access, increases in farmers' welfare through income growth and the elimination of poverty in rural areas. However, liberalization may also cause huge losses of income for small-scale farmers and threaten food security, something most of the Arab countries already have experienced. Thus *fourthly*, most important are concerns that further liberalization will also worsen current social inequalities and political tensions.

Certainly, the effects of trade liberalization differ from one country to another in terms of their macroeconomic conditions, domestic policies and reform areas and agriculture is one of the delicate fields in this context. However, recent experience shows that liberalization of markets in developing countries has not been as beneficial as expected. Only if groups of states are very active in the regulation and in the implementation of FTAs with a strong focus on its distributional effects, can the Free Trade Agreements have some benefits for the smaller and weaker economies. But since the EU is keen to negotiate bilateral agreements with its individual partners, it is more likely that *fifthly* the DCFTAS would not only increase the trade deficit of many of these countries but might even further weaken regional integration at the Southern and Eastern shore of the Mediterranean.

Conclusion

Within the new EU ENP with North Africa (and MENA) countries certainly some carrots are offered – such as financial support for governments and civil society organizations. But these "carrots" are inadequate to meet the expectations of new governments in the region. Financial resources and technological cooperation are still insufficient to support government needs for large scale infrastructure development and in the urgently needed move towards sound models of economic, social and ecological transformation.

Even worse, with regard to the non-tariff issues included in the DCTFAs, all impacting on the sovereignty of national governments in the region, carrots will come together with a stick and this will not help to push the countries towards a sustainable and equitable development model.

On the other hand, the idea that an EU-Med area will be centered on Europe is less convincing than before. The EU simply has to adapt to a new geopolitical reality of the region. It is still relying on its "ring of friendly" countries. But if this ring is set on fire, it will not function to protect the center as it has done so far. Therefore, the EU should have a major strategic interest to question whether the Mediterranean is "mare nostrum", a space where only sharing, learning, communication and cooperation – but not distance, domination, competition and the use of force will help to find solutions for problems emerging on both shores of the sea. Stronger intra-regional cooperation in North Africa would be important not only for the region itself but also for stability and security that the Europeans can no longer pretend to supply themselves.

No question, throughout the region there is a need to increase social investment in order to deal with the growing frustration of the populations. Given the importance of public investments for human rights and inclusive development, it is imperative that the governments of the southern neighbors explore all possible alternatives to expand the fiscal space. Thus EU trade policy should allow the southern neighbors to increase tax revenues (on high incomes, corporate profits, property and natural resource extraction), to eliminate illicit financial flows and also to restructure and re-negotiate existing debts – as essential preconditions to finance social programs which could expand social security coverage for all the people, including those depending on informal economic activities.

Bibliography

Behr, Timo (2012): "The European Union's Mediterranean Policies after the Arab Spring: Can the Leopard Change its Spots?", in: *Amsterdam Law Forum*, Vol. 4/2, pp. 76-88.

Dimitrovova, Bohdana / Novakova, Zuzana (2015): "Re-thinking the EU's development paradigm: views from Morocco and Tunisia" http://epc.eu/documents/uploads/pub_5163_re-thinking_the_eu_s_development_paradigm.pdf.

EC (European Commission) (2006): *Global Europe Competing in the World. A Contribution to the EU's Growth and Jobs Strategy* {SEC (2006) 1228} {SEC (2006) 1229} {SEC (2006) 1230} /* COM/2006/0567 final */ http://eur-lex.europa.eu/legal-content/EN/TXT/?uri=celex:52006DC0567.

EC (2012a): *Impact Assessment: Accompanying the document "Proposal for a* REGULATION *OF THE EU PARLIAMENT AND OF THE COUNCIL establishing rules on the*

access of third country goods and services to the European Union's internal market in public procurement and procedures supporting negotiations on access of European Union goods and services to the public procurement markets of third countries
http://trade.ec.europa.eu/doclib/docs/2012/april/tradoc_149334.pdf.

EC (2012b): *The European Neighborhood Policy*. Website Electronic Resource, available from:
http://ec.europa.eu/world/enp/index_en.htm

EC-DG Trade (2013): "Trade Sustainability Impact Assessment in Support of Negotiations on a DCFTA between the EU and Tunisia", Final Report
http://trade.ec.europa.eu/doclib/docs/2013/november/tradoc_151923.pdf.

EC and High Representative of the EU for Foreign Affairs and Security Policy (2011a): *A Partnership for Democracy and Shared Prosperity with the Southern Mediterranean*, COM 200 final, Brussels, 08/03/2011.

EC and High Representative of the EU for Foreign Affairs and Security Policy (2011b): *A New Response to a Changing Neighborhood. A Review of European Neighborhood Policy*, COM 303, Brussels, 25/05/2011.

EUROMED: "European Neighborhood and Partnership Instrument (ENPI)", Regional Strategy Paper (2007-2013) and Regional Indicative Program (2007-2010) for the Euro-Mediterranean Partnership
http://eeas.europa.eu/enp/pdf/pdf/country/enpi_euromed_rsp_en.pdf.

Langan, Marc (2014): *Normative Power of Europe in the Maghreb: A Moral Economy Perspective on the Deep and comprehensive Free Trade Agreements*, Leeds, Leeds Metropolitan University
http://papers.ssrn.com/sol3/papers.cfm?abstract_id=2487106.

Mahnkopf, Birgit (2008): *EU Multi-level Trade Policy: Neither Coherent nor Development-friendly*, Global Labor University, Working paper No. 2/2008
http://www.global-labour-university.org/fileadmin/GLU_Working_Papers/GLU_WP_No.2.pdf.

Martín, Iván (2004): "The Social Impact of the Euro-Med Free Trade Areas: A First Approach with Special Reference to the Case of Morocco", in: *Mediterranean Politics*, Vol. 9/3, pp. 442-458.
http://library.fes.de/pdf-files/gurn/00030.pdf.

Raza, Werner (2007): "European Union Politics: Pursuit of Neo-Mercantilism in Different Fora?", in: Blaas, Wolfgang / Becker Joachim, *Strategic arena switching in international trade negotiations*, Hampshire / UK, Ashgate, pp. 67-140.

TNI (Transnational Institute) (2013): "The EU trade and investment agenda: quashing the aspirations of the Arab Spring?"
https://www.tni.org/files/download/arab_dcftas-webcorrect.pdf.

WTO (n.d.): "WTO and Government Procurement"
https://www.wto.org/english/tratop_e/gproc_e/gproc_e.htm.

Zaafran, Hafedh / Mahjoub, Azzam (2007): "The Euro-Mediterranean free trade zone: economic challenges and social impacts on the countries of the south and east Mediterranean", in: *Mediterranean Politics*, Vol. 5/1, pp. 9-32.

2.

The critical perception of the free trade agreements by Tunisian, Moroccan and Algerian researchers

La perception critique des accords de libre-échange par des chercheurs tunisiens, marocains et algériens

Bilanz der Freihandelsabkommen mit der EU aus tunesischer, marokkanischer und algerischer Sicht

Sami Aouadi

Les relations commerciales tuniso-européennes
Nouveaux défis

Ces relations étaient bien entendu historiques et privilégiées dans ce sens où la Tunisie profitait, sur les marchés européens, de traitements tarifaires préférentiels et non réciproques, prévus dans des accords préférentiels comme celui de 1976 régissant, à l'exemple d'autres accords régionaux dans le monde, les échanges entre la Tunisie et l'UE. Cependant, les régimes commerciaux unilatéralement préférentiels étaient devenus anachroniques et incompatibles avec les nouvelles règles du libre-échange adoptées à la suite de l'aboutissement des plus longues négociations commerciales multilatérales de l'Uruguay Round qui ont débouché sur l'accord de Marrakech du 15 avril 1994. Cet accord, qui a balisé la voie pour la naissance de l'Organisation mondiale de commerce (OMC) à la place du GATT, fait du libre échangisme la doctrine qui régit les relations commerciales entre les 125 pays signataires et exige le respect d'une discipline rigoureuse lors de la mise en œuvre de ses dispositions. Toutefois, les pays, dont les relations commerciales sont régies par des accords d'union douanière ou de zone de libre-échange (ZLE), ne sont pas tenus à la stricte observance de ces règles, et particulièrement, de la clause de la nation la plus favorisée présente dans les accords du GATT et de l'OMC et qui stipule que tout avantage commercial consenti à un pays par un autre doit être étendu à la totalité des pays signataires. Ainsi, la création d'une ZLE, à l'exemple de celle qui lie la Tunisie et l'UE depuis 1995, constitue une dérogation à l'automaticité de cette clause et se présente comme une perspective, voire une issue de sortie pour les pays incapables d'assumer le respect des règles strictes du libre-échange.

1. Le contexte et les raisons de l'accord de libre-échange tuniso-européen de 1996

- Pour les Européens, l'accord s'inscrit parfaitement dans la logique de leur politique à l'égard des pays tiers méditerranéens (PTM). Cette politique dite « politique méditerranéenne rénovée », visait la création d'un large espace méditerranéen dit de partenariat. Cette instauration s'est traduite par la conclusion d'accords de libre-échange avec une douzaine de PTM. Elle permet, par là même, à l'UE, de faire face à la concurrence de pays signataires des accords de Marrakech qui ambitionnent de conquérir le marché des pays tiers méditerranéens et offre à ses propres entreprises de nouvelles opportunités d'exportation, à l'abri de la concurrence d'autres firmes étrangères : le démantèlement tarifaire au bénéfice des seuls produits européens, les rend plus compétitifs et les fait bénéficier d'un double effet, effet de création et effet de détournement de trafic.

- La conclusion de l'accord, étudiée à la lumière des motivations de la Tunisie, pourrait donner lieu à une double interprétation. La première lecture considère l'accord comme un choix délibéré de la Tunisie qui lui permet d'envisager avec confiance un nouveau palier de développement après 10 années d'ajustement structurel, d'équilibres macroéconomiques rétablis, d'un marché largement déprotégé, d'une économie profondément libéralisée et ce, dans le cadre d'une enviable stabilité sociale et politique. La seconde interprétation est toutefois plus nuancée, elle consiste à interpréter cet accord comme une manière de gérer les contraintes extérieures. En fait, la Tunisie comme tous les pays en voie de développement (PVD) ne peut, d'un côté, continuer à bénéficier des régimes préférentiels unilatéraux en raison des nouveaux principes du GATT. D'un autre côté, elle est particulièrement dépendante des marchés européens si bien que la seule alternative qui lui échoit est un alignement sur la politique européenne dans une conjoncture internationale si difficile que chacune des grandes puissances économiques mondiales, les USA, l'UE et le Japon cherche à renforcer sa zone d'influence en concluant des accords avec ses voisins.

En fait, l'économie tunisienne est quasi totalement dépendante des marchés européens. Les données de l'époque (celles de 1994) l'illustrent fort bien : 79 % des exportations et 72 % des importations se font avec l'UE, 500 000 Tunisiens y vivent et les transferts de leurs revenus (en espèces uniquement) vers la Tunisie représentent avec 430 M.D. 80 % de l'ensemble des transferts extérieurs, 90 % des touristes visitant la Tunisie sont européens, etc. (Aouadi 2000)

2. Quelques éléments de bilan de l'accord de 1996

On reconnaît, globalement, que cette ouverture sur l'Europe avait occasionné des pertes fiscales cumulées pour le budget de l'État, estimées à environ 4 000 M.D sur les 12 années postérieures à la conclusion de l'accord, passant de 75 M.D au moment de l'entrée en vigueur de l'accord à environ 800 M.D la dernière année. Mais il ne faut pas perdre de vue que cette perte fiscale a été compensée par une baisse du coût des marchandises pour les entreprises importatrices. On reconnaît également que l'exposition à la concurrence européenne, subie par les entreprises tunisiennes, a mis à mal celles qui n'ont pas su s'adapter à ce nouvel environnement et qu'elle a porté préjudice à l'emploi et au tissu industriel. Mais les acteurs politiques étaient convaincus que l'adoption d'un programme de mise à niveau (P.M.N.), comme mesure d'accompagnement de la restructuration industrielle qui s'imposa, viendrait à bout de ces difficultés en permettant aux entreprises tunisiennes de se mettre au niveau des standards internationaux en termes de qualité et de compétitivité. Les entreprises défaillantes n'auraient pas été abandonnées non plus. Elles auraient été assistées dans le cadre d'un autre programme, celui des entreprises en difficulté mis sur pied par le ministère de l'Industrie de l'époque.

En outre, les milieux officiels soutenaient à l'époque que la ZLE engendrerait globalement une croissance additionnelle de 3 % selon l'étude faite par la Banque mondiale (Banque mondiale 1995), et comporterait un effet d'annonce qui ne manquerait pas d'attirer de nouveaux investisseurs européens. Bref, pour les officiels tunisiens, la ZLE est une nécessité, voire une chance. Les coûts qu'elle occasionnerait sont tout à fait compensables par les avantages qu'elle offrirait comme le suggèrent les experts de la Banque mondiale : « Les coûts de l'ajustement sont en général positivement corrélés avec les gains en bien-être » (Rutherford *et al.* 1995).

Toutefois, ce point de vue optimiste n'était pas la chose la mieux partagée en Tunisie : les milieux d'affaires étaient, bien entendu les premiers détracteurs de l'accord : ils éprouvaient déjà des difficultés à faire face aux impacts de la libéralisation partielle des importations concurrentielles. Ils avaient annoncé à l'époque que le démantèlement tarifaire en faveur des produits concurrentiels européens, compte tenu de son calendrier et de l'avantage qu'il implique pour les entreprises importatrices, allait avoir des répercussions négatives sur l'économie nationale, comme la « menace de disparition de 30 % des entreprises existantes, dont 58 % du tissu industriel national et la perte de quelque 120 000 emplois ».

Enfin, d'autres impacts négatifs de l'accord étaient craints, et ces craintes se sont trouvées justifiées comme :

- l'effet sur les prix intérieurs : la baisse des coûts des produits importés en raison du démantèlement – n'aurait pas produit des surplus auprès des producteurs et des consommateurs car l'État avait compensé la détaxation des importations, par une taxe intérieure à la consommation ;
- l'effet sur les finances publiques : la baisse des recettes douanières (30 % des recettes propres du budget de 1993), en raison du démantèlement tarifaire, a aggravé le déficit budgétaire que l'État n'arrive pas déjà à maîtriser (JORT 1995) ;
- l'effet sur les équilibres extérieurs : comme les termes de l'accord ne comportaient pas d'améliorations pour les exportations et

favorisaient uniquement les importations, celles-ci ont été à l'origine d'un effet de détournement de trafic au profit des produits européens et au détriment des produits du reste du monde non concerné par la ZLE, alors que l'effet de création n'a pas eu lieu, ce qui fait que les déséquilibres extérieurs de la Tunisie ont été aggravés ;

- l'effet sur l'emploi : en raison des risques de disparition de certaines entreprises et de la tendance à la compression des effectifs pour réduire les coûts de production et réaliser des gains de productivité, le taux de chômage a grimpé à 14 % au terme de l'accord en 2008.

3. Le nouveau projet d'accord de libre-échange complet et approfondi (ALECA)

L'ALECA est pour la Politique européenne de voisinage (PEV) ce que fut la ZLE pour la Politique euro-méditerranéenne (PEM) : la véritable déclinaison pratique et opérationnelle de la politique commerciale que l'UE demande aux pays de sa zone d'influence d'appliquer, avec l'ouverture tous azimuts de tous les secteurs qui avaient échappé à la ZLE au milieu des années 1990, c'est-à-dire l'agriculture, les marchés publics et le reste des services.

Il s'agit d'une autre fuite en avant de l'UE alors qu'une quasi-unanimité est presque faite sur l'échec de la PEM et de son objectif relatif à la création d'une grande zone de prospérité partagée, rien qu'au regard de la contestation sociale dont le rythme allait crescendo, en Tunisie, au Maroc, en Syrie, en Jordanie, en Égypte, etc. Malgré les effets néfastes des ZLE, tant sur les recettes budgétaires dont les baisses ont été souvent compensées par des baisses conséquentes des transferts sociaux, que sur la survie de pans entiers des tissus productifs et des emplois faute d'une préparation adéquate pour affronter la concurrence des firmes européennes, l'UE maintient dans sa politique commerciale extérieure une logique politique hégémonique et une logique économique strictement commerciale, voire mercantile.

C'est ainsi que les pays de la rive sud de la Méditerranée sont appelés – dans le cadre de ce projet d'ALECA, de prendre des mesures des plus libérales auxquelles ni les structures économiques ni les opérateurs ne sont préparés.

L'ALECA « dépasse, dans son champ d'application, les aspects tarifaires pour toucher les aspects non tarifaires, particulièrement ceux liés à l'accès au marché, à savoir les mesures tarifaires, les mesures sanitaires, les mesures liées au droit de la propriété intellectuelle ainsi que celles liées au droit de la concurrence ».

Cet accord va également englober des dispositions portant sur la protection de l'investissement alors que le dernier aspect portera sur les questions relatives au secteur du commerce et touchera des aspects horizontaux, comme la concurrence et les marchés publics.

4. Quelques considérations stratégiques pour la Tunisie

- La première priorité pour la Tunisie est la conception, d'une manière concertée et participative, d'une stratégie de long terme que l'on pourrait décliner en deux plans quinquennaux balisant les contours du modèle de développement alternatif à opposer au modèle néolibéral des institutions de Bretton Woods que les deux principaux partis de la coalition au pouvoir ont promis aux Tunisiens durant leurs campagnes. Aussi, est-il inopportun d'arrêter des politiques sectorielles comme la politique commerciale extérieure ou des outils de politique économique comme le code des investissements ou le PPP avant d'être fixés sur les grands nouveaux choix inhérents au nouveau modèle de développement attendu.
- En outre, la Tunisie devrait être favorable à d'autres offres. Accorder l'exclusivité du libre-échange à l'UE et ne pas en démordre pourrait être une impardonnable erreur d'appréciation dont souffriraient nos entreprises.
- Au préalable, il y a un grand besoin de procéder à une évaluation scientifique et indépendante des effets produits par la ZLE sur l'économie et la société tunisiennes
- L'ALECA semble faire l'économie d'une étude indépendante multidimensionnelle de ses impacts sur l'économie et la société tunisiennes. Une telle étude indépendante est indispensable pour ne pas tomber dans le piège d'études tendancieuses comme celle de la Banque mondiale faite pour la ZLE en 1995.
- L'ouverture des marchés publics aux firmes européennes risque de porter un coup de grâce au secteur Bâtiments Travaux publics (BTP) tunisien et à ses centaines de milliers d'emplois
- L'agriculture tunisienne n'est guère préparée à s'ouvrir sur des opérateurs qui ont été durant de longues années assistés par leurs gouvernements dans le cadre de la politique agricole communautaire (PAC) alors que nos agriculteurs ont été les exclus des politiques incitatives et de mise à niveau quand ils n'étaient pas carrément pénalisés par des blocages de prix ayant induit des transferts sectoriels négatifs au détriment des agriculteurs tunisiens. Une politique préalable volontariste de zoning qualitatif agricole, de liquidation des problèmes fonciers, d'apurement de l'endettement des agriculteurs, de désenclavement des voies de communication et de lutte contre la précarité infrastructurelle s'impose avant toute ouverture à la concurrence.
- Les domaines soumis à la demande d'ouverture des marchés et de déréglementation offrent de nouvelles opportunités d'investissement et surtout de commercialisation, de manière certes réciproque, mais

sont hors d'atteinte des firmes tunisiennes, incapables de tenir devant les FMN européennes.

- Au terme de cet accord, l'État tunisien se trouverait dépouillé de tout pouvoir de régulation économique, tant au niveau des aides à accorder aux entreprises qui produiraient des distorsions économiques dues à l'interventionnisme, qu'en termes de politique sociale puisque toute intervention à caractère social serait assimilée à du dumping social.
- L'ALECA ne traduit que la détermination des firmes européennes à faire abroger les lois encore en vigueur destinées à protéger notre marché et ignore d'autres aspects, tels le transfert de la technologie, la recherche scientifique, les nouveaux métiers, la bio-économie ; comme elle ignore la libre circulation des personnes.

Bibliographie

Aouadi, Sami (2000) : « L'accord de libre-échange, tuniso-européen et les contraintes du libre-échangisme mondial », in : *Revue Tunisienne d'Économie*, n° 8.

Banque mondiale (1995) : « Accord euro-méditerranéen établissant une association entre les communautés européennes d'une part et la République tunisienne d'autre part », version finale.

Journal officiel de la République tunisienne (JORT) (1995) : Loi n° 95-109 du 25 décembre 1995, portant loi de finances pour la gestion 1996.

Rutherford, Thomas Fox / Rutström, Elisabet Eva / Tarr, David G. (1995) : « L'accord de libre-échange entre la Tunisie et l'UE », rapport final, Banque mondiale, 2 mars 1995.

Azzam Mahjoub

La politique économique européenne vis-à-vis des pays de la rive sud de la Méditerranée

Une critique de l'Accord de libre-échange complet et approfondi (ALECA) de la Tunisie avec l'UE

Introduction

La Tunisie connaît un processus de transition démocratique authentique plutôt réussi, quand bien même il a été, et il est toujours encore heurté, contrarié, menacé sur les plans sécuritaire et socio-économique ; ce processus est en cours de consolidation. La Tunisie affronte de ce fait plusieurs défis : sécuritaires évidemment, mais aussi socio-économiques, compte tenu du fait que les slogans lancés lors des premières manifestations, ayant conduit à l'éviction, en 2011, de l'ex-dictateur, portaient sur des revendications en rapport avec la liberté, la dignité et la justice sociale. Les insurgés de 2011 insistaient plus particulièrement sur une revendication centrale, la satisfaction des droits économiques et sociaux, comme le droit au travail et le droit au développement pour les régions marginalisées de l'intérieur. C'est à l'aune de ce contexte que nous allons évaluer l'offre européenne portant sur un accord de libre-échange complet et approfondi (ALECA) avec la Tunisie.

Des négociations ont été amorcées depuis, rencontrant, il faut quand même le préciser, des réticences et des pesanteurs au niveau officiel, et une contestation voire un rejet de nombre d'organisations de la société civile (cf. la déclaration de 2016).

Le présent article est d'une certaine manière la synthèse d'une étude réalisée récemment en collaboration avec Ziad Saadaoui (L'impact de l'ALECA sur les droits économiques et sociaux en Tunisie), à la demande du réseau euro-méditerranéen des droits de l'homme (Tunis), qui se proposait d'évaluer l'impact probable de cet accord sur les principaux droits économiques et sociaux (Mahjoub/Saadaoui 2015).

Il est nécessaire, pour ce faire et, pour baliser le terrain, de définir d'abord l'ALECA, d'évaluer ensuite les risques, les coûts, mais aussi les opportunités et les avantages d'un tel accord, de réfléchir enfin sur une nouvelle vision des relations commerciales entre la Tunisie et l'UE pour dépasser l'approche traditionnelle en vue d'améliorer l'accord et d'entrevoir les modalités à même de permettre à l'UE, en tant que partenaire privilégié de la Tunisie de l'adapter aux besoins actuels de notre pays.

1. Qu'est-ce que l'ALECA ?

L'ALECA est un accord de libre-échange complet dans la mesure où il touche, en plus de l'industrie, objet d'un accord de libre-échange conclu en 1995/1996, l'ensemble des secteurs productifs, y compris l'agriculture et les services.

Cet accord de libre-échange est approfondi dans la mesure où il n'est plus limité, comme l'accord d'association précité, au démantèlement des tarifs douaniers et qu'il s'étend désormais à la levée des mesures dites non tarifaires.

Il s'agit, en fait, de faire converger l'acquis communautaire, c'est-à-dire ce socle commun de droits et d'obligations, qui lie l'ensemble des États membres de l'UE et qui couvre l'ensemble des traités, législations, actes de la politique étrangère, actes des affaires étrangères, accords internationaux, etc. et la législation tunisienne. Ces dispositions communes concernent, pour le commerce extérieur, l'ensemble de toutes les mesures à caractère législatif, réglementant et facilitant à la fois le libre-échange, à l'exclusion des droits de douane, démantelés parce que considérés comme des obstacles au libre commerce entre les partenaires. Il s'agit, comme indiqué dans le tableau suivant, d'abord des normes techniques dont la codification vise à favoriser le libre-échange et à lever les obstacles techniques qui l'entravent. Ces standards de l'UE sont, par exemple, relatifs à la conformité technique des produits aux conditions sanitaires (nécessaires pour la protection de la santé publique et la sécurité des denrées alimentaires) et phytosanitaires (indispensables pour la santé des végétaux et pour l'homologation et de contrôle des pesticides, fongicides, herbicides, etc.) en vue de l'attribution d'une labellisation certifiant la qualité de ces produits et le respect par le producteur des normes requises. Mais l'acquis communautaire englobe aussi des barrières non techniques, c'est-à-dire l'ensemble des complications administratives liées aux procédés et aux coûts, à l'inspection au niveau des douanes, à la levée d'impôts et de taxes ou à d'autres mesures para-tarifaires, mais aussi à des licences, des contingents, des quotas, en plus des mesures financières, des conditions de paiements et des pénalités de retards.

En conséquence, l'accord de libre-échange complet et approfondi signifie, particulièrement, en raison de sa clause relative à la levée des barrières non tarifaires, et compte tenu de l'asymétrie considérable entre la Tunisie et l'UE, la mise à niveau et l'ajustement de la législation tunisienne aux réglementations européennes en matière d'échange extérieur. Il est approfondi parce qu'il concerne également les marchés intérieurs, c'est-à-dire la libéralisation des marchés publics, des investissements étrangers, etc.

Classification des barrières non tarifaires	
A	Mesures sanitaires et phytosanitaires
B	Obstacles techniques au commerce
C	Inspections avant expédition et autres formalités
D	Mesures de contrôle des prix
E	Licences, contingents, prohibition et autres mesures de contrôle quantitatif
F	Imposition, taxe et autres mesures para-tarifaires
G	Mesures financières
H	Mesures anticoncurrentielles
I	Mesures concernant les investissements et liées au commerce
J	Restrictions à la distribution
K	Restriction concernant les services après-vente
L	Subventions (autres que les subventions à l'exportation)
M	Restrictions en matière de marchés publics
N	Propriété intellectuelle
O	Règles d'origine Mesures liées à l'exportation
P	Mesures liées à l'exportation

Source : CNUCED, 2012.

Du reste, comme le spécifie le tableau suivant, l'ALECA couvre 13 domaines à savoir : le libre commerce des produits agricoles et des services, mais aussi tout ce qui concerne les barrières non tarifaires et la facilitation des échanges, la levée des obstacles pour le commerce, les règlements techniques pour les produits industriels, les mesures sanitaires et phytosanitaires, la transparence des réglementations, mais aussi le marché intérieur et les domaines qui lui sont liés, les marchés publics, la libéralisation des investissements, mais aussi la propriété intellectuelle, la politique de concurrence, les mesures anti-dumping et compensatoires, et enfin le développement durable et les aspects liés au commerce de l'énergie (ce dernier aurait été supprimé d'un commun accord récemment).

13 domaines couverts

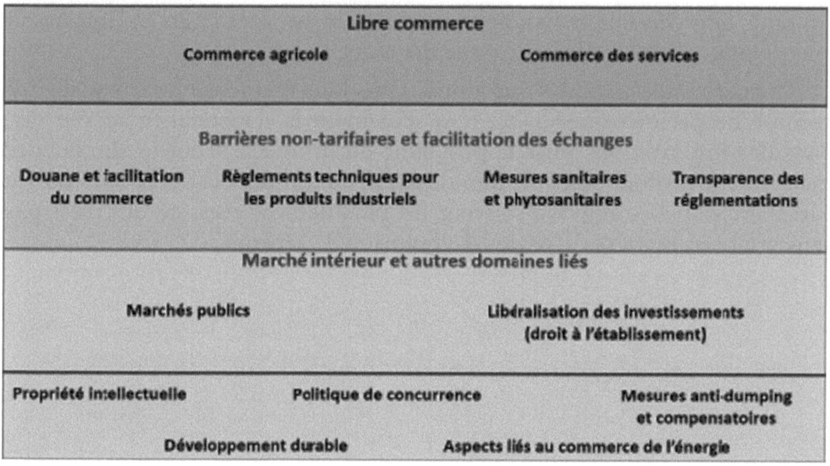

2. L'ALECA : coûts et opportunités

Il s'agit de considérer les impacts de l'accord, en termes de coûts et d'avantages. En règle générale, dans les accords de libre-échange, et surtout entre partenaires où l'asymétrie est très forte, les coûts, les pertes, les menaces et les risques sont quasi certains pour le partenaire faible alors que les avantages probables sont conditionnés.

Ainsi, d'une manière générale et compte tenu de l'inégalité des rapports de force mais aussi des différences notoires en matière de compétitivité, d'ouverture, ou de libéralisation des échanges entre la Tunisie et l'UE, l'ALECA va se traduire, et nous allons le montrer à travers quelques exemples par des pertes en matière d'emplois. Cette situation aura évidemment un effet négatif sur le droit au travail consacré par la nouvelle constitution mais aussi sur les revenus et donc sur le droit à un niveau de vie suffisant en Tunisie.

Mais il y a aussi des effets sur l'environnement, sur la sécurité alimentaire, sur la souveraineté nationale quand il s'agit de secteurs stratégiques, etc.

Nous prendrons deux exemples sensibles, celui de l'agriculture et des services (voir, ci-après, le tableau récapitulatif qui résume les impacts à la fois au niveau macro-économique et sectoriel, les impacts sur les droits économiques et sociaux et les mesures d'accompagnement nécessaires).

Pour l'agriculture, globalement, si l'on procède au démantèlement tarifaire, c'est-à-dire à la levée des droits de douane sur les produits importés par l'UE, les avantages comparatifs révélés de la Tunisie, à savoir pour l'huile d'olive, et les fruits et les légumes, vont se traduire par une amélioration de leur contribution à leur balance commerciale mais surtout par une aggravation du déficit céréalier.

Si l'on procède parallèlement à la levée des subventions accordées aux produits cités, en fait, la balance commerciale pour les fruits et légumes et encore plus, pour les céréales, va se dégrader.

Concernant les céréales qui sont des produits très sensibles et considérés comme de première nécessité, non seulement la dépendance accrue vis-à-vis des importations pose le problème du droit à la sécurité alimentaire mais touche profondément le monde rural, notamment la petite agriculture céréalière dans les régions souvent les plus défavorisées, ce qui n'est pas sans effets en matière de pertes d'emplois et de revenus.

Agriculture		
Coûts	**Avantages**	**Politique d'accompagnement (Consolider les avantages ; amortir les coûts)**
➔ Baisse des recettes douanières et budgétaires. ➔ Forte dégradation de la balance commerciale des céréales. ➔ Concurrence étrangère très forte.	➔ Baisse des prix à l'importation. ➔ Amélioration de la balance commerciale (huile d'olive, fruits et légumes). ➔ Augmentation de la production des fruits et légumes. ➔ Environnement : ➔ Moindre pression sur les sols jusqu'alors utilisés dans la production céréalière.	➔ Nécessité d'un ajustement fiscal. ➔ Préserver le secteur agricole de la concurrence des pays européens qui continuent à subventionner leurs exportations. ➔ Mettre à niveau les conditions foncières, les conditions de financement, le cadre et la réglementation du secteur agricole. ➔ Reconversion des petits et moyens agriculteurs vers des activités exerçant moins de pression sur les sols et les ressources en eau.

Pour les services, il y a le risque que les secteurs tels que les télécommunications, les technologies de l'information de la communication, les transports aériens en particulier ayant jusqu'ici un avantage comparatif révélé par le commerce extérieur, et qui contribuent d'une manière positive et excédentaire à la balance commerciale, vont être touchés de plein fouet par une perte de leurs avantages, avec pour conséquence des pertes d'emplois probables auxquelles s'ajoutera la baisse des recettes budgétaires occasionnée par le démantèlement des droits de douane grevant jusqu'alors les services européens. La souveraineté nationale est, par là même, touchée directement dans la mesure où il y a un risque de perte de contrôle sur les services stratégiques et prioritaires pour le développement sans compter de pertes probables en matière d'emplois et de revenus.

Services		
Coûts	**Avantages**	**Politique d'accompagnement (Amortissement des coûts)**
➔ Baisse des recettes budgétaires [Démantèlement tarifaire et convergence vers l'acquis communautaire (BNT (classes E, F et P)]. ➔ Dégradation de la balance commerciale. ➔ Perte des avantages comparatifs réels. ➔ Libéralisation des services publics.	➔ Baisse des prix à la consommation ➔ Amélioration du pouvoir d'achat	➔ Nécessité d'un ajustement fiscal. ➔ Instaurer un programme de mise à niveau des secteurs même les secteurs les plus compétitifs [qui bénéficient jusqu'à présent de la protection (tarifaire et surtout non tarifaire) de l'État.] ➔ Maintenir d'une manière sélective, si nécessaire, le contrôle de l'État sur les secteurs stratégiques (transport, télécommunications, services financiers).

Concernant les avantages probables, des politiques d'accompagnement actives à court, à moyen et à long terme, étalées sur une période relativement longue, en matière de démantèlement aussi bien tarifaire que non tarifaire, sont absolument nécessaires, si la Tunisie veut tirer quelques avantages des opportunités offertes par l'accès au marché européen.

Des mesures sont nécessaires pour permettre un ajustement fiscal répondant à la dégradation des recettes douanières. Plus décisives en termes de politiques et actions seraient des actions de mise à niveau de pans entiers de la législation et de l'économie tunisienne, à l'image de ce qui a été fait pour l'industrie manufacturière (1996-2007). Mais il s'agit, aujourd'hui, de multiples domaines et seules des politiques structurelles, à moyen et à long terme, pourraient permettre à la Tunisie de bénéficier d'avantages dans la libération de ses échanges avec l'UE.

3. Au-delà de l'ALECA : pour un partenariat politique global

Le processus de négociation étant amorcé, il est essentiel de tenir compte d'un certain nombre de principes, telles la différenciation, la sélectivité, la progressivité, mais aussi la coresponsabilité pour assumer les coûts de l'ajustement et de la mise à niveau.

Au préalable, la mise en œuvre de politiques de réformes et d'accompagnement par la suite s'impose aux Tunisiens.

Ces changements doivent être précédés d'abord, du côté de la Tunisie, par l'exigence d'un consensus national sur les objectifs à moyen et à long terme du développement qui établit les priorités stratégiques, parmi lesquelles il faut inclure le volet de la coopération régionale, et en particulier celle qu'il faut initier avec l'UE. Ce débat national, destiné à définir les priorités et les choix stratégiques, avant d'engager avec l'UE une évaluation partagée sur la politique européenne de voisinage, est nécessaire.

Il est essentiel de retenir que l'ALECA, qui est un accord commercial standard, n'est pas une fin en soi. Il doit faire partie d'un nouvel accord politique global (une refonte et mise à jour de l'accord d'association), qui soit l'expression d'un partenariat de solidarité active entre la Tunisie et l'UE. Ce dernier point nous paraît essentiel, car jusqu'ici, l'UE en dépit de l'aide fournie avant et après la révolution, ne semble pas, du point de vue de nombreux Tunisiens, avoir pris la juste mesure des menaces et des défis actuels auxquels la Tunisie se trouve confrontée, ainsi que de l'importance stratégique, même en termes d'intérêts sécuritaires, pour l'UE d'un soutien substantiel à la consolidation de la transition démocratique. Ceci étant donné que la réussite de la Tunisie n'est manifestement pas sans effets positifs pour la stabilité de la région et la sécurité de l'UE. Il ne faut pas, dans ce contexte, oublier que le passage réussi de la dictature à la démocratie ne peut avoir que des effets positifs sur la région et sur la sécurité de l'UE tandis que l'effondrement du rêve démocratique aura des effets catastrophiques ravageurs dont aussi bien l'UE que la Tunisie devraient faire l'économie.

Dans le cadre de l'étude, nous avons avancé l'idée d'un accord stratégique de solidarité active entre L'UE et la Tunisie qui tiendrait compte des progrès manifestes de la Tunisie dans le sens de la convergence avec les valeurs de l'UE et qui est confirmée par la plupart des observateurs. De ce point de vue, la Tunisie mériterait un traitement préférentiel à la mesure des progrès réalisés et en cours, en matière de transition démocratique. Aussi, serait-il nécessaire de sortir de la seule logique commerciale qui prévaut encore aujourd'hui, pour aller vers une logique globale, où les dimensions sociale, humaine et culturelle égalent la dimension économique dans les accords de coopération. Pour baliser quelque peu les contours d'un futur accord scellant un partenariat de solidarité, nous avançons deux pistes à creuser pour les deux partenaires :

1) La première, et je rejoins l'avis de nombre d'experts de l'autre côté de la Méditerranée (Iván Martin, Jean-François Coustillière, Erwan Lannon), devrait se présenter comme un signe probant d'un début de changement de paradigme dans la politique européenne vis-à-vis de la Tunisie : il s'agirait bel et bien d'une extension de la politique régionale européenne (notamment des fonds structurels) qui implique un changement de la démarche de l'UE en matière d'assistance, passant d'une approche sectorielle par projet et basée sur l'appui budgétaire, à une approche structurelle et territoriale. Grâce à ces fonds, les régions moins développées de l'UE ont pu arriver à une convergence réelle et réussie. N'est-il pas temps au

moins d'ouvrir le débat, pour inclure aussi cette dimension dans des pays situés hors de l'Union européenne, mais convergeant de plus en plus vers l'UE ?

2) La deuxième piste concerne la mobilité des personnes. Il est inconcevable de ne pas revisiter les rapports avec l'UE sous cet angle. Le nouvel accord global dit de solidarité pourrait englober en matière de mobilité aussi la migration régulière. Jusqu'à aujourd'hui, il n'y a point d'ouverture ou de possibilités supplémentaires de migration régulière, même temporaire, de la main-d'œuvre tunisienne vers l'UE. Les États de l'UE, qui s'impliqueraient dans ce partenariat de solidarité, pourraient exprimer concrètement leur authentique engagement avec la Tunisie par des mesures concrètes dans ce sens. Et l'ALECA devrait aussi, et concernant les services, introduire cette dimension. Donc il s'agit pour l'UE d'aller au-delà d'un accord commercial standard vers une politique de partenariat engagée, adaptée à la transition démocratique en Tunisie qui pourrait servir d'exemple pour le reste de la région.

Bibliographie

Bachta, Mohamed Salah / Ben Mimoune Anouar (2003) : « Libéralisation des échanges, agriculture et environnement en Tunisie », in : Jacquet Florence / Lerin François (eds.), *Libre-échange, agriculture et environnement : L'Euro-Méditerranée et le développement rural durable : état des lieux et perspectives*, Montpellier : CIHEAM, pp. 123-134.

Banque africaine de Développement – BAD (2012) : « Distorsions aux incitations et politique agricole en Tunisie : une première analyse », Note économique.

Banque mondiale (2014) : « Advancing Tunisia's Global Integration Reforms, options in the context of deeper integration with the EU », juin.

Bensouda, Nouredine (2012) : « Public investment strategy and public procurement efficiency », in : International Public Procurement Conference August 17-19, Seattle, Washington.

Caupin, Vincent (2005) : « Libre-échange euro-méditerranéen : premier bilan au Maroc et en Tunisie », Agence française de Développement.

CE (2013) : « Mise en œuvre de la politique européenne de voisinage en Tunisie, Progrès réalisés en 2013 et actions à mettre en œuvre », Bruxelles, mars.

CE (2013) : « Relations Tunisie-Union européenne : un partenariat privilégié, Plan d'action 2013-2017 ».

Commission économique pour l'Afrique (2013) : « Facilitation des échanges dans une perspective africaine », novembre.

Déclaration (2016) : Déclaration de la Société civile. À l'occasion du vote au Parlement européen sur l'ouverture des négociations d'un Accord de Libre-Échange entre la Tunisie et l'UE le 15 février 2016, Tunis, Paris, le 12 février 2016.

Dreyer, Iana (2012) : « Trade Policy in the EU's Neighbourhood : Ways Forward for the Deep and Comprehensive Free Trade Agreements », *Notre Europe*.

Institut tunisien pour la compétitivité et des études quantitatives – IEQ (2013) : « État des lieux et calcul des Trade Restrictiveness Indexes (TRI) ».

International Trade Center – ITC (2014) : « Trade facilitation in Arab States : insights from the ITC business survey on NTM's », Discussion paper.

Knottnerus, Roeline (2013) : « The UE trade and investment agenda : quashing the aspirations of the Arab Spring », Seattle to Brussels Network.

Mahjoub, Azzam (2010) : « L'impact potentiel de la Zone de Libre-échange euro-méditerranéenne dans les économies du Sud et de l'Est de la Méditerranée : un essai d'évaluation », in : *10 Papers for Barcelona 2010*, novembre.

Mahjoub, Azzam (2010) : « L'implantation de la zone de libre-échange : Situation en 2010 et perspectives », in : *Europe-Méditerranée*, « Quels enjeux pour 2010 », IEMED, avril.

Mahjoub, Azzam / Zaafran, Hafedh (1997) : « La zone de libre-échange euro-méditerranéenne : défis économiques et impacts sociaux pour les PSEM ».

Mahjoub, Azzam / Saadaoui, Zied (2013) : « Le processus Euromed : quelle place pour la Société Civile ? », AFTURD.

Mahjoub, Azzam / Saadaoui, Zied (2015) : *Impact de l'accord de libre-échange complet et approfondi sur les droits économiques et sociaux en Tunisie*. Étude commandée par le Réseau euro-méditerranéen des droits de l'homme, mai.

Müller-Jentsch, Daniel (2005) : « Deeper Integration and Trade in Services in the Euro-Mediterranean Region : Southern Dimensions of the European Neighbourhood Policy », The World Bank / European Commission Program on Private Participation in Mediterranean Infrastructure.

Rau, Marie-Luise (2014) : « Conquering the EU market with new comprehensive trade agreements : Simulating DCFTAs between the EU and neighbor countries », Paper prepared for presentation at the EAAE 2014 Congress « Agri-Food and Rural Innovations for Healthier Societies ».

Richard, Jean-François (2006) : « Le devenir de l'agriculture tunisienne face à la libéralisation des échanges », in : *Afrique contemporaine*, n° 219, pp. 29-42.

Stephenson, Sherry / Hufbauer, Gray (2011) : « Labor Mobility », in : Chauffour, Jean-Pierre / Maur, Jean-Christophe (eds.) : *Preferential Trade Agreement Policies for Development – A Handbook*, World Bank, Washington D.C., pp. 275-306.

Toviaz, Alfred (2010) : « A deeper free trade area and its potential impact », The European Institute of the Mediterranean (IEMed) and European Union Institute for Security Studies (EUISS).

Ahmed Zoubdi

Le « partenariat » entre le Maroc et l'Union européenne

Bilan d'un échec

En sortant de la colonisation (en 1956), le Maroc est resté attaché à la métropole (la France) sur tous les plans (de l'économique en passant par le politique jusqu'au culturel). En un mot, au Maroc a été imposée la voie du libéralisme dépendant.

En 1969 et 1976, le Maroc a signé successivement des accords d'association et de coopération avec la CEE qui intensifient sa dépendance vis-à-vis de l'Europe en particulier et des pays du Nord en général.

Après l'ajustement structurel imposé en 1983, par les institutions de Bretton Woods, et achevé théoriquement en 1993, le Maroc a entamé, en 1995, un nouveau cycle d'ajustement (dit à tort ajustement de l'ajustement) de son économie sous la bannière de la mise à niveau – pour reprendre la terminologie du discours officiel – de son système productif. Il s'agit d'accords de libre-échange (ALE), dits accords de « partenariat » avec l'Union européenne (UE), qui s'inscrivent, à compter de 2003, dans la politique de voisinage. Aujourd'hui, le Maroc négocie avec l'UE la mise en place d'accords de libre-échange complets et approfondis.

Tout compte fait, le Maroc dans le cadre de ses relations avec l'Europe se trouve rigoureusement dans une position de pays subalterne. Il ne dispose, comme nous allons le voir, dans le présent exposé, faits et chiffres à l'appui, d'aucune marge de manœuvre pour imposer son agenda et refuser donc les politiques néolibérales.

L'alternative pour la sortie du Maroc de cette impasse est de préparer les conditions constructives pour un développement autonome. La première boîte à outils pour ce chantier de grande envergure est de repenser l'Union du Maghreb arabe, à l'image des pays de l'Amérique latine, avec pour corollaire la mise en place de systèmes politiques démocratiques comme l'ont suggéré les soulèvements populaires du Printemps des peuples.

1. Brève radioscopie de la formation des blocs régionaux : l'hégémonisme de la triade

La triade (USA, UE, Japon) règne en maître et sans partage. Elle impose des modèles de « coopération » et de « partenariat » qui ne servent que ses intérêts immédiats. La zone de libre-échange prônée par le G7, à la suite du Consensus de Washington, est un projet néocolonial qui impose l'ouverture commerciale des pays du Sud sans que ce bloc en profite. Elle traduit excellemment le double langage impérialiste : ouverture commerciale à outrance des pays du Sud opposée au protectionnisme des pays du Nord.

En Afrique, les institutions de Bretton Woods utilisent tous les moyens pour une intégration régionale de ce continent conformément aux intérêts de l'Occident. Ainsi, en 1990, un cadre dit CBI (Cross Bader Initiative) a été mis en place pour une harmonisation des politiques économiques des pays africains dans l'objectif de renforcer la stratégie d'intégration de leurs marchés tout en les ouvrant davantage sur l'extérieur. En 2001, neuf membres de la COMESA (Commun Market for East and Southen Africa) ont supprimé leurs droits de douane à raison de 90 % et se sont constitués en zone de libre-échange. Il s'agit de l'intégration des marchés et non de l'intégration de l'économie (et de la société) et de leur ouverture sur l'extérieur.

En 2000, les 77 pays ACP ont signé un accord de « partenariat » avec l'UE dont les dispositions sont dictées par les programmes de l'OMC notamment la libéralisation du commerce, la promotion du secteur privé, le dépérissement progressif de l'État dans ces pays avec pour conséquence la montée en flèche d'oligarchies compradores qui détiennent, de connivence avec les oligarchies impérialistes, les richesses des pays dominés. La zone de libre-échange créée sous la tutelle des USA, en 1990, vient compléter la chaîne des bases militaires américaines dans le continent africain et étendre l'ALENA.

2. La face cachée de la dimension euro-méditerranéenne

D'après les acteurs de la Conférence de Barcelone tenue les 27 et 28/11/1995, le partenariat euro-méditerranéen mettrait en œuvre deux possibilités de coopération : d'une part, les accords d'association entre l'Union et chacun des partenaires, et d'autre part, un programme de coopération technique, le programme dit MEDA. Ces mécanismes constituent la plate – forme des accords de libre-échange euro-méditerranéen.

La Déclaration de Barcelone, au lieu de se traduire en actes bénéfiques pour les deux rives, a produit des effets contraires à ce que devrait être une zone de libre-échange équitable : le blocage de l'immigration est la goutte d'eau qui a fait déborder la vase. Somme toute, le prétendu partenariat euro-méditerranéen escompte soumettre les pays non européens à une sorte d'européanisation de cette rive.

L'européanisation a un caractère sécuritaire et économique plus que politique. Elle vise, d'une part, à maintenir les peuples de la Méditerranée dans la dépendance pour absorber le maximum de richesse créée dans cette zone –, au regard de la concurrence états-unienne et chinoise ; et de l'autre, à lutter contre l'immigration « clandestine », l'islamisme, le trafic de drogue. Par ailleurs, les vrais projets politiques et sécuritaires régionaux « n'étaient pas traités dans le cadre du processus de Barcelone : conflit israélo-palestinien, guerre civile en Algérie, situation au Liban, division du Chypre et tension avec la Turquie, Sahara occidental, violation des droits de l'homme au Maroc, en Tunisie, Égypte, Syrie, Algérie ... ne sont discutés ni dans les réunions officielles ni dans les coulisses » (Hibou 2003 : 120). D'un autre côté, « tous les gouvernements des États européens sont jusqu'à présent ralliés aux thèses du néo-libéralisme. Ce ralliement des États européens ne signifie donc rien de moins que l'effacement du projet européen, sa double dilution économique et politique. Il n'y a plus, à l'heure actuelle, de projet européen. On lui a substitué un projet nord-atlantique sous commandement américain » (Amin 2003 : 107).

2.1. À propos de l'Union pour la Méditerranée

Selon les apôtres de ce groupement, ce cadre permettrait de compenser les problèmes conjoncturels du partenariat euro-méditerranéen (Saâdi 2008 : 2).

Comme le Parlement européen, l'UpM escompte, tout d'abord, défendre les intérêts de l'Europe, indissociables de ceux des USA : ils les poussent à un alignement sur la voie états-unienne via le référentiel nord-atlantiste. Ce projet a donc pour seul objectif de conforter et de consolider les outils du consensus de Washington au Moyen-Orient. La Triade a senti que, dans la région, il y avait une vraie résistance populaire et un rapprochement entre la Syrie et l'Iran via la Russie. Ledit cadre a été mis en place pour désamorcer cette résistance et contrer ce rapprochement.

L'UpM et l'UE sont deux faces d'une même monnaie :

> La politique de « deux poids, deux mesures » poursuivie par l'UE dans la région – intransigeante vis-à-vis du Hamas et parfaitement laxiste par rapport à Israël – ne contribue en rien à crédibiliser l'UpM. De même, cette dernière est battue en brèche par le laxisme dont fait preuve l'UE dans l'évaluation des performances démocratiques des régimes politiques de la façade nord-africaine de la Méditerranée (*ibid.*).

D'autre part, le problème migratoire se pose à l'UE avec beaucoup d'acuité : les déséquilibres démographiques croissants entre les deux rives de la Méditerranée engendrent des pressions migratoires de plus en plus fortes et font craindre l'Europe pour sa sécurité. « Le verrouillage des frontières opéré par la Commission européenne, suite à la décision française d'instaurer l'"immigration choisie ou sélective", dévoile les véritables intentions de l'UE vis-à-vis de sa périphérie méditerranéenne » (*ibid.*).

Le projet d'UpM est d'emblée voué à l'échec à cause des conflits que connaît la région. L'alignement de l'Europe (y compris la gauche) à l'atlantisme fait dire aux USA que le seul pays qui tirera profit de ce projet est Israël.

3. Le « partenariat » entre le Maroc et l'UE

3.1. De la mise à niveau : le revers de la médaille de l'ajustement unilatéral

En 1995, le Maroc a signé un accord de libre-échange (ALE) avec l'UE qui soumet l'économie marocaine à plus d'ouverture et à plus de libéralisation. À partir de là, le Maroc escomptait mettre en place un programme de mise à niveau de son économie. Pour ce faire, l'UE lui a versé entre 1996 et 1998, 450 millions d'euros. Pour la période 1996-1999, l'enveloppe a été de 580 millions d'euros.

La mise à niveau de l'économie marocaine, en général, et du secteur privé en particulier, dans le cadre du programme MEDA de l'UE, est la conséquence de l'échec du Programme d'ajustement structurel (PAS). Le nouveau plan vise la soumission de l'économie marocaine à plus d'ouverture au marché mondial. Cette opération, qui a démarré en 1995, sous contrôle européen, est censée donner ses fruits au regard des sommes qui lui ont été consacrées. Le constat, comme le rapporte une étude bien documentée statistiquement (Saâdi 2005 : 408), montre que l'échec est patent :

- pour la période 1998-2003, le taux de croissance annuel moyen est inférieur au taux de croissance normal du PIB, soit 4 contre 4,4 % ;
- le taux de croissance annuel moyen des importations, pour la période 1992-1997 et 1988-2003, a augmenté de 1,1 point passant de 5,5 à 6,6 % contre une diminution des exportations de 6,6 % ;
- le taux de couverture des importations par les exportations a reculé de 12,9 points, soit 73,9 % en 1997 contre 61 % en 2003.

La mise à niveau fait croire aux pouvoirs publics que l'ouverture sans limite libère davantage les mécanismes du marché. En fait, les accords de l'UE avec le Maroc, dans le cadre de l'opération de mise à niveau, n'ont d'autre souci que d'adapter l'économie marocaine aux nouveaux mécanismes imposés par l'OMC, donc d'amortir le coût social des nouveaux rapports économiques internationaux (Zoubdi 2008 : 8).

Dans le cadre de cette opération de mise à niveau, l'État français a accordé au Maroc une série de prêts, dons, conversions et annulations partielles de dettes, etc. Ces avantages ne sont pas exempts de pièges. En effet, cette mise à niveau a son revers de la médaille en matière de privatisation : le groupe français Vivendi, qui a payé 23 milliards de dirhams en 2000, participe à hauteur de 35 % dans le capital de Maroc-Télécom. Aujourd'hui, ledit groupe participe à raison de 51 %. Il est à noter que plus de 25 % des entreprises industrielles du Maroc fonctionnent dans l'orbite de consortiums français.

> L'ouverture économique, diplomatique et politique (...) jusque-là indubitablement un atout indispensable pour la survie de la monarchie, résulte d'une stratégie d'extraversion en marche depuis près d'un siècle au Maroc, aujourd'hui comme hier, profitant au Palais et à ses supporters, les « hommes riches », au lieu de servir à la communauté nationale (Perrin 2002 : 180).

3.2. Le démantèlement des services publics de base : le cas du secteur de l'eau potable et de l'électricité

Ce secteur était régi jusqu'en 1995 par les Régies autonomes intercommunales. Mais à partir de cette date, la gestion de ce service a été concédée à la Lyonnaise des Eaux, Consortium français pour la ville de Casablanca, à Vivendi, Consortium français, pour les villes de Tétouan et Tanger et à la Redal, Consortium Luso-espagnol, pour les villes de Rabat et Salé. Les oligopoles internationaux sont présents dans les secteurs qui correspondent aux besoins vitaux des populations comme ils sont présents dans les secteurs productifs –, dont l'objectif est de rapatrier toute la valeur ajoutée ainsi créée sur le sol marocain.

La prise en main de ce secteur par le privé s'est soldée par « l'augmentation des tarifs et par la dégradation des services rendus (périodicité irrégulière des relevés, opacité des factures, erreurs graves de facturation) » (Attac-Maroc 2005 : 30 sq., Lahlou 2008 : 2). À titre d'exemple, le montant de la facture a doublé au bout de 15 ans alors que le salaire (dans la fonction publique) n'a augmenté que de 30 %.

Le même constat est valable pour le secteur des transports urbains et celui de la collecte des ordures ménagères qui sont envahis par des firmes multinationales ayant remplacé les régies municipales de transports. Notons, pour le cas de la capitale (Rabat), que le secteur des transports est aujourd'hui en faillite.

3.3. Les échanges commerciaux

3.3.1. Des pratiques commerciales déloyales

Les exportations des pays de l'UE profitent de privilèges considérables dans le cadre des accords de libre-échange au détriment des exportations marocaines. Les premières envahissent le marché interne marocain surtout qu'il s'agit de produits subventionnés et pour lesquels les normes sanitaires et environnementales ne sont pas respectées (Aziki 2014 : 2 sq.). En revanche, l'UE impose constamment des barrières tarifaires pour assurer la protection de ses marchés locaux. Les exportations de produits chimiques de la France vers le Maroc en matière d'investissements directs étrangers, pour les périodes 1992-1993 et 2002-2003, ont augmenté de 60 % alors que les importations ont baissé de 90 % (Berrada 2011 : 5).

Ces facteurs, en sus du dumping, fragilisent, entre autres, l'économie marocaine comme en témoignent les chiffres suivants : 35 % des exportations du Maroc dans le cadre de ce prétendu partenariat sont à destination de l'UE alors que 50 % de ses importations proviennent de ce groupement.

3.3.2. Le statut des produits agricoles à destination de l'UE

La PAC, en suivant les règles strictes de l'Organisation mondiale du commerce imposées aux pays du Sud, constitue un sérieux goulot d'étranglement pour les produits agricoles marocains livrés à l'UE. Outre les subventions qui ruinent les conditions d'accès de ces produits sur le marché européen, il y a lieu de mentionner les barrières non tarifaires qui étouffent de leur côté le secteur. Cette politique discriminatoire va à l'encontre du Plan Maroc-Vert ! Cette situation s'est exacerbée avec le renouvellement en 2003 de l'accord agricole. Le nouvel accord de 2012 impose au Maroc d'ouvrir ses portes, sans droits de douane, aux produits alimentaires européens (blé, lait et dérivées, viandes) et aux produits transformés (confiserie, biscuiterie). Pour les tomates, la fraise et bien d'autres produits agricoles, il y a lieu de souligner que la légère augmentation des quotas des principales exportations agricoles s'efface, ipso facto, avec l'effet du « contingent tarifaire additionnel » qui leur est imposé (Aziki 2014 : 3). En 2014, les fruits et légumes en provenance du Maroc ont rencontré le même sort avec l'augmentation des droits de douane.

Par conséquence, ce statut ne permet incontestablement pas d'assurer la sécurité alimentaire du Maroc – concept sujet à de vives critiques – et ruine la stabilité des petits et moyens paysans dont une bonne partie se retrouve sans terre (Pascon / Ennaji 1986). Ce processus destructif conduit aussi à l'aggravation du chômage dans le monde rural et à l'accélération de l'exode rural, source de la bidonvilisation des espaces urbains et de l'explosion sociale.

3.3.3. Un déficit commercial abyssal

Entre 2000 et 2010, le déficit commercial entre l'UE et le Maroc a été multiplié par trois fois. Le déficit commercial moyen en 1997 est de 29 milliards de Dhs. Il passera à 72 milliards pour la période 2000-2007 puis atteindra 175 milliards en 2013. Si l'on sait que le déficit commercial pour l'ensemble des partenaires du Maroc n'est que de 102 milliards de Dhs en 2013, il faut en conclure, sans conteste, que le Maroc est beaucoup plus pénalisé avec l'UE qu'avec le reste du monde !

Le taux de couverture des importations par les exportations est de 47,5 % en 2014 contre 49,2 % en 2013. Notons qu'il était de 71 % en 1997 et qu'il est tombé à 58 % en 2007. Ce qui se traduit par une détérioration chronique et permanente des termes de l'échange qui aggrave la dépendance du Maroc (Aziki 2014 : 3).

3.3.4. Une dépendance corrosive du système productif

Le processus de dépendance tous azimuts du Maroc date depuis l'indépendance politique. Dans le cadre du prétendu partenariat, la dépendance s'est manifestement intensifiée comme le montrent les arguments et les exemples suivants :

- La dépendance du Maroc en produits alimentaires de base (céréales, sucre, thé, lait) se contredit avec la déclaration politique de l'État marocain selon laquelle le Maroc est un pays à vocation agricole. Cette situation se confirme avec la mise en place du plan Maroc-vert qui ne sert que les grands propriétaires terriens pour lesquels la production est entièrement tournée vers l'agro-business (Amin 2003 : 35-42).
- Le discours de la mise à niveau du tissu industriel marocain des années 1990 a été mis en cause par la forte dépendance de ce secteur par le truchement de deux phénomènes : la hausse sans précédent de la facture pétrolière et la dépendance de la production industrielle des intrants industriels et technologiques en provenance de l'UE (Aziki 2014 : 5) qui constituent presque 50 % de ses consommations intermédiaires. Cette situation se traduit par une faible compétitivité à cause du coût élevé de la production. Ce goulot d'étranglement constitue à lui seul un obstacle à l'industrialisation du Maroc (Zoubdi 2013 : 167-172).
- La dépendance est appréhendée sous un autre registre non moins important, celui de la concentration des exportations marocaines sur un nombre réduit de produits. C'est le cas également des produits finis de consommation qui représentent 45 % des exportations totales de cette catégorie de produits. Cette position constitue un danger pour l'économie marocaine au cas où le secteur ne produirait pas les quantités suffisantes pour le marché européen.

– Les investissements directs étrangers (IDE) sont une source de l'exode permanent des ressources financières du pays notamment le rapatriement des bénéfices opérés par les firmes présentes sur le sol marocain en direction de l'Europe. Ainsi le montant global des IDE qui est estimé à 3,4 milliards de dollars en 1998 a été multiplié par 5,5 fois, soit 18,6 milliards de dollars, en 2005. Ces deux montants représentent respectivement 13 et 44 % du PIB (Berrada 2011 : 7). Soulignons que l'UE absorbe la part du lion des IDE, soit 69 %. Sur ce chapitre, Abdelkader Berrada révèle que, dans le cadre des investissements et prêts privés étrangers, « le rapatriement des redevances au titre de l'assistance technique privée » ne fait pas partie de ces statistiques, mais on préfère laisser les choses dans un flou artistique. Pourtant, il s'agit d'une source d'hémorragie de devises qui connaît une croissance exponentielle à partir de 1998, comme suite, dans une large mesure, à l'augmentation des investissements directs étrangers (IDE). De 0,975 milliard de dirhams en 1997, les dépenses apparentes de cette catégorie sont passées à 1,509 milliard l'année suivante et n'ont cessé depuis de croître au point d'atteindre 7,670 milliards de dirhams en 2008 » (*Ibid.*).

3.3.5. Les implications du « partenariat » européen sur les politiques monétaire et budgétaire

En effet, la dette intérieure du Maroc s'est accrue de 30 % entre 2000 et 2003 et atteint en 2005 environ 45 milliards de dirhams (non comprises les arriérés de l'État vis-à-vis de la caisse des retraites et des organismes de prévoyance sociale) (Rahmani 2005). En 1992, la dette publique extérieure est de 21,3 milliards de dirhams ; en 2005, elle n'est que de 12,4 milliards de dirhams. Elle a diminué de 58,2 % (soit 9 milliards de dollars) mais, en contrepartie, le Maroc a remboursé, durant cette même période, 36 milliards de dollars, au titre des services de la dette, soit 4 fois le montant du prêt (Rahmani 2007).

Depuis 2012, l'économie marocaine souffre d'un double déficit – dit déficits jumeaux, l'un porte sur le solde du budget de l'État et l'autre a trait au solde de la balance des paiements. À cette date, le premier est de l'ordre de 6,1 % du PIB et le second s'est chiffré à 8,1 % du même agrégat ; le taux de croissance, quant à lui, est faible et représente 3 % du PIB. Cette situation inquiétante, a fait l'objet de deux mesures urgentes : le gouvernement actuel a, sous la tutelle du FMI et de la Banque mondiale, augmenté les prix du combustible à deux reprises en moins d'un an et a reçu une ligne de crédit, dite ligne de précaution et de liquidité, de 53 milliards de dirhams auprès du Fonds monétaire international. Ce montant représente la moitié de la dette extérieure du Maroc qui cumule à cette date presque 100 milliards de dirhams –, auquel il faut ajouter un emprunt international d'un milliard de dollars, soit près de 8,5 milliards de dirhams, auprès des pays du Golfe.

Les comptes de la nation montrent que la dette intérieure, au même titre que la dette extérieure, ne cesse d'augmenter. En somme, l'encours de la dette totale a atteint en 2013, 554,3 milliards de dirhams, soit 68 % du PIB (contre 520, 3 milliards de dirhams, soit 65 % du PIB, en 2011).

La situation s'est aggravée en 2013 : le déficit budgétaire ne cesse d'augmenter enregistrant 9,8 % du PIB durant le premier semestre 2013 auquel il faut ajouter le déficit de la balance commerciale et un taux de croissance de l'ordre de 7,8 % et d'à peine 3 % du PIB. En 2013, en suivant toujours les recommandations des bailleurs de fonds, le gouvernement a procédé à l'indexation (partielle) des prix des produits pétroliers. Cette décompensation n'a fait que nourrir des tensions inflationnistes comme en atteste la montée en flèche des prix des produits et services de base (eau et électricité, produits agricoles et transports pour ne citer que ces éléments) avec le risque de stagflation qui se profile à l'horizon. Cette situation a eu pour conséquence immédiate une pénalisation du pouvoir d'achat des ménages et principalement de la classe moyenne sur laquelle les pouvoirs publics comptent pour donner un coup de fouet à l'activité économique. Enfin, la coupe budgétaire de 25 % du budget de l'État de 2013 a un impact négatif sur la croissance en termes d'investissement et de création d'emplois ; qui devient d'autant plus nécessaire avec l'exacerbation du chômage et de la précarité.

Ces mesures tous azimuts indiquent que le gouvernement actuel confirme de son côté la politique d'austérité imposée par les institutions de Bretton Woods : l'angle d'attaque est le déficit budgétaire via une compression des dépenses d'équipement, des dépenses sociales et de la masse salariale.

3.3.6. À propos du « statut avancé » accordé au Maroc par l'UE

L'UE a accordé au Maroc, en septembre 2008, un « statut avancé » escomptant par-là approfondir davantage les relations de partenariat entre les deux parties. Le Maroc s'est vu attribuer ce privilège en sa qualité d'élève studieux de l'Union dans la mesure où il applique à la lettre son agenda dans tous les domaines y compris bien sûr dans le domaine sécuritaire. Il est aussi apprécié, comme bon élève, auprès des bailleurs de fonds parce qu'il s'acquitte de ses dettes. Ce n'est donc pas par hasard que l'UE lui a décerné ce statut privilégié. Une autre raison expliquant ce « privilège » est liée à la position géographique du Maroc, qui permet à l'UE d'installer ses usines, d'investir dans des conditions très avantageuses et de rapatrier des bénéfices colossaux en direction des firmes-mères.

Ce « statut avancé » s'inscrit, par là même, dans la stratégie précitée qui vise à soumettre les pays du Sud au diktat des pays européens dans une logique opportuniste qui ne tient compte que des intérêts économiques de l'UE. Par conséquent, l'idée de partenariat et de coopération demeure un trompe-l'œil. Cette pseudo-faveur est un pur prolongement du prétendu partenariat : on se demande pourquoi le Maroc n'accorderait pas un « statut avancé » à l'UE.

4. La coopération Sud-Sud : repenser l'Union du Maghreb arabe

Les racines historiques inhérentes à la création de l'Union du Maghreb arabe (UMA) remontent à l'époque de la lutte commune contre la colonisation et aux projets d'unification parus dans l'Orient arabe comme le projet de la grande Syrie, le projet du Croissant fertile et le projet d'unité du grand Nil, etc.

L'objectif de la création de l'UMA en 1989 (Un noyau fut créé en 1964, c'est le Comité permanent consultatif maghrébin) est de réaliser l'union économique des cinq pays formant cette zone (Maroc, Algérie, Tunisie, Libye et Mauritanie). Pour y parvenir, quatre étapes ont été définies :

- mise en place d'une zone de libre-échange par le démantèlement des barrières tarifaires et non tarifaires ;
- formation d'une union douanière ;
- formation d'un marché commun ;
- unification et harmonisation des plans politiques de développement des États.

Ce projet n'a pas vu le jour à cause des conflits et des rivalités entre les États concernés ; rivalités obligeant ces derniers à chercher d'autres canaux d'intégration économique notamment l'Union européenne. Aujourd'hui les relations commerciales inter-maghrébines ne représentent que 2 % des échanges extérieurs des pays du Maghreb, sur un total de 173 milliards de dollars d'échanges commerciaux. Les pertes annuelles de ces derniers s'élèvent à 10 milliards de dollars, soit 5 % de leur PIB et 1 à 2 points de croissance. Entre les pays arabes, les relations commerciales sont aussi faibles, elles ne représentent que 7 % des échanges de ces pays. L'intégration maghrébine ne peut être décrétée par les chefs d'État, elle doit être le produit spontané d'une intégration par le bas c'est-à-dire celle qui résulte de la volonté des peuples dont la religion, la langue, l'histoire et la géographie constituent un patrimoine commun.

Il est vrai que depuis la création de l'UMA, le Secrétariat général de l'Union organise des rencontres à travers les commissions sectorielles, dont l'objectif est de conclure des conventions de coopération entre les membres de ce groupement, mais force est de constater que cela ne se traduit pas par des actions concrètes.

Lors des quatre congrès (Algérie (2005), Maroc (2006), Tunisie (2007) et Libye (2008)) réunissant les ministres des Finances et les gouverneurs des

Banques centrales des pays de l'UMA, plusieurs recommandations ont été prévues, mais n'ont pas vu le jour. Une commission technique a été désignée, lors du dernier congrès (mars 2008), pour se voir confier la mise en place d'une Banque maghrébine en 2009 (déjà prévue en 1991) mais sous la tutelle du FMI ! « Beaucoup d'accords, de conventions, d'organismes ont été établis non pas sur la base d'une appréciation réaliste et prudente des possibilités de coopération, mais plutôt sur la base d'alliances conjoncturelles, d'ordre idéologique ou personnel. Tout changement de responsables politiques (...) retentit sur les engagements internationaux entraîne sinon leur révocation du moins leur mise en libération » (Mahiou 1983 : 759).

L'UMA telle qu'elle a été conçue en 1989 n'a pas permis de répondre aux objectifs de l'intégration maghrébine. Elle est restée lettre morte. La pierre d'achoppement pour un Maghreb uni réside dans les régimes politiques en place qui ne sont pas le résultat d'un choix démocratique des peuples maghrébins. Ce sont des régimes despotiques qui réduisent le statut des peuples de la région à celui de simples sujets.

Il est vrai qu'il y a des forces démocratiques et nationalistes qui se battent pour instaurer la démocratie, mais nous voyons que le chemin vers cet idéal est encore long et laborieux pour ne pas dire qu'il pourrait être douloureux comme l'enseigne le Printemps arabe.

Les États en place et les intérêts des castes et des oligarchies au pouvoir sont le goulet d'étranglement qui bloque la naissance d'un Maghreb uni, solidaire et démocratique. « Les intérêts étroits entre les pays de l'UMA sont à l'origine de cet état de fait. Pour les pouvoirs en place, ils ne pensent qu'à se pérenniser et rester longtemps au pouvoir », clame un enquêté dans une étude dirigée par Luis Martinez (Martinez 2008 : 8).

5. La revanche du Sud

Ayant refusé d'adhérer au projet de la triade (USA, Europe, Japon), les États d'Amérique latine, sous les auspices du Cuba et du Venezuela, ont préparé une contre-attaque appelée ALBA. Cette union régionale cherche à déconnecter les pays de la zone d'influence américaine et « à renforcer l'autonomie des peuples d'Amérique latine et contribuer à la construction d'un monde multipolaire » (Herrera 2006). L'ALBA promet un développement autocentré au service des peuples à travers la promotion de l'investissement dans cette zone, la conquête de la souveraineté alimentaire, la diversification économique des systèmes productifs, la lutte contre la pauvreté et l'exclusion (par la satisfaction des besoins essentiels). En tant que négation de l'ALENA, l'ALBA se veut une forme de solidarité venant en aide aux pays pauvres. Les pays membres de l'ALBA ont un projet d'envergure, celui de rassembler en une seule firme continentalisée, dite « Petro America », l'ensemble des compagnies pétrolières publiques du sous-continent, ce qui facilitera les négociations internationales en matière d'énergie et permettra de trouver des moyens alternatifs dans ce domaine. Un autre projet non moins important, dans cette zone, a été aussi inauguré récemment : il s'agit de la Banque du Sud qui a pour mission première de contribuer à l'allégement voire la suppression des dettes du Sud.

Les pays du Sud – dont le poids géopolitique est influent notamment le Brésil, la Russie, l'Iran, la Chine et l'Afrique du Sud – prennent des positions en direction d'un réaménagement de la scène internationale. Ces pays ont déjà commencé à se regrouper entre eux et à former des blocs entre les pays qui ont les mêmes attitudes vis-à-vis de la triade (CETIM 2005). Ainsi l'Inde, le Brésil et l'Afrique du Sud forment actuellement le G3 et ont plusieurs accords avec le MERCOSUR (Marché commun du Sud), en 1998 et en 2003.

Il faut dire que les pays du Sud forment actuellement un noyau dur pour négocier avec le G7, et trouver par cette voie, des solutions aux problèmes que ce dernier leur crée. Vingt pays (G20) négocient aujourd'hui au sujet des problèmes relatifs à l'agriculture notamment la réduction des subventions intérieures, l'amélioration de l'accès aux marchés, l'élimination des subventions à l'exportation. Ces pays revendiquent une réforme de « l'agriculture afin de soumettre le commerce agricole aux règles du système commercial multilatéral et de promouvoir le développement social et économique au moyen du commerce. Le centre de gravité du G20 n'est pas en rupture avec le libre-échange, mais il est sur une position clairement multilatéraliste et anti-hégémonique » (Massiah 2005). Précisons que l'existence de points communs et d'accords entre plusieurs pays du Sud ne signifie en aucune manière l'unité de ce bloc.

En définitive, le Sud doit constituer une force capable de négocier avec la triade. Il doit récupérer son autonomie indépendamment de toute puissance. Une fois constitué solidement, le Sud se permettra d'imposer son agenda au niveau mondial :

> Ce projet n'aura de chance de voir sa réalisation avancer progressivement que si des forces sociales se cristallisent autour de lui d'abord à l'échelle des États-nations, seuls capables de véhiculer les réformes nécessaires (…). Cette étape préliminaire est incontournable : sans elle, la vision d'une régionalisation planétaire humaniste et progressiste, susceptible de faire sortir le monde du chaos et de la crise et de redémarrer le développement, restera fatalement utopique (Herrera 2000 : 7).

Bibliographie

Amin, Samir (2003) : *Le virus libéral*, Paris, Le Temps des Cerises.

Attac-Maroc (2005) : *Privatisations, stopper l'hémorragie*, ouvrage collectif, Publications d'Attac-Maroc, Groupes d'Agadir et de Rabat, juin.

Aziki, Omar (2014) : « Les impacts des accords de libre-échange conclus par le Maroc : accentuation de la dépendance et pillage des ressources », Attac-Maroc, septembre 2014.

Berrada, Abdelkader (2011) : « L'expérience marocaine d'investissements directs étrangers : quels enseignements peut-on tirer ? », in : *Revue marocaine d'audit et de développement*, n° 33.

Centre Europe-Tiers Monde (CETIM) (2005) : *Mobilisation des peuples contre l'ALCA-ZELA*, (Ouvrage collectif), Genève.

Herrera, Rémy (2006) : *Amérique latine : quelle alternative régionale au néo-libéralisme ?* Paris, CNRS.

Hibou, Béatrice (2003) : « Le partenariat en réanimation bureaucratique », in : *Critique internationale*, n° 18, janvier.

Lahlou, Mahdi (2008) : « La privatisation de l'eau au Maroc : les premiers constats à partir de l'expérience de la Lyonnaise des Eaux à Casablanca », 13/02/2008 sur www.acure.eau.org.

Mahiou, Ahmed (1983) : « La coopération Sud-Sud : limites du discours unitaire », in : *Revue tiers monde*, Paris, Octobre-Novembre.

Martinez, Luis (dir.) (2008) : *Le Maroc, l'UMA et l'intégration régionale*, mai 2008 sur www.ceri-sciencespo.com.

Ministère de l'Économie et des Finances du Maroc : les lois de finances de 1998 à 2007.

Pascon, Paul / Ennaji, Mohamed (1986) : *Les paysans sans terre au Maroc*, Casablanca, Éd. Toubkal.

Perrin, Simon (2002) : *Les entrepreneurs marocains, un nouveau rôle social et politique face au Makhzen*, Institut universitaire d'études du développement, Paris.

Rahmani, Mimoun (2005) : « Nouveau contexte de la dette publique marocaine : le choix de l'endettement extérieur, conséquences et risques », mai 2005, sur www.maroc.attac.org/.

Rahmani, Mimoun (2007) : « Les pièges de la dette marocaine », juin 2007, sur www.maroc.attac.org/.

Saâdi, Mohamed Said (2006) : Secteur privé et développement humain au Maroc (1956-2005), sur www.rdh50.ma.

Saâdi, Mohamed Saïd (2008), « UpM : une illusion de plus », in : *Le quotidien Al Bayane* du 22/07/2008, Casablanca.

Zoubdi, Ahmed (2008) : « L'économie marocaine vue par Dominique Strauss-Kahn » (en arabe), in : *Alahdat Almaghribia* du 15-10-2008.

Zoubdi, Ahmed (2013) : *Les pays du Sud dans le système mondial, Polarisation, démocratisation, intégration polycentrique*, Préface de Samir Amin, Collection Forum du Tiers Monde, Paris, L'Harmattan.

Ahcene Amarouche

Accord d'Association Algérie-UE et diversification économique en Algérie

Quel bilan, quelles perspectives ?[1]

Introduction

L'Union européenne (UE) et l'Algérie ont signé, en 2002, dans l'esprit du processus de Barcelone de novembre 1995, un accord d'association. Entré en vigueur en septembre 2005, progressivement mis en œuvre, il devait aboutir, en 2017 après une exécution échelonnée d'abord sur une douzaine d'années puis portée à quinze, à l'achèvement de la création d'une zone de libre-échange entre les signataires. Amendé afin de reporter, en 2020, cette échéance, il ne semble pas avoir donné, à ce jour, des résultats bénéfiques pour l'Algérie. La demande de sa révision par les autorités algériennes, appuyées par les acteurs économiques et, principalement, les chefs d'entreprises, qui peinent à trouver des *brèches* dans l'arsenal des barrières non tarifaires érigé par les pays de l'UE pour promouvoir leurs exportations, n'a pas eu, à ce jour, d'écho positif du côté de l'UE.

Les produits algériens (notamment industriels) ne jouissent certes ni d'une qualité suffisante au regard des normes européennes ni de coûts attractifs pour se voir ouvrir des débouchés sur le marché européen. Mais du côté de l'UE, cette armada de normes techniques plus contraignantes les unes que les autres semble bien avoir pris la place du désarmement tarifaire, dans le même esprit protectionniste que les barrières tarifaires maintenant abolies. Cette situation n'empêche pas l'UE de présenter le désarmement tarifaire comme l'argument majeur d'une coopération *mutuellement bénéfique* avec l'Algérie et les autres pays de la rive sud de la Méditerranée en dépit de l'absence de retombées positives pour ces derniers.

Si le désarmement tarifaire européen n'a pas eu de retombées positives sur l'économie algérienne depuis plus de dix ans, ce n'est pourtant pas seulement à cause des barrières non tarifaires de l'UE mais aussi à cause de

1 Nous remercions vivement Mlle Siagh Souhila d'avoir mis à notre disposition ses recherches bibliographiques, les résultats statistiques de ses travaux sur l'Avantage Comparatif Révélé ainsi que de son aide pour la présentation stylisée de l'évolution comparée de cet avantage dans les relations commerciales entre l'Algérie et l'UE.

la faible diversification interne de l'économie algérienne dont se ressentent les exportations hors hydrocarbures du pays.

Pourtant, dans son principe, la diversification économique est un facteur doublement bénéfique :

- d'une part, elle permet de créer en interne des relations intersectorielles dynamiques, à même de favoriser la croissance et de satisfaire – sinon de susciter – une demande étrangère pour les produits du pays ;
- d'autre part, elle permet de réduire le déficit (ou d'augmenter l'excédent) de la balance commerciale du pays en agissant à la baisse sur les importations de biens et services marchands à forte valeur ajoutée qui sont la source d'une hémorragie de devises.

Dans le cas de l'Algérie, la faiblesse de la diversification économique, devenue structurelle et quasi institutionnelle, est sinon la cause principale, du moins l'une des causes de l'échec annoncé de l'accord d'association Algérie-UE. Mais l'esprit de cet accord a été un facteur aggravant alors même qu'il se donnait pour objectif d'intégrer l'Algérie dans le processus de libre-échange présenté par la science économique orthodoxe comme pourvu de toutes les vertus.

Aussi, et paradoxalement, ni les conditions internes (qui ont progressivement conduit le pays à entrer dans un processus de désindustrialisation depuis plus de trente ans) ni les clauses de l'Accord d'association Algérie-UE n'ont favorisé la diversification économique de l'Algérie qui, *in fine*, dépend plus que jamais et, de façon plus directe que lors des décennies antérieures aux années 2000, des importations de biens et services marchands de l'Europe et d'autres continents (dont l'éventail couvre à présent toute la gamme des biens d'équipement, des produits intermédiaires et des produits finis de large consommation et de luxe).

À la faveur de la *dégringolade* actuelle des prix du pétrole sur le marché mondial et de la baisse drastique des revenus pétroliers du pays, une politique d'import-substitution fondée sur la diversification économique peut-elle se mettre en place en Algérie ? La révision de l'Accord d'association Algérie-UE peut-elle la favoriser ? La campagne publique lancée au mois de juin 2015 pour « consommer algérien » peut-elle remettre en cause les habitudes de consommation de produits d'importation réputés (à tort ou à raison) de meilleure qualité que les produits algériens ? Bien d'autres questions viennent à l'esprit quand on envisage la situation de l'Algérie dans la perspective des faits passés.

Cette étude composée de deux sections cherchera à dresser un état des lieux relatif à l'exécution de l'Accord Algérie-UE et en montrera les limites face à la faible diversification de l'économie algérienne. L'accent sera mis sur la situation de l'industrie en raison du rôle qu'elle joue dans la réalisation d'une croissance vertueuse pourvoyeuse d'emplois (l'emploi étant un enjeu de taille pour la stabilité sociale et politique dans le pays).

Dans la première section, intitulée *Du déni théorique à la reconnaissance empirique des retombées bénéfiques de la diversification économique*, nous résumerons à grands traits les tendances principales de la littérature sur la diversification économique et sur la diversification des exportations qui en est le corollaire. Bien que d'obédience néoclassique, cette littérature montre clairement que la diversification économique est la condition de la croissance des exportations, portant ainsi un démenti à la théorie orthodoxe du commerce international, jusque-là prédominante, selon laquelle les pays ont intérêt à se spécialiser dans la production des biens et services pour lesquels ils ont un avantage comparatif au sens d'Heckscher-Ohlin-Samuelson.

Dans la deuxième section, intitulée *Les exportations algériennes à l'épreuve de l'Accord d'association Algérie-UE*, nous tenterons de montrer, à l'aide des statistiques du commerce extérieur, les faiblesses de l'économie algérienne en termes de diversification pour conclure au déséquilibre en défaveur de l'Algérie des retombées de l'accord d'Association Algérie-UE.

1. Du déni théorique à la reconnaissance empirique des retombées bénéfiques de la diversification économique

La situation économique de l'Algérie depuis les années 2000 est caractérisée par une croissance forte mais fragile, tirée par trois secteurs : les hydrocarbures, le BTP et l'agriculture. Le premier est le principal sinon le seul pourvoyeur de devises tandis que les deux autres sont soutenus par une demande domestique en expansion, financée en partie par les revenus en devises du pays. La dépendance de l'économie vis-à-vis des hydrocarbures est une donnée structurelle que l'abandon de la stratégie algérienne de développement des années 1960-1970 n'a fait que renforcer, en dépit des aléas de la demande mondiale de pétrole et de gaz et des évolutions erratiques de leurs prix sur les marchés extérieurs qui auraient dû conduire les autorités à se doter d'instruments de veille stratégique. L'absence de tels instruments, en situation de baisse drastique des prix du pétrole depuis l'automne 2014, présage de difficultés à venir pour le pays que ne pourront contenir ni l'appel des autorités à « consommer algérien » lancé en juin 2015, ni les velléités du gouvernement de renouer avec une nouvelle politique industrielle du type « import-substitution » ni la forte dépréciation du dinar par rapport à l'euro dont les mêmes autorités attendent qu'elle agisse mécaniquement, à la baisse, sur les importations. La raison en est la trop grande dépendance du pays vis-à-vis des intrants et autres biens et services marchands étrangers en l'absence d'une diversification économique.

Depuis le début des années 1980 et au fil des décennies, la diversification économique n'a cessé en effet de se réduire tandis que se mettait en place une libéralisation commerciale se traduisant par une demande d'importation en perpétuelle augmentation. Quoique les autorités algériennes, conscientes des effets désastreux de ce phénomène sur l'économie du pays, aient fait montre jusqu'à présent d'une grande réticence à faire adhérer l'Algérie à l'OMC et à décréter la convertibilité totale du dinar,[2] un accord d'association avec l'Union européenne a été signé en 2002, suivi d'un accord commercial avec la zone arabe de libre-échange (ZALE) dont les retombées sur l'économie du pays sont loin d'être bénéfiques. À la faveur d'une remontée sans précédent des prix du pétrole et du gaz, qui a eu lieu au cours des années 2001-2008, le pays s'est lancé dans une ouverture à sens unique qui se traduit par un volume d'importations de biens et services en forte augmentation tandis que se rétrécissait l'éventail des biens et services exportés. Comme si l'Algérie souscrivait pleinement au modèle traditionnel du commerce international que pourtant une littérature foisonnante a depuis longtemps remis en cause, les exportations du pays ne cessent de se réduire à celles du pétrole et du gaz ou à leurs dérivés, dans un mouvement séculaire de spécialisation.

Aussi peut-on se demander si le renouvellement de la réflexion sur le développement ne doit pas repartir malgré tout, en l'état actuel de la structure productive des pays mono-exportateurs – dont l'Algérie est l'exemple type – de la nécessité de renouer avec les politiques d'import-substitution et avec les stratégies de la diversification économique qui leur servent de fondement doctrinal tant celles-ci semblent être la condition pour (re)trouver le sentier vertueux de la croissance.

1.1. La diversification économique : concept et théories

Au sens le plus immédiat, la diversification économique consiste à élargir progressivement la gamme des produits fabriqués dans un pays. Cela n'implique pas *a priori* de modification majeure des niveaux de productivité, du moins tant que ne sont pas internalisés les processus productifs à fort contenu technologique. Pour cette raison, la diversification a davantage rapport au développement, entendu comme la combinaison des changements mentaux et sociaux d'une population qui la rendent apte à faire croître cumulativement et durablement son produit réel global (Perroux 1964), qu'à la croissance entendue selon le même auteur comme l'accumulation soutenue, pendant une ou plusieurs périodes longues, d'un indicateur de dimension : pour une nation, le produit global net en termes réels. La raison en est que le développement implique un processus d'apprentissage industriel que n'implique pas la croissance. Aussi, la diversification économique

2 Il existe en Algérie un lobby de la convertibilité totale du dinar dont le principal représentant – Ali Benouari – est un ancien ministre délégué au Trésor, candidat à l'élection présidentielle de mai 2014, qui dirige présentement une société de conseil et de montage en partenariat industriel et financier installée en Suisse. Ali Benouari a publié dans le quotidien El Watan les 25 et 26 décembre 2005 un article sous le titre : « Plaidoyer pour la convertibilité totale du dinar ».

est-elle d'abord une affaire interne qu'une nécessité externe, quoiqu'elle s'accompagne de la diversification des exportations dès que la productivité interne s'élève à un niveau où il devient possible pour l'économie d'affronter la compétitivité internationale.

En dépit de la prédominance de la théorie traditionnelle du commerce international qui associe avantages comparatifs et spécialisation, le débat sur la diversification a été très tôt présent dans la littérature économique. À la suite de l'introduction de l'hypothèse des discontinuités positives par Rosenstein-Rodan (1943), hypothèse qui a conduit à l'élaboration de la théorie des industries entraînantes, de nombreux auteurs, à l'exemple de François Perroux (qu'on ne peut néanmoins classer dans le groupe des économistes orthodoxes), ont mis l'accent sur l'effet positif des secteurs moteurs sur le développement de l'entière économie. Dans le cas de l'Algérie, Gérard de Bernis a adapté cette approche sous le nom d'*industries industrialisantes* à la stratégie d'industrialisation que les autorités politiques avaient mise au cœur du projet de développement du pays dans les années 1960 et 1970.[3]

L'hypothèse d'un développement par la diversification économique ne s'appuie donc pas sur l'idée d'une orientation vers l'extérieur de toute l'économie (politique de promotion des exportations) ni, en conséquence, sur l'idée d'un relèvement mécanique du niveau de performance (en termes de productivité notamment) de l'économie qui mettrait cette dernière en état de soutenir la compétitivité internationale. Bien au contraire : des auteurs tels que Raoul Prebisch (1950), Celso Furtado (1971) et d'autres s'intéressaient davantage, à l'époque où l'économie du développement connaissait une certaine gloire, à l'augmentation de la diversification des activités productives dans un pays par une protection temporaire des industries naissantes, encouragées par la politique d'import-substitution, qu'à la compétitivité internationale des économies en développement. Cette politique était, au demeurant, apparue comme une nécessité dès les années 1930, quand les courants d'échange entre les pays de vieille industrialisation et les pays d'Amérique latine se sont taris sous l'effet de la Grande Dépression. Depuis lors, la littérature sur la diversification économique s'est certes fortement contractée sous la pression idéologique des tenants de la théorie orthodoxe de la spécialisation internationale, mais des études empiriques apportent à nouveau la preuve de la pertinence des politiques fondées sur la diversification économique, y compris pour asseoir une stratégie efficace de relance par l'exportation.

Dans une contribution à ce débat s'inscrivant dans le modèle traditionnel du commerce international, Imbs et Wacziarg (2003) ont formulé l'idée selon laquelle la diversification économique de l'offre domestique est d'abord favorisée par le revenu (qui augmente) avant que la spécialisation

3 « Les industries industrialisantes et les options algériennes », *Revue Tiers-Monde* n° 47, juillet-septembre 1971.

ne redevienne possible sous les effets d'agglomération et des avantages comparatifs qui résultent de l'élévation de la productivité.[4]

D'autres travaux ont mis l'accent sur l'importance de la diversification. Romer (1990) a introduit l'idée d'un effet bénéfique de la diversification, dû à la disponibilité des intrants au sein d'une économie, comme facteurs d'accroissement de la productivité du travail et du capital humain. La diversification peut également contribuer à la croissance en augmentant le nombre de secteurs et d'opportunités d'investissement tout en réduisant le risque pour les investisseurs. Prenant en cela le contrepied de l'analyse des auteurs précités, Romer en arrive à la conclusion que plus l'économie produit de biens différents, plus le revenu sera élevé. À l'évidence, les deux variables de la même fonction sont prises en compte différemment par les auteurs, ce qui suggère que la diversification économique est source de revenu supplémentaire tandis que le revenu supplémentaire favorise la diversification économique.

1.2. La diversification des exportations : effet induit de la diversification économique

Effet induit de la diversification économique, la diversification des exportations favoriserait, selon d'autres auteurs, la croissance : à travers ses retombées internes sur la productivité, des externalités positives peuvent se manifester en forme de connaissance des techniques de production, de nouvelles pratiques de gestion et de commercialisation, etc. (Amin, Gutierrez de Pineres et Ferrantino 2000, Al-Marhubi 2000).[5]

Dans la même lignée, Agosin (2007) soutient que la croissance à long terme est associée au phénomène d'apprentissage lié à la production d'une gamme croissante de marchandises, ce qui suppose la diversification économique. Il développe et teste un modèle de croissance qui met l'accent sur la capacité d'introduction de nouveaux produits à exporter comme la principale source de croissance pour les pays qui sont à la frontière technologique. D'autres travaux, s'inspirant des recherches sur les stratégies de diversification des portefeuilles financiers, aboutissent aux mêmes conclusions – à savoir une soutenabilité accrue des dynamiques de croissance (Berthélemy 2005).

Il ressort de toutes ces études et de bien d'autres encore, qu'il serait fastidieux de citer exhaustivement, que la spécialisation dans un seul produit est une source de volatilité et de forte instabilité économique de pays ou

4 Faut-il rappeler ici que le modèle ricardien ne présuppose aucunement des niveaux de productivité similaires entre pays et que, au contraire, il se fonde sur leur différence (reflétée par la différence de coût pour un même produit) ?

5 Cités par Matadeen, « Export diversification and economic growth, case study of a developing country "Mauritius" », Middlesex University, 2011, p. 4.

de régions entières (Denise et Sirima 2001). C'est le cas en particulier de pays disposant de fortes réserves en ressources naturelles comme le pétrole dont les difficultés économiques sont analysées sous le volet théorique dit le « Dutch disease ».

1.3. L'effet « Dutch disease » de la disponibilité de ressources

Ce volet de la nouvelle littérature économique traite de l'effet négatif sur l'économie d'une trop grande disponibilité des ressources naturelles – ce que certains auteurs qualifient de *malédiction des ressources*. Implicitement, la disponibilité des ressources est associée à une forte spécialisation ou, pour le dire autrement, à une faible diversification économique. Cette littérature, connue sous la dénomination de « Dutch Disease », postule que les pays riches en ressources naturelles concentrent leurs exportations sur ces ressources (pétrole, minéraux, café, diamants, etc.), ce qui a un impact négatif sur le potentiel d'exportation des autres secteurs et plus généralement sur le potentiel de développement industriel : un processus de désindustrialisation s'enclenche alors. Le Dutch Disease (ou syndrome hollandais selon les auteurs) réfère au fait que, en raison de l'appréciation du taux de change réel de la monnaie nationale pendant les périodes de boom des exportations de la ressource concernée, une perte de compétitivité pour les autres secteurs exportateurs de l'économie se produit et se solde par une désindustrialisation dans l'entière économie. Quoique cette analyse pèche par le caractère mécaniste des effets du taux de change sur les exportations (ces effets pouvant être neutralisés partiellement par la politique de non-convertibilité ou de convertibilité partielle de la monnaie domestique en vigueur dans de nombreux pays exportateurs de ressources de base), elle n'en rend pas moins compte d'une réalité, à savoir qu'en l'absence d'une diversification économique, le pays est voué à dépendre de ses exportations des ressources de base et donc des évolutions erratiques des cours de ces ressources sur le marché mondial. C'est bien entendu le cas des pays exportateurs de pétrole dont on constate, depuis près d'une année, une baisse drastique des prix du baril, laquelle a des effets désastreux sur leurs réserves de change et, conséquemment, sur leur capacité à maintenir à niveau la production domestique en biens et services autres que le pétrole – et les revenus y afférents.[6]

---

6 Voir à ce sujet le rapport de la Banque d'Algérie de juillet 2015 relatif à ce pays, en particulier les graphiques de la page 33. Pointant du doigt le poids des importations dans la structure de la demande intérieure, le rapport note : « Du fait de l'importante élasticité de la demande domestique aux importations, l'expansion substantielle de l'absorption n'a pas eu l'impact escompté sur la croissance globale, estimée à 3,8 %. Autrement dit, l'accroissement de la demande intérieure profite plus aux partenaires commerciaux qu'au développement de l'économie nationale ».

On peut déduire de la littérature économique récente sur le sujet que la croissance par les exportations ne peut se poursuivre à long terme sans que l'économie ne soit suffisamment diversifiée. Si certains auteurs, s'inspirant de l'expérience des pays d'Asie du Sud, soutiennent que l'augmentation des exportations conduit à une plus forte croissance, l'importance de l'impact de la diversification des exportations sur la croissance dépendra du type des produits exportés en relation avec la demande mondiale, ce qui suppose une capacité d'adaptation que ne peut conférer à ces pays que la forte diversification économique qu'ils ont atteinte.

Comme on peut le constater au vu des travaux susmentionnés, la diversification économique et son corollaire, la diversification des exportations, entrent nettement en contradiction avec les enseignements de la théorie pure du commerce international pour laquelle la spécialisation est un facteur d'efficacité économique.

Certes, la nouvelle théorie du commerce international, qui met en avant les échanges intra-branche, renoue quelque peu avec l'idée de la diversification des exportations dans la mesure où une différenciation s'établit entre produits de la même branche proposés à l'échange selon leurs caractéristiques. Selon ces travaux, le développement de l'échange intra-branche permet de disposer d'une plus grande diversité de produits et de bénéficier d'une plus grande efficacité économique en raison de la réduction des marges de monopole. Pour Barthélemy (2005), ceci est cohérent avec la recherche d'une plus grande diversification de l'économie. Cet aspect de la nouvelle théorie du commerce international a pu servir d'argument au développement de la sous-traitance entre pays ainsi qu'à l'investissement direct étranger à vocation industrielle plus ambitieuse ce qui, si les pays d'accueil de ces investissements les inscrivent dans une politique d'ensemble cohérente, peut en effet aider plutôt qu'entraver la diversification économique.

Mais ce type d'analyse pèche par son caractère globalisant : les mêmes hypothèses de recherche s'appliquant aux économies fortement industrialisées comme aux économies émergentes ou sous-développées. Il n'est pas étonnant dès lors de constater que, les IDE s'orientant principalement vers les activités à fort potentiel d'exportation, ce soit les pays développés qui en sont les principaux bénéficiaires. Peut-on soutenir dans ces conditions que le commerce intra-branche permettra aux pays mono-exportateurs d'échapper à la « malédiction » des ressources naturelles ? Le cas de l'Algérie ne corrobore pas une telle idée. Plus que dans les autres pays de la région MENA, l'investissement direct étranger (IDE) est faible, voire inexistant dans les secteurs d'activité autres que le secteur pétrolier. Et il renforce plutôt qu'il ne limite la spécialisation internationale du pays dans le commerce mondial de biens et services.

Dans la suite de la présente étude, nous essaierons de montrer qu'en dépit (ou peut-être à cause) de l'accord d'association, l'Algérie a toutes les peines du monde à s'insérer différemment que par le passé dans la division internationale du travail.

2. Les exportations algériennes à l'épreuve de l'Accord d'association Algérie-UE

2.1. Les accords commerciaux : principe et effectivité

Le principe des accords commerciaux n'est pas nouveau : il est né avec l'avènement des États-nations modernes. Il consiste à créer un marché unifié entre plusieurs États d'une même sphère géographique. Quoique l'Organisation mondiale du commerce (OMC) ait pour vocation d'abolir tous les obstacles au commerce entre les nations à l'échelle planétaire, ce qui devrait rendre les accords commerciaux régionaux sans objet, ceux-ci se sont même multipliés dès avant l'avènement de l'OMC (1992) comme le montre le graphique ci-dessous.

Graphique n° 1 : Evolution of Regional Trade Agreements in the world, 1948-2015

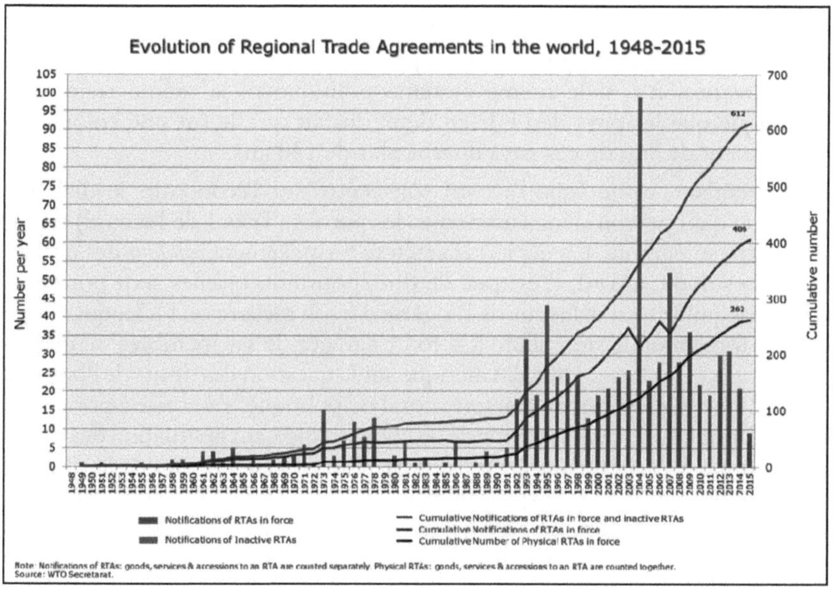

Leur vocation est la réalisation d'une intégration régionale, ce qui ne va pas sans que ne soient réunis certains préalables politiques. Parmi les accords de ce type, celui ayant abouti à l'Union européenne, la CECA (Communauté européenne du Charbon et de l'Acier) peut être considérée comme un modèle du genre puisqu'il affichait déjà (sous la dénomination de Communauté) l'ambition politique d'une forte intégration européenne dans son domaine d'application. L'aspect politique de cette intégration ressort nettement de l'évolution ultérieure de cet accord vers l'Union monétaire, aujourd'hui concrétisée dans la monnaie unique et, *in fine*, vers l'UE.

Toutefois l'intégration régionale peut être problématique, si l'écart entre les niveaux de développement des pays concernés est trop grand. Si, en outre, des divergences existent dans les systèmes ou dans les visions politiques des partenaires, comme c'est le cas de l'Europe des 28, l'intégration régionale peut être porteuse de dangers futurs. C'est ce que montre clairement la crise grecque des dernières années (2010-2015) dont les effets ne se font pas sentir seulement sur le système monétaire mais également, et plus fondamentalement sans doute, sur les institutions démocratiques d'une Europe aux prises avec son histoire mouvementée. Au demeurant, la confusion règne entre l'adhésion à l'UE comme modèle politique et l'adhésion à l'OTAN comme institution militaire surannée dominée par les États-Unis d'Amérique, vestige de la guerre froide que le conflit ukrainien et les guerres en cours au Moyen-Orient servent à *maintenir à flot*.

Dans le cas de l'accord Algérie-UE, non seulement l'écart de développement est effectivement considérable mais l'Algérie, qui n'appartient pas à la sphère géographique de l'Europe, dont elle est séparée par la mer Méditerranée, n'a ni le même système politique ni la même trajectoire historique que les pays de l'UE en dépit du fait qu'elle fut une colonie de peuplement de l'un de ces pays durant plus de 130 ans.

Cependant, et quoique l'accord soit centré sur l'économie, le dialogue politique qu'il prévoit d'instaurer entre les parties (Titre I de l'accord) en est une partie intégrante. En dépit du caractère formellement *équilibré* des clauses politiques dudit accord, il est peu de dire, pourtant, qu'elles sont porteuses d'un déséquilibre en défaveur de l'Algérie dans la mesure où l'UE, qui s'érige en une force morale supérieure à la force agrégée de ses membres[7] tendant à concurrencer les États-Unis d'Amérique sur la question des droits de l'homme et sur d'autres questions à caractère moral ou politique, s'autorise à porter des appréciations politiques sur le mode de gouvernance, sur la situation des droits de l'homme en Algérie ainsi d'ailleurs que dans les autres pays de la rive sud de la Méditerranée avec lesquels elle a signé des accords d'association.[8] Mais ce n'est pas cet aspect de l'accord qui nous intéresse ici, ce sont les dispositions à contenu économique et leur effet désindustrialisant. Les titres II, III et

7 Lesquels gardent une relative autonomie de jugement dans leurs relations avec l'Algérie comme l'attestent certaines déclarations gouvernementales en France.

8 Il est curieux que l'UE ne s'autorise presque jamais à porter des jugements sur la situation des droits de l'homme dans les pays à régime monarchique du Golfe persique, l'Iran excepté.

IV de l'accord régissent la libre circulation des marchandises (titre II), des services (titre III) et des capitaux (titre IV).

Sans entrer ici dans une énumération fastidieuse de ces dispositions, on notera que ces trois titres organisent sur une période de douze ans (portée depuis peu à quinze), un désarmement douanier complet de l'Algérie dans les trois volets susmentionnés. L'article 20, paragraphe 1 de l'accord résume assez correctement le dispositif dans son ensemble en stipulant : « Les deux parties s'abstiennent de toute mesure ou pratique de nature fiscale interne établissant directement ou indirectement une discrimination entre les produits de l'une des parties et les produits similaires originaires de l'autre partie ». Le caractère formellement équilibré d'une telle clause paraissant indiscutable, nous essaierons dans ce qui suit d'en montrer les effets désastreux sur l'économie algérienne en centrant la réflexion sur l'industrie. C'est à ces effets que nous consacrons la suite de cet exposé en nous appuyant sur les développements de la section 1 ci-dessus pour évaluer la dégradation des capacités d'exportation de l'Algérie depuis la mise en œuvre de l'Accord d'Association Algérie-UE, signe patent de sa faible diversification économique.

2.2. Accord d'association Algérie-UE et commerce extérieur : la désindustrialisation en marche

L'annexe 2 de l'Accord d'association Algérie-UE recense plus de 2 000 (2 042 exactement) produits industriels importés de l'UE par l'Algérie et concernés par la suppression des droits de douane et taxes d'effet équivalent à partir de la date d'entrée en vigueur de l'accord (soit le 1er septembre 2005). À cette liste s'ajoutent les produits industriels de même provenance pour lesquels les droits de douane et taxes d'effet équivalent sont éliminés progressivement sur une période de sept ans à compter de la date d'entrée en vigueur de l'accord, soit 756 produits (Annexe 3). C'est donc un total de près de 2 800 produits industriels concernés par le désarmement douanier. Or les importations de produits industriels n'ont pas cessé d'augmenter en valeur comme le montre le graphique n° 1 ci-dessous. Pour 2011, la facture s'élève à plus de 30 milliards de dollars, rien que pour les biens d'équipement et les produits intermédiaires (destinés à l'outil de production).[9] Pour les quatre principaux pays de l'UE (France, Italie, Espagne, Allemagne), le montant des importations pour ces mêmes types de produits s'élevait la même année à plus de 11 milliards ! En 2005, la valeur globale d'importation pour ces deux postes toutes provenances confondues se situait autour de 14 milliards de dollars.

9 Les données du CNIS, desquelles sont tirés ces chiffres, ne distinguent pas entre biens de consommation alimentaires et non alimentaires (électroménager, etc.) pour nous permettre d'intégrer ces derniers dans l'analyse.

Les graphiques n° 2 et 3 montrent l'évolution régulière des importations tous produits et toutes provenances confondus entre 1995 et 2011 tandis qu'à l'évolution régulière des exportations entre 1995 et 2008 succède une évolution heurtée depuis. Des statistiques récentes, il ressort que la balance commerciale de l'Algérie, excédentaire jusqu'en 2013, est devenue déficitaire en 2014 pour plus de 8 milliards de dollars. Cette situation est, comme on s'en doute, la résultante de deux catégories de faits : une explosion des importations due à l'augmentation des prix du pétrole jusqu'en 2008, une chute des exportations due à la baisse de ces derniers conjuguée avec le maintien du niveau d'importation atteint à cette date et consécutif au désarmement douanier lié à l'Accord d'association Algérie-UE. Au total, et si l'on en croit la presse écrite de ce début 2016, c'est plus de 195 milliards d'euros d'importations en provenance de l'UE que l'Algérie a déboursés contre moins de 13 milliards de rentrées en dix ans (2005-2015).

Graphique n° 2 : Évolution des importations par groupe de produits (2004-2011) en millions de dollars

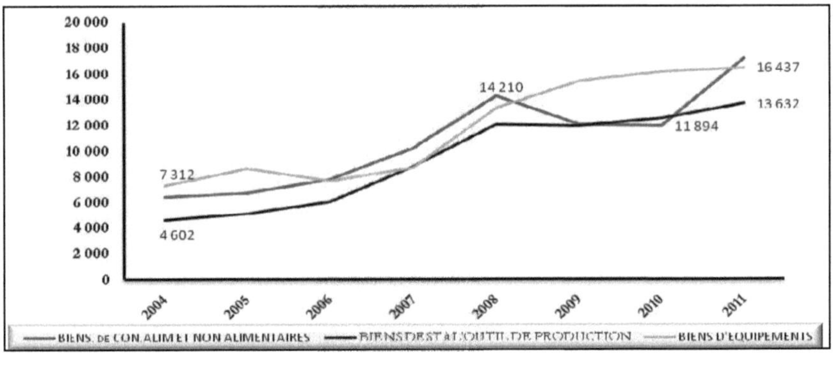

Source : Houri Hocine (octobre 2012), Direction générale des douanes, Centre national de l'informatique et des statistiques (CNIS).

Graphique n° 3 : Évolution des importations et des exportations algériennes (1995-2011)

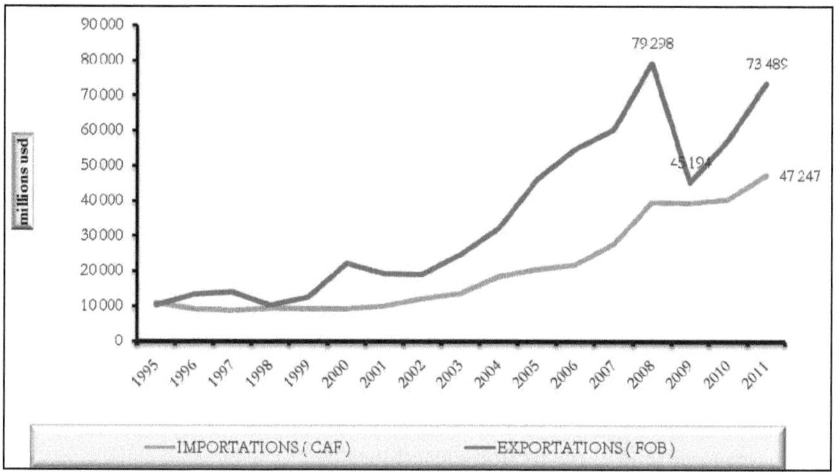

Source : Houri Hocine (octobre 2012), Direction générale des douanes, Centre national de l'informatique et des statistiques (CNIS).

2.3. Le niveau de compétitivité des exportations algériennes selon l'ACR

La diversification des exportations passe aussi bien par le renforcement des exportations traditionnelles (facteur extensif) que par la promotion des exportations de nouveaux produits (facteur intensif). Tout dépend évidemment de l'avantage comparatif que permettent ces facteurs mais la notion d'avantage comparatif, telle qu'entendue à présent, n'a pas le même sens que celui que lui conférait la théorie ricardienne du commerce extérieur.

Chez Ricardo, l'avantage comparatif est la différence *en termes de quantité de marchandises*, des coûts relatifs (en travail) de deux produits dans le même pays. L'échange s'établit entre deux pays en forme de vente du bien pour lequel l'un a le coût de production le plus faible et d'achat du bien pour lequel il a le coût de production le plus élevé, la situation inverse étant supposée exister dans le cas de l'autre pays pour les mêmes produits. Il en résulte que les deux pays gagnent à l'échange, la différence de coût dans l'un et l'autre pays entre les deux produits constituant la matière de ce qu'ils gagnent ensemble dans des proportions différentes. De nos jours, les échanges se faisant en monnaies, l'avantage comparatif *apparaît*, après conversion des coûts dans un même numéraire, comme la différence de coûts relatifs ajustés par les taux de change effectifs réels qui, s'ils ne sont pas manipulés administrativement, détermineront le niveau de compétitivité de chacun des deux pays. On parle alors d'avantages comparatifs révélés

(Balassa 1965), le calcul pouvant se faire à partir des données de la balance commerciale de chaque pays.

L'analyse de l'évolution des avantages comparatifs révélés (ACR) de l'Algérie révèle un recul de la compétitivité de certains produits exportés vers d'autres régions au cours de la période 1996-2014. Cette situation coïncide en partie (1996-2001) avec la mise en œuvre du Programme d'ajustement structurel (PAS) imposé par le FMI, qui s'est soldé par la fermeture d'un grand nombre d'entreprises industrielles publiques du pays et le licenciement de près de 500 mille travailleurs, en partie (2001-2014) avec la période d'aisance financière du pays résultant de la revalorisation des prix du pétrole sur le marché mondial (effet Dutch disease). Mais dans l'ensemble, l'évolution apparaît irrégulière, voire erratique, et souligne bien la nature rentière prédominante de l'économie.

Comme on pouvait s'y attendre au vu des effets de la désindustrialisation sur l'économie, les produits touchés par ce recul sont principalement les produits manufacturiers, en particulier :

- les appareils et outils non électriques ;
- les appareils pour la médecine et la chirurgie dentaire ;
- l'équipement mécanique de manutention ;
- les machines agricoles (sauf tracteurs), les parties, les pièces ;
- les machines pour le travail des métaux et des pièces détachées ;
- les ouvrages en matières plastiques ;
- les pompes (sauf pour les liquides), compresseurs ; ventilateurs ;
- les pompes pour liquides ;
- les remorques et semi-remorques ;
- les tracteurs ;
- les véhicules routiers.

Les avantages comparatifs restants ne concernent que les ressources naturelles (pétrole et gaz) ou leurs dérivés ainsi que quelques produits à faible valeur ajoutée : zinc, fonte, fer, acier et liège notamment. C'est ce que montre la matrice ci-dessous par laquelle nous avons représenté l'évolution de l'avantage comparatif révélé de l'Algérie sur les pays de l'UE. Ainsi que l'indique la clé passée en haut de la page à gauche, quand cet avantage s'améliore d'une année à l'autre, la couleur vire du clair au sombre. Inversement quand l'ACR se détériore, un simple coup d'œil sur la matrice montre que l'évolution de l'ACR est on ne peut plus erratique même pour les produits pour lesquels l'Algérie possède une position naturelle avantageuse (pétrole, gaz et dérivés). Ce constat est révélateur de l'absence d'effet positif durable de l'Accord d'Association Algérie-UE au cours de la période 2005-2014, tandis que les chiffres déjà cités montrent qu'il y eut détérioration de la situation de l'Algérie pour les produits pour lesquels elle n'avait déjà pas d'Avantage comparatif révélé.

Les tableaux 1 et 2 indiquent un autre effet négatif de l'Accord Algérie-UE : il s'agit de l'apparition d'un manque à gagner en matière de droits de douane aussi bien pour la période écoulée (2005-2014) que pour la période à venir (2015-2020) alors que le pays est, avec la chute brutale des prix du pétrole depuis l'été 2014, en déficit croissant de recettes budgétaires pour financer les projets en cours. Ce qui inquiète davantage en ce qui concerne ce point, c'est moins les montants en jeux (de l'ordre de 100 milliards de dinars en 2020, soit, au taux actuel de 150 DA pour un euro, moins d'un milliard d'euros) que le rythme de croissance de ce manque à gagner étant donné le déséquilibre susmentionné entre importations et exportations de l'Algérie vers l'UE.

Graphique n° 4 : Évolution ACR

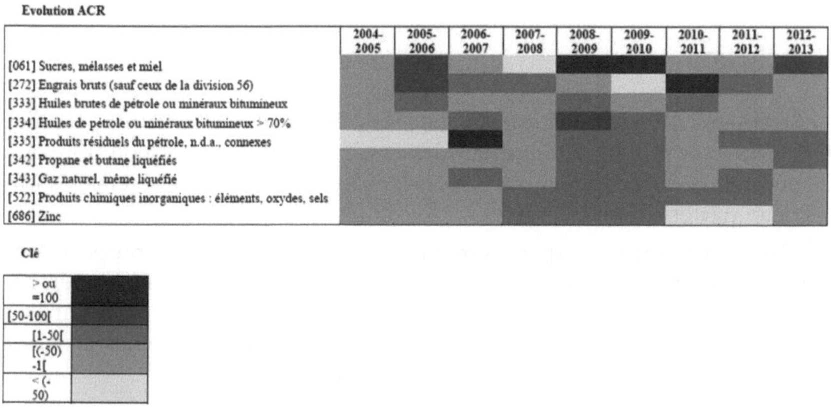

Tableau 1 : Évolution du manque à gagner en matière de Droits de Douane (MDA)

		2005[*]	2006	%	…	2010	2011	%
Produits industriels importés dans le cadre de l'accord Algérie-UE	liste 1	4 183	22 566	81	…	43 235	54 377	26
	liste 2	0	0	0	…	7 516	9 144	22
	liste 3	0	0	0	…	6 814	11 037	62
Totaux		4 183	22 566	81	…	54 565	74 550	30

Source : Houri Hocine (octobre 2012), Direction générale des douanes, Centre national de l'informatique et des statistiques (CNIS).

[*] Mois restants de l'année 2005 à compter de septembre.

Tableau 2 : Simulation du manque à gagner en matière de Droits de Douane (MDA)

Références	2012	2013	%	...	2019	%	2020	%
Annexe 2 (liste 1)	56 746	56 746	-	...	56 746	-	56 746	-
Annexe 3 (liste 2)	16 265	16 539	1,68	...	20 951	-	20 951	-
Annexes 2 et 3 (liste 3)	7 550	7 819	3,56	...	24 125	20,68	28 259	17,14
Totaux	80 561	81 104	0,67	...	101 822	4,28	105 956	4,06

Source : Houri Hocine (octobre 2012), Direction générale des douanes, Centre national de l'informatique et des statistiques (CNIS).

Conclusion

Les éléments d'analyse des conséquences de l'Accord d'Association Algérie-UE, présentés ci-dessus, ont montré le caractère léonin du déséquilibre que de nombreux observateurs ont relevé dans les relations commerciales entre les deux partenaires.

Par-delà les critiques que ces mêmes observateurs ont présentées et dont la presse algérienne se fait régulièrement l'écho, nous nous interrogerons, pour notre étude, sur les raisons qui ont incité les autorités algériennes à conclure un tel accord dont on ne peut accréditer l'idée qu'elles en aient ignoré les conséquences désastreuses sur l'économie du pays.

Deux éléments de réponse à cette question peuvent être avancés, à défaut d'une information crédible sur le sujet :

– le premier est sans nul doute l'influence déterminante, dans les rouages des institutions en charge de l'économie, du lobby des importateurs qui ont partie liée avec certains détenteurs du pouvoir de décision ;
– le second est l'imbrication sournoise dans les termes de l'Accord d'Association Algérie-UE des motifs commerciaux et des motifs politiques, l'UE comme certains des pays qui la composent exerçant sur les autorités algériennes une pression insoutenable, qui a souvent frisé l'ingérence, sous le prétexte de défense des droits de l'homme. La question des droits de l'homme n'était-elle pas brandie contre l'armée algérienne et les groupes d'autodéfense qui avaient affronté l'hydre terroriste en des termes on ne peut plus accusateurs ?

C'est à l'aune des résultats de cette politique sur l'économie de l'Algérie que l'on peut à présent juger du caractère sibyllin du titre I de l'Accord Algérie-UE intitulé « Dialogue Politique ».

Bibliographie

Accord d'Association Algérie-UE (2005) : *Journal officiel de la République algérienne* n° 31, 30 avril 2005.

Agosin, Manuel R. (2007) : « Export diversification and growth in emerging economies », in : *Serie Documentos de Trabajo*, n° 233, Department of Economics, Universidad de Chile, Santiago.

Bank of Algeria (2015) : juillet, Rapport 2014 : Évolution économique et monétaire en Algérie.

Benouari Ali (2005) : « Plaidoyer pour la convertibilité totale du dinar », in : *El Watan* (25 et 26 décembre).

Bernis, Gérard Destanne de (1971) : « Les industries industrialisantes et les options algériennes », in : *Tiers-monde*, vol. 12, n° 47, juillet-septembre, pp. 545-563.

Berthélemy Jean-Claude (2005) : « Commerce international et diversification économique », in : *Revue d'économie politique*, vol. 115, n° 5, pp. 591-611.

Furtado Celso (1971) : « Dépendance externe et théorie économique », in : *L'Homme et la société*, vol. 22, n° 1, pp. 53-65.

Houri Hocine (2012) : Direction Générale des Douanes, Centre National de l'Informatique et des Statistiques (CNIS), octobre.

Imbs Jean / Wacziarg Romain (2003) : « Stages of Diversification », in : *The American economic review*, vol. 93, n° 1 (march), pp. 63-86.

Matadeen, Sanjay (2011) : « Export diversification and economic growth. Case study of a developing country "Mauritius" », Middlesex University.

Organisation mondiale du commerce, Secrétariat (2015) : Evolution of Regional Trade Agreements in the World (1945-2015).

Perroux François (1964) : *L'Économie du XXe siècle*, 2e éd. Paris, PUF.

Prebisch Raul (1950) : « El Desarrollo Economico de la America Latina e sus principales problemas », reproduit dans le *Boletin Economico para America Latina* de février 1961. Texte préparé pour la conférence de la CEPAL de mai 1949.

Romer Paul (1990) : « Endogenous technological change », in : *Journal of Political Economy*, vol. 98, n° 5, pp. 71-102.

Rosenstein-Rodan, Paul N. (1943) : « Problems of industrialisation of Eastern and South-Eastern Europe », in : *The Economic Journal*, vol. 53, n° 210/211 (Jun.-Sept.), pp. 202-213.

Siagh, Souhila (2014) : *Diversification des exportations : choix d'une nouvelle politique pour l'Algérie*, Mémoire de Magister en économie quantitative sous la direction de A. Amarouche, soutenu publiquement en décembre 2014, ENSSEA, Alger.

Stanley, Denise L. / Bunnag Sirima (2001) : « A new look at the benefits of diversification : lessons from Central America », in : *Applied economics*, vol. 11, n° 33, pp. 1369-1383.

3.

Development in the context of the neoliberal agenda

Développement : alternatives à l’agenda néolibéral

Entwicklung im Kontext der neoliberalen Agenda

Heiner Flassbeck

The policies of the European Union and the International Monetary Fund towards North-African countries

Why did the revolutions not succeed?

Developing countries rarely care about theoretical developments in economics. They consider the main theoretical framework that is ever hardly questioned by the majority of economists and politicians in the North as given. Why should anyone in a developing country dare to question policies that have been implemented for long periods of time and therefore seem beyond question or critique? It is in this way that most economists of the developing countries accept the theories and the policy tools which are rightly called the "Washington Consensus". For a long time, the Washington Consensus was so dominant that it was almost impossible to question its apparently obvious 'rules'. The Consensus was, quite simply, the only game in the global village.

One of its most important rules concerns monetary policy and how it should be implemented literally anywhere – local differences do not matter. For many decades, the IMF based its recommendations on a theory which is called monetarism. Monetarism had the practical advantage that its guidelines could be put into practice immediately. All that is necessary is the monetary basis for it – or any other quantity of money – a projection about growth potentials and a political system which implements the proper monetary rules into the economy. However, the world is not as simple as monetarism has it. After a very short period in which it was dominant, many western countries began to abandon its ideas completely. The United States pioneered different approaches back in the 1980s of the last century.

Today, monetarism is not only dead according to leftist economists. It has been completely abandoned by Central Banks all over the world. Neither the ECB nor the FED nor the Bank of Japan nor the Bank of England still use monetarism as a basis for their policies. Unfortunately, to the developing world monetarism is still being sold as the only available and correct macroeconomic theory.

This is one of the contradictions we have to live with. The famous phrase of an American diplomat advising developing countries is typical: "do as we say, but don't do as we do". It is crucial to understand the underlying logic: the US government has fully abandoned monetarism, but the IMF nonetheless continues to preach and implement it all over the developing world.

Crucially, developing countries need to address this contradiction during international discussions, unless they prefer to remain the intellectual slaves of the Washington consensus. Here is another important example. Everybody in the West would say that growth is the result of so-called structural reforms – whatever this may be. Despite the fact that nobody knows exactly what it is, it is used as a mantra in policy debates all over the globe. The most important component of these 'structural reforms' is always the same. It is as straightforward as it is monotonous: labour markets need be made more flexible. I will ask a very simple question: are labour markets flexible in the Western world or in the North in general? If they have become more flexible of late, did the general situation improve? The clear answer is that making labour markets more flexible is not working at all. Just as in the case of monetarism, there is a strong contradiction between the narrative for the developing world and the one for the north.

My third point is the least well understood of all. The Washington consensus demands that governments contain and cut their deficits. Something close to zero is seen as ideal. In reality, things are far from being simple, because government deficits are connected to both trade balances and the savings positions of the economics sectors in the country. I will demonstrate this by taking my own country, Germany, as an example.

Let us have a look at some of the empirical results that we can find in the Western or Northern world to prove that things are not as simple as the Washington consensus tries to make us believe.

The evolution of GDP in Europe and GDP in the United States reveals a glaring difference. In the US, growth has picked up, and, although the recovery remains weak compared to previous cycles, it is clearly superior to the European performance. The European development is a complete disaster. Europe has had no new growth at all since the end of the recession. Why is this? Are our structures insufficiently flexible? Are our wages too high? Are our government deficits too high? Even in Germany, growth is very modest.

These are questions that the developing countries need to ask. Do politicians and experts from the North implement their own theories at home? If not, why not and if so, why do they fail? Unemployment remains unacceptably high in Europe. How can it be explained that Europe is being unable to bring unemployment down a full seven years after the financial crisis of 2008/09? Is it due to rigid wages? Is it due to inflexible labour-markets in France and Italy and many other countries?

These questions really matter. When the IMF tells developing countries that they have to make their labour market more flexible and cut wages, the developing countries should ask why cutting wages in Spain, Portugal and

Greece failed miserably to bring back growth and unemployment. But what about Germany then, many would ask. Germany had indeed been extremely successful because it cut wages, but the fact of the matter is that the truth is much more complex than just wage cutting. It is correct to say that the German government put pressure on the unions to agree to wage cuts. In this, it went further than any other country during the first years of the new century. What is happening today? Is Germany successful? The German example constitutes no proof for the thesis that wages need to be flexible and that labour markets need to be liberalised. There is no evidence for this whatsoever.

Inflation and Wages

Let us first consider the traditional theory of inflation. What are the determining factors of inflation in the Western world? Look at Japan. Japan by now has unsuccessfully fought deflation for nearly 25 years. Is this due to misguided monetary policies? Is it due to the fact that the Bank of Japan was not able to inflate the volume of money? The answer is clearly 'no'. In the Western world, the only strong evidence ever found strongly supports the thesis that inflation is not related to the money aggregates (the volume of money). Instead it is closely correlated to wage evolution. The strongest correlation is between unit labour costs and inflation. Unit labour cost is the margin of nominal wage increase over productivity. If productivity increases by 5% and nominal wages rise by 7%, unit labour cost rise by 2%. All over the world, unit labour cost is moving perfectly in line with inflation.

Chart 1: Unit labour costs and prices (H. Flassbeck)

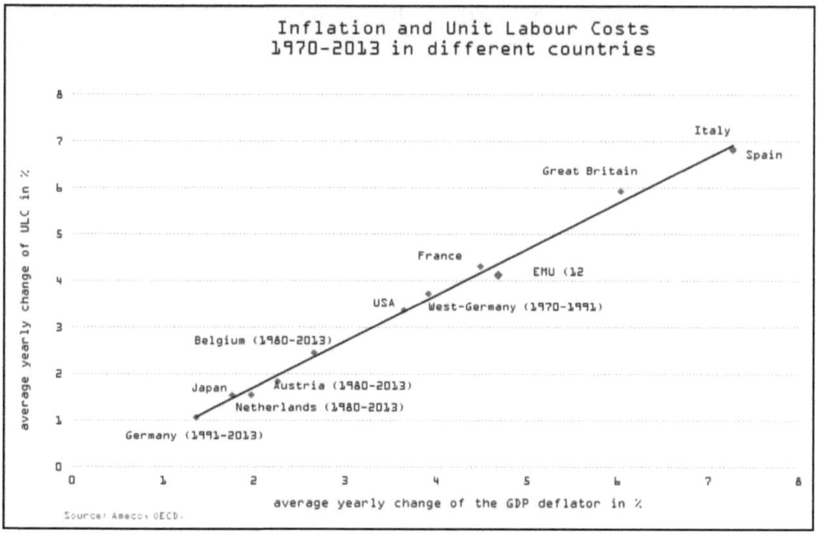

This is true for all regions of the world, for the United States as well as for Europe and the developing countries. The lesson to be learned here is extremely simple and straightforward: inflation is not determined by the quantity of money. It is, instead – in the longer term –, determined by unit labour cost.

Wages and Unemployment

This insight is extremely important, because if unit labour costs determine inflation, wages cannot at the same time determine employment. One of the colleagues in this meeting has shown a wonderful textbook chart, depicting the neoclassical supply and demand curve of the labour market, where real wages determine employment and unemployment. If my evidence hold true, this chart cannot be correct. The reason is that if falling nominal wages lead to falling prices in the medium term, real wages will not change and if real wages will not change they cannot determine the evolution of employment.

There is no doubt that neoclassical theory is wrong. There is no such thing in this world as a neoclassical labour market. Let us consider Japan again as an example. Nominal wages (the compensation of employees) have been falling in absolute terms for most of the time since 1998 in Japan. They have found their way back above the zero line only recently, although growth rates are below one per cent. Unit labour costs (the compensation per worker divided by Gross domestic product per capita) are, clearly, the best predictor of inflation in all developed countries of the world, including Japan. They have been falling consistently since the mid of the 1990s. Labour unit costs remained above zero only in years of sharp economic downswings and falling productivity. Real wages have been on a random walk below and above the zero line. The latter situation was associated with periods of absolutely falling prices and increased uncertainty.

Chart 2: Wages and Prices in Japan (H. Flassbeck)

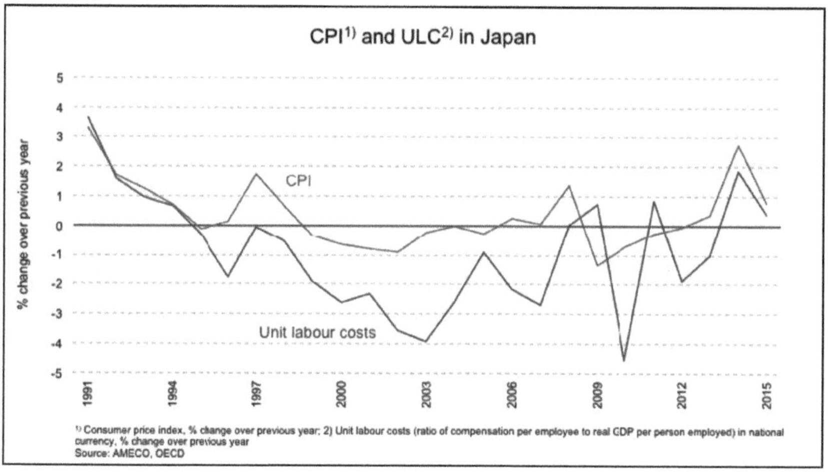

Non-monetarist inflation theories of demand pull and cost push analytically and empirically clearly prove that monetary policy is powerless against the deflationary forces of falling costs in the overall economy and sluggish demand from consumers. Deflation, diminished expectations and the uncertainty of Japanese private households about their future income prevent private consumption from taking a lead role in a recovery. It is absolutely misleading to call such a situation a 'liquidity trap'.

The trap is, in effect, much more a wage trap or an income trap than a liquidity trap. It is exactly at this point that the Japanese example turns into a more general pattern about the dangers of overly flexible labour markets. This has been clear everywhere, in the US and to large parts of Europe since the outbreak of the crisis of 2008. The trap is usually triggered by sharply rising unemployment that is unrelated to specific labour market developments, such unreasonably high wage increases.

The financial crisis and the high unemployment that resulted provided the ideological justification for policies that cut wages and incomes, although wages and incomes were already depressed before the outbreak of this crisis. High unemployment together with the attempts by workers 'to price themselves back into the flexible markets' as the OECD once put it, create the conditions for a perfect storm that is still raging today, a full eight years after the outbreak of the financial crisis (see for the quote UNCTAD, 2012, Chapter VI).

There is only so much that monetary policy can do. It can bring interest rates to zero or make them negative and it can implement quantitative easing (QE). After this, the possibilities monetary policy are exhausted. This has been the case for several years. What we need, therefore, are fiscal policies: huge stimulus programs that overcome the reluctance of consumers to spend in the face of their uncertain outlooks on jobs and wages. Today, in the US as in Europe, investment is restricted by low demand as a consequence of income expectations of private households at very high levels of unemployment. It is, in its most basic form, a consequence of a dysfunctional labour market in which it is possible for unemployment to sharply rise without wages being "too high". It has to be emphasised that, without completely discarding both, the monetarist inflation theory and the neoclassical labour market theory, offer no logically consistent and critical theory of economics.

Let us have a look at another major economic power to clarify this point. The United States are struggling to get out of the recession for exactly the same reasons as in Europe. Since 2008, low wage shares and an already long history of stagnating wages for middle class workers coincide with dramatic rises in unemployment. The power in labour markets has clearly shifted towards employers, but for no good reason. In fact, what is needed is a power shift in the other direction in order to restore the proper balance of power between employers and workers' representatives. Since this is not the case, high unemployment continues to depress wages. Depressed wages stifle private consumption and a lack of sufficient consumption prevents the economy from recovering, although in the meantime enormous profits are being made by companies and monetary policy is desperately trying to stimulate investment. Monetary policy can 'bring the horse to the river, but it cannot make it drink' The only way out, without resorting to unconventional instruments such as income policies, lies in the direct improvement of labour market conditions, which can only be achieved by an extremely huge fiscal policy stimulus, but this is blocked for political reasons.

What we see, therefore, is a global disease. Large parts of Europe have been heavily infected. In the countries of the European Monetary Union (EMU) which have been most affected, extremely high unemployment has gone in tandem with absolute cuts in income for the working population, decreasing social benefits, pensions, etc. Instead of creating new growth and unemployment, falling incomes for the general population depress domestic demand and increase the level of unemployment even further. It is clear that the neoclassical cure for the labour market destabilises the overall economy everywhere when domestic demand is more important than external demand. This is true for all southern European countries and for France.

The traditional way to get around the brutal logic of destabilizing labour markets is to hope for improved competitiveness of the economy as a whole and to increase exports (or decrease imports). Indeed, if a wage cut quantitatively stimulates foreign demand more than it depresses domestic demand, a solution seems to be at hand. This, for example, explains the paradoxical case of Ireland. With an export share of over one hundred per cent of GDP, the positive effects of wage cuts on exports and imports have balanced out the negative domestic demand effects.

The problem is that all of us may well wish to be net exporters, but this will remain impossible as long as we do not find new planets which are willing to accept current account deficits and the uneasy positions of debtors. That is why the biggest country in the EMU, Germany, now faces a problem that is similar to the one of Japan. Germany has the highest current account surplus in the world, but its European partners are suffering, few are willing to accept further deficits and debtor countries ran out of steam all over the world. It is clear that the German mercantilist approach has hit the wall.

Due to many years of wages lagging productivity growth, Germany nowadays has the lowest wage share ever since the end of the Second World War. Its private households have persistent net savings. Recently, the German government incorporated a new article into constitution that forbids the accumulation of public debts. The company sector is sitting on enormous amounts of profits and is therefore also a net saver. This is the consequence of the export bonanza of the last decade. Unfortunately, domestic investment which would correspond to the domestic net savings is nowhere in sight.

Chart 3: Financial positions of different sectors (H. Flassbeck)

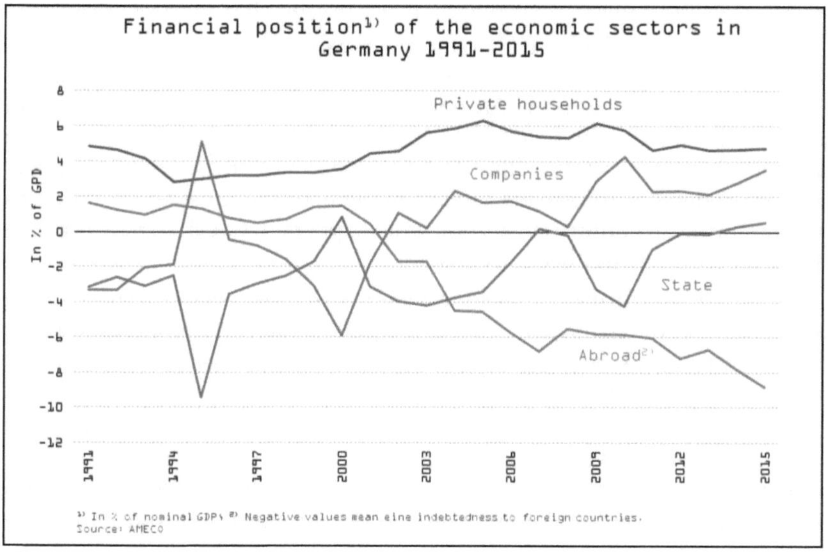

In Germany, as in Japan, the way out without taking on new government debt is to make the company sector accept its role of being the natural counterpart of high private net savings. Economic policy has to intervene in order to increase wages and raise corporate taxes. The result of these policies should be more investment, not less. While this may sound perplexing and paradoxical to some, the macroeconomic logic (or, if you prefer, macroeconomic bookkeeping) behind it is irrefutable. If major countries such as Japan and Germany will be incapable of dealing with trading partners that are willing to go into debt, their economies will collapse sooner or later because the premise on which their economies is built is unrealistic and unsustainable. If government debt is considered to be unsound and has to be kept in check, the company sector both has to be the net debtor and the main investor, as has been the case for most of the time after the Second World War.

In short, what is happening in the western world is that we have enormous downward pressure on wages. This is the main reason why we fail to beat the economic downturn. We will not get out of stagnation or recession as long as our economies are being depressed by low wages and corresponding insufficient demand. This had not been understood. Ask western policy-makers for their opinion on what happened and they will tell stories about structural problems. What then is the structural problem in the Western world? Is it too high wages? No. Wages are not too high, they are too low. One is free to call this a structural problem. I do not like the term, because nobody knows exactly what a structural problem is. Regardless, economic policy is based on the same fallacious ideology everywhere. Wages need to be cut and labour markets need to be made flexible. But this does not work.

The reason why Europe is doing much worse than the United States is that Europe has put much more pressure on wages than the United States. European policies have gone further than just mere punishment. European policy-makers strongly believe in austerity, although its case has been crumbling for many years. Although everyone can clearly see that it is in fact counterproductive, they made Greece implement the most austere policies of any European country ever. Look what happened. Greek society is falling apart. Its economy has been decimated.

Before I go further, I need to emphasise the need for developing countries to have reliable data. It is impossible to steer an economy without data. Unfortunately, in many cases reliable data are no available. This is one of the major problems.

Let us have a look at the Greek situation. In the figure, the right hand scale shows the absolute real wage per hour. As one can see, real wages have been falling since 2010 under the pressure of the Troika, which includes the IMF, the European Commission and the European Central Bank. The Troika's policies cut wages in absolute terms by 25 to 30%.

Chart 4: Unemployment and wages in Greece (H. Flassbeck)

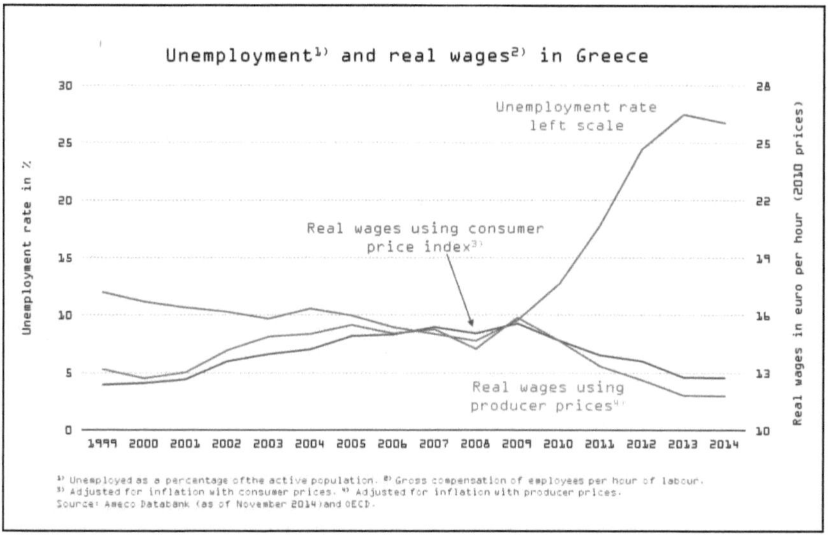

What has been the effect on these policies on unemployment at the left hand side of the figure? Unemployment rose spectacularly. This completely disproves the case that the IMF and other institutions have been making since 2010. They all strongly believed that the correct way for Greece to return to growth was to cut wages. Make labour cheaper and unemployment will fall, as neoclassical labour market theory has it. In reality, real wages fell by 25 to 30% and unemployment rose. The reason is easy to understand. If wages are cut by 20%, soon enough expenditure and consumption will also fall by 20%. This happens everywhere, any time. Companies now have lower wage costs, but they are themselves confronted with shrinking demand. No company will ever increase production in such a situation, so the best that can be hoped for is that employment remains stable. But this does not happen. As the utilisation of the production capacity of businesses sink, unemployment starts rising accordingly. This very simple mechanism explains exactly what happened in Greece. The neoclassical nexus – cut wages to improve employment – is fallacious.

Neoclassical theory – which my colleague elaborated upon without presenting proof for it – clearly says that lower labour costs unidirectionally lead to higher employment. In this view, the problem is all due to too high wages. When that happens, the demand problem no longer exists. This is fundamentally incorrect. No employer in the world is going to increase employment if wages fall but demand is also falling.

This is what happened in Greece and in other countries of Southern Europe. Wage cuts were nowhere as severe as in Greece, but the empirical evidence for Southern Europe, including Italy, shows the same pattern. Wage cuts and increased labour market flexibility destroyed domestic demand everywhere.

The problem with competitiveness

Is it not correct to say that cutting wages increases competitiveness? Let us deal with the famous concept of competitiveness. Every mainstream economist worldwide agrees that wage cuts increase a country's competitiveness. This is so axiomatic that it is textbook stuff. And it is correct – under certain conditions. How will an increase in competitiveness help a country in which the domestic market has the lion share of GDP and export only plays a subordinate role? In such case, cutting wages will not help, even if they somewhat increase the country's penetration of external markets. This is not a theoretical possibility. It is exactly what happened in Greece, Portugal and Spain. There is indeed a counter example. Ireland cut wages and overall they have been quite successful. This makes perfect sense. Ireland has an export share of 105% of GDP. This means that the Irish economy exports and imports more than Irish GDP. The Irish case does not provide an argument for austerity for which it has become the ideological poster child. Its export share finds no equal anywhere in the EU. Hence, its policies cannot be generalised. It worked for Ireland. It will not work anywhere else.

Currency depreciations

The crucial message is that cutting wages do not lead to economic recovery. It makes things worse, not better. There is, however, another possibility that my colleague has also mentioned: instead of cutting wages, it is possible for countries to depreciate their currencies. The result of a currency depreciation is similar to cutting wages, but without having the same negative effects on domestic demand. Countries can, to a certain extent, use depreciations as an instrument to increase employment. There is, however, one unsolvable problem. Any depreciation implies the appreciation of the currencies of other countries. It is not possible for everyone to depreciate, because logically, any depreciation leads to an appreciation of the currencies of others.

Currency depreciation is not a simple matter. It is not simple in a region such as Northern Africa either. Depreciations are certainly ways to increase employment, but there are risks and it cannot be denied that the measure falls under the heading of 'beggar thy neighbour' economics. Countries do of course beggar their neighbours in order to raise employment, but it is easy to see that currency depreciation cannot be a general or a sustainable solution, either for the developing or for the developed world. In fact, depreciation only works – for some limited amount of time – if only one country does it and gets away with it. This is what happened in Europe. Germany *de facto* depreciated and all other countries suffer because of it.

The simple reason for Germany's economic success lies in the evolution of unit labour cost in Europe since the beginning of the monetary union. At the start of the EMU, countries agreed to let wages rise in accordance with increases in productivity and see to it that wages increases should meet the inflation target of 2%. The only country which increased its unit labour costs correctly in order to reach the inflation target has been France.

Chart 5: Unit labour costs and the inflation target of EMU (H. Flassbeck)

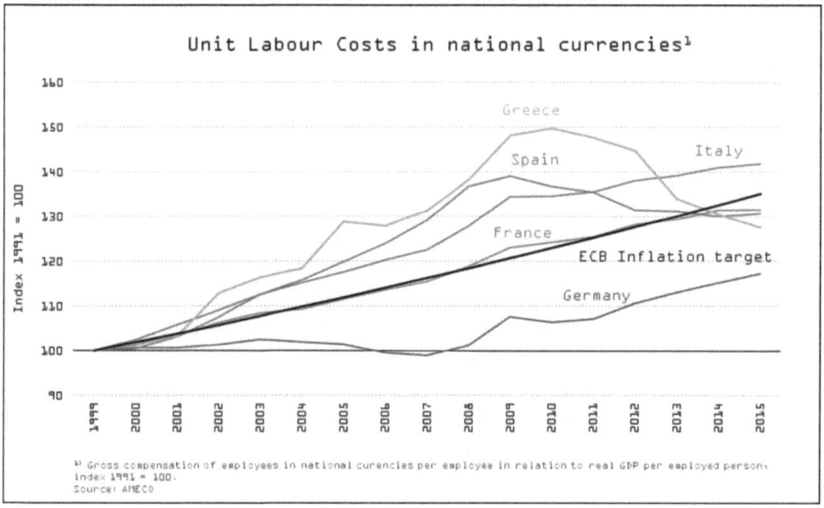

The dominant interpretation is that all countries have been living far beyond their means: they increased wages by more than the rise of productivity permitted. There is, in some specific cases, some truth to this, but it is not very important and it certainly does not explain the derailment of the European economy. One country's wages were clearly too low – they remained far below the rise of productivity. This is reason for Germany's success. What have the consequences been? It is impossible for Germany's success story to last much longer because all of Germany's trading partners now find themselves confronted with problems which they cannot solve on their own. However, the German government provided the European partners with a solution: do like us and become good at beggar thy neighbours. This is, in one word, the basic policy of all economic governance in the EU that Germany dominates not only economically but also politically. And so we end up where were started: the neoclassical therapy of slashing wages and increase labour market flexibility. These policies have turned out to be complete failure, for the reasons that I explained. We remain saddled with persistent high unemployment. Demand has plummeted and so has investment. Another net result has been the occurrence of deflation.

The only policy measure that will let Europe escape from diminutive development and general dysfunction lies in a substantial increase of German wages. Politically speaking, this is out of the question. Germany remains the true believer of cutting wages and it continues to present mercantilism as a solution for Europe's illnesses. It will not last. If Germany refuses to change its policies the euro-zone will, one day, either explode or implode. The problem that the euro zone faces today is the same as the transfer problem that was addressed by John Maynard after the end of the First World War. Just as then, the European problem can only be solved if the creditor cooperates. There can be no solution if the creditor refuses the debtor to adjust, so that all can return to growth. Without a policy change, the euro zone is doomed.

Conclusions

It is all not that difficult to understand. Public debt is part and parcel of the overall savings-investment matrix of an economy. It has to be interpreted in the wider realistic context of the financial situation of other countries as well as in the context of the financial situation of the domestic sectors. Cutting public expenditure with the purpose of cleaning up public budget deficits is only possible if someone else is willing to increase its deficits. Cutting public expenditure because the IMF tells you so will never work. The general conclusion of all these considerations is simple: no positive change can be achieved within the framework of neoclassical and neoliberal ideology. The dogma that has been imposed upon North African countries has prevented a necessary change towards a new system in which the participation of the population at large is a crucial condition for long lasting success.

The neoclassical dogma is wrong. Today, monetarism only exists in textbooks on the history of failures in economics and in science fiction. Growth always needs the stimulus of demand. Such stimulus may come from other countries, as in the German case. If such other countries do not exist, for whatever reason, such as insufficient competitiveness, the stimulus has to come from within the country itself. This means rising incomes for people and the willingness of government to accept higher deficits.

Labour markets cannot and should not be 'flexible' in the neoclassical sense of the word. Flexible labour markets are a dangerous concept: cut wages and make labour markets flexible are excellent ways to destroy consumption and demand. No growth, let alone sustainable development and prosperity can be based on increasing the flexibility of labour markets. No sustainable growth is possible if the population does not have the means to consume what they produce. If they do not have such means, the economy is not growing, it is sinking. Equally essential, the ideology about the 'correct' debt to GDP ratio has to be abandoned. There is no scientific basis to any such figures. Public debt cannot be seen in isolation from other macroeconomic factors such as the trade balance and the balances of the economic sectors – are households saving or consuming, are companies saving or investing? This has to be figured out to start with. Only then it is possible to make intelligent decisions that favour the common good.

Bibliography

Deutsche Bundesbank (2015): Sektorale und Gesamtwirtschaftliche Vermögensbilanzen, 1999-2014 http://www.bundesbank.de/Redaktion/DE/Downloads/Statistiken/sektorale_und_gesamtwirtschaftliche_vermoegensbilanzen.pdf?__blob=publicationFile.

Flassbeck, Heiner (2014): *66 starke Thesen zum Euro, zur Wirtschaftspolitik und zum deutschen Wesen*, Westend Verlag http://www.westendverlag.de/buecher-themen/programm/66-starke-thesen-zum-euro-zur-wirtschaftspolitik-und-zum-deutschen-wesen-heiner-flassbeck.html#.V1A8__krLIU.

Flassbeck, Heiner / Davidson, Paul / Galbraith, James K. / Koo, Richard / Ghosh, Jayati (eds.) (2014): *Handelt jetzt! Das globale Manifest zur Rettung der Wirtschaft*, Westend Verlag http://www.westendverlag.de/buecher-themen/programm/handelt-jetzt-heiner-flassbeck-paul-davidson-james-k-galbraith-richard-koo-jayati-ghosh.html#.V1A8OvkrLIU.

Flassbeck, Heiner / Spiecker, Friederike (2014): I[st] Japans Premier Abe mit seinen Abenomics gescheitert? https://makroskop.eu/2014/12/ist-japans-premier-abe-mit-seinen-abenomics-gescheitert/.

Flassbeck, Heiner / Lapavitsas, Costas (2015): *Against the Troika. Crisis and Austerity in the Euro-zone*, Verso Books, London. https://www.versobooks.com/books/1950-against-the-troika.

Flassbeck, Heiner / Spiecker, Friederike (2015): Japan, oder warum ein großes Land nicht aus der Krise kommt, Teil 1 https://makroskop.eu/2015/03/abo-artikel-japan-oder-warum-ein-grosses-land-nicht-aus-der-krise-kommt-teil-1/.

Flassbeck, Heiner / Spiecker, Friederike (2015): Japan, oder warum ein großes Land nicht aus der Krise kommt, Teil 2 https://makroskop.eu/2015/03/abo-artikel-japan-oder-warum-ein-grosses-land-nicht-aus-der-krise-kommt-teil-2/.

Flassbeck, Heiner / Spiecker, Friederike (2015): France and the need for 'labour market reforms' – The German Minister of Finance will never understand the currency union and France should finally respond assertively, https://makroskop.eu/2015/05/france-and-the-need-for-labour-market-reforms-the-german-minister-of-finance-will-never-understand-the-currency-union-and-france-should-finally-respond-assertively-050-e/.

UNCTAD (2012): Trade and Development Report http://unctad.org/en/PublicationsLibrary/tdr2012_en.pdf.

Baccar Gherib

Penser le développement, hier et aujourd'hui

Grandeur et décadence d'une ambition

> « On les a entendus en des temps où, après avoir perdu leur signification traditionnelle, ces mots sont devenus des formules creuses » (Hobsbawm 2008 : 31).

Comment les peuples du Sud formulent-ils, aujourd'hui, leurs revendications en matière économique et sociale ? Pensent-ils encore leurs problèmes en termes de domination, de dépendance ou d'échange inégal ? S'ils articulent encore leurs aspirations autour de la notion de développement, celle-ci porte-t-elle encore le même sens, le même contenu, qu'à la période de son émergence, puis de son affirmation au cours des décennies 1950, 1960 et 1970 ? Force est de constater, en effet, que la notion de développement est en train de disparaître, lentement mais sûrement, de notre horizon intellectuel, d'autres notions occupant désormais le champ des débats économiques à l'échelle mondiale, telles que celles de *gouvernance*, *émergence* ou *développement durable*, etc.

Or, cette évolution est loin d'être anodine : elle trahit, à nos yeux, un changement radical du contexte politique et intellectuel, accompagnant un changement tout aussi radical du rapport des forces entre ce qu'on appelait naguère le Tiers Monde, d'un côté, et les pays du premier monde, développé et industrialisé, de l'autre. Nous estimons en effet que les soixante dernières années ont vu une métamorphose dans la perception des problématiques économiques des pays du Sud et, en particulier, dans le contenu même de la notion de développement, quand elle a survécu à l'offensive de ses simulacres.

Car, on le sait, les mots ne sont pas neutres et, derrière les notions, il y a des théories et, derrière les théories, il y a des paradigmes. Dès lors, il est évident que la notion de développement n'a pas le même contenu ni le même sens, selon qu'elle est utilisée par les fondateurs de l'économie du développement, comme Lewis, Hirschman, Myrdal ou Perroux, par leurs successeurs tiers-mondistes, comme Amin, Emmanuel ou Gunder Frank ou, enfin, dans les récentes publications des institutions financières internationales.

Nous allons, dès lors, proposer de dérouler la bobine du film et faire un bref survol de l'histoire de la notion de développement, des origines à nos jours, en soulignant ses métamorphoses et, surtout, en mettant en relief la subtile dialectique qui lie, à ce niveau, agenda scientifique et agenda politique. Nous identifierons trois principales phases de son évolution : la phase « réformiste » des économistes du développement, celle « radicale » du tiers-mondisme néo-marxiste et la phase « réactionnaire » issue de la contre-offensive néolibérale, déclenchée à partir des années 1980, avant de nous consacrer à une présentation critique des principales notions qui meublent aujourd'hui les analyses et les discours sur l'économie mondiale et qui sont censées remplacer celle de développement.

1. L'émergence du concept et la vision des fondateurs de l'économie du développement

Les notions connexes de sous-développement et de développement apparaissent à la faveur du mouvement de décolonisation, peu après la fin de la Seconde Guerre mondiale, notamment à partir de l'indépendance de l'Inde en 1947. Dans son ouvrage, *Le Développement. Histoire d'une Croyance Occidentale*, l'économiste Gilbert Rist date son éclosion à partir du point IV du discours d'investiture du président Truman, le 20 janvier 1949 (Rist 2013). Cette partie, qui traite de la politique extérieure des États-Unis, introduit la notion de sous-développement et, indirectement, celle de développement qui devient, à partir de ce moment, le socle d'une idéologie portée par l'essentiel des acteurs internationaux, au Nord comme au Sud…

C'est cette période en effet qui voit apparaître sur la scène internationale, à la suite du déclenchement du mouvement de décolonisation par le démantèlement des empires britannique et français essentiellement, un nouvel acteur que le démographe français, Alfred Sauvy, ne tardera pas à identifier, dans un article paru sur *Le Nouvel Observateur* en 1952, sous la nouvelle appellation de Tiers Monde, pour se démarquer de la bipolarisation du monde, à la mode pendant la guerre froide, et pour marquer la singularité de ce troisième monde qui se distingue par ses problèmes et ses ambitions spécifiques. L'article, historique grâce à ce néologisme et en raison de cette nouvelle vision du monde, s'achève sur cette phrase qui résonne comme un programme et qui illustre à merveille l'état d'esprit qui anime ce nouvel arrivé sur la scène internationale : « Car enfin, ce Tiers Monde ignoré, exploité, méprisé, comme le Tiers-État, veut, lui aussi, être quelque chose » (Sauvy 1952 : 14).

Ce grand changement, concrétisé trois ans plus tard par la Conférence de Bandung en Indonésie, sera, dans un premier temps, appréhendé par l'école dominante, par l'économie standard. Celle-ci a abordé la question du sous-développement comme un simple retard – elle parle de *backward countries* – et a théorisé cette approche dans un ouvrage classique de Walt W. Rostow, *Les étapes de la croissance économique* (Rostow 1960). Ce livre, qui s'est voulu « un manifeste anticommuniste », identifie cinq étapes par lesquelles toute société est appelée à passer : la société traditionnelle, les conditions préalables au décollage, le décollage, la maturité et l'âge de la consommation de masse. Sur cette voie royale, chacun va à son rythme, certains sont en avance, d'autres sont en retard, mais tous sont destinés à atteindre le dernier stade, celui de la consommation de masse, une sorte de fin de l'histoire…

Par ailleurs, l'économie libérale aura recours à la théorie du commerce international et plus spécifiquement à la théorie des avantages comparatifs, telle que formulée par le modèle Heckshen – Ohlin – Samuelson, pour affirmer que, quand les pays échangeurs se spécialisent dans la production où ils sont relativement les plus performants, utilisant le facteur de production où ils sont le mieux dotés, l'échange sera bénéfique aux deux partenaires et porteur de croissance. Elle développe, ce faisant, la thèse de la croissance transmise – par l'intermédiaire de l'échange international – des pays développés vers les pays sous-développés. En somme, la croissance et le développement se réaliseront automatiquement, presque naturellement, grâce aux bienfaits du libre-échange sur les marchés nationaux et internationaux.

C'est contre cette lecture naïve, voire simpliste, faite par l'économie dominante, de la problématique du sous-développement, tant au niveau du diagnostic formulé que des remèdes proposés, que se constituera la première génération des économistes du développement. Ces derniers, que l'on appellera *desarollistes* en Amérique latine et *développementistes* ailleurs, refusent clairement la conception du sous-développement comme simple retard, comme une étape historique par laquelle seraient passées toutes les sociétés et dont la sortie se fera naturellement parce qu'il s'agirait en fin de compte uniquement d'une affaire de temps car ils considèrent, comme l'a magistralement montré Alexander Gerschenkron (Gerschenkron 1962) démontant l'argumentaire rostowien, que l'histoire ne se répète pas. Ils insistent, au contraire, sur la spécificité historique du sous-développement qui est ainsi considéré comme un phénomène résultant de la déstructuration d'économies et sociétés précapitalistes suite à l'agression dont elles ont été l'objet, notamment sous la forme de la colonisation directe.

Ces économistes qui, contrairement à leurs prédécesseurs libéraux, se sont pour la plupart engouffrés dans la brèche ouverte par Keynes affirmant que la spécificité de l'économie traitée autorisait la spécificité de l'analyse adoptée, considèrent que les économies « sous-développées » se caractérisent fondamentalement par deux traits : le dualisme et la dépendance (Dockès/Rosier 1988 : 251). Le dualisme est un concept original qui apparaît à travers la réflexion d'A. Lewis qui oppose, pour ce qui concerne les pays sous-développés, un secteur traditionnel, intraverti et autonome, à un secteur moderne, imbriqué au marché mondial et fondé sur les bas salaires, et, dans l'œuvre de F. Perroux qui souligne l'absence d'articulation entre les deux secteurs. La dépendance, elle, apparaît à travers les travaux de Prebisch et Singer et, plus largement, ceux de la CEPAL qui soulignent la domination subie par les pays de la périphérie, à travers le commerce inégal auquel ils sont soumis et la dégradation séculaire des termes de l'échange (Dockès/Rosier 1988 : 251).

D'un autre côté, les économistes du développement réfutent clairement l'idée d'un mécanisme quasi naturel du développement, tel que théorisé par Rostow et affirmé implicitement par les tenants de la croissance transmise. Ils affirment, au contraire, la nécessité, pour sortir du « cercle vicieux de la pauvreté » et essayer de couvrir les « coûts de l'homme », d'une stratégie de développement que l'État est appelé à concevoir et à mettre en œuvre. Ainsi, et à la suite de Keynes, ils revendiquent et justifient l'intervention des pouvoirs publics, non pas simplement pour lutter contre le chômage mais pour diriger le processus de rattrapage des nations développées. Ils se situent donc clairement dans l'hétérodoxie économique, que ce soit pour ce qui est de l'analyse ou de l'option politique. Ils se rassemblent, pour l'essentiel, dans quatre foyers : autour des économistes de la CEPAL, en Amérique latine, de Gunnar Myrdal, en Suède, d'Albert Hirschman, aux États-Unis, et de François Perroux, en France. Ce dernier est, par ailleurs, l'auteur de la célèbre définition du développement, qui le distingue de la croissance et le lie à un changement de structures et qu'il identifie comme « l'ensemble des changements des structures mentales et des habitudes sociales qui permettent une croissance durable et cumulative du produit réel global ».

Néanmoins, même s'ils se situent dans une perspective critique par rapport à la doxa libérale, les fondateurs de la pensée du développement se caractérisent, d'un côté, par leur optimisme naïf et rétrospectivement infondé, dans la mesure où ils envisagent comme possible de parvenir au développement en une seule décennie, puis, après avoir rectifié le tir et tempéré leur enthousiasme, en deux décennies au maximum. Ils se distinguent, d'un autre côté, par leur réformisme – il est vrai de bon aloi – mais ils n'ont, sans doute, pas assez mesuré les difficultés à réaliser l'objectif du développement dans le monde tel qu'il est, même s'ils sont conscients des effets de domination et plus généralement de l'asymétrie caractérisant les rapports entre les pays du Nord et ceux du Sud. Enfin, si idéologiquement, ils incarnent un réformisme porté sans doute par la vague du keynésianisme triomphant d'après-guerre, on peut dire que, politiquement, ils représentent l'élan ambitieux de construction et de développement des « bourgeoisies nationales » un peu partout dans le Tiers Monde.

Toujours est-il que l'absence de résultats tangibles, l'échec du développement, pour ainsi dire, durant ces deux premières décennies, va pousser certains développementalistes (desarrolistes) à la radicalisation pour prôner que le développement de la périphérie n'est pas possible dans le cadre du système capitaliste, mais seulement en rupture avec lui. C'est la période de l'essor du tiers-mondisme néo-marxiste dans la théorie du développement.

2. L'apogée du tiers-mondisme néo-marxiste

Vers la fin des années 1960 et le début des années 1970, la théorie du développement est fortement investie par le tiers-mondisme néo-marxiste, à la suite de deux évolutions indépendantes mais concomitantes. D'un côté, comme précité, l'échec du développement, qui perdure, pousse les développementalistes à la radicalisation : ils ne pensent plus à un développement possible au sein du capitalisme mais dans une scission irrévocable avec lui (Dockès/Rosier 1988 : 258). D'un autre côté, le triomphe d'une pensée et d'une idéologie tiers-mondiste, y compris et sans doute plus clairement dans les pays du Nord, consistant essentiellement dans la substitution à la contradiction bourgeoisie-prolétariat, au sein des sociétés capitalistes avancées, la « nouvelle » contradiction entre les pays capitalistes avancés et ceux de la périphérie, comme principe premier d'analyse, a sonné le glas de l'approche réformiste de la pensée du développement. Cette évolution est accompagnée, sur le plan politique, d'un report des espoirs révolutionnaires déçus, au centre, sur les peuples du Tiers Monde. C'est en effet la période où circule, dans nombre de milieux intellectuels, la thèse de l'essayiste Frantz Fanon postulant l'émergence de « l'homme nouveau » à partir du Tiers Monde...

Ce courant tiers-mondiste se caractérisera par certaines thèses fortes. Il considère en effet que :

- la pauvreté dans le Tiers Monde est le pendant de la richesse dans le monde développé ;
- les indépendances politiques ou institutionnelles s'avèrent insuffisantes pour mener à bien un processus de développement ;
- au colonialisme classique, succède un nouveau type de colonialisme, indirect cette fois ;
- le sous-développement s'explique par la domination, la dépendance et l'échange inégal.

Et c'est à la faveur de l'essor de ce courant que s'imposera l'analyse des questions de développement à travers le diptyque centre-périphérie issu des analyses de Rosa Luxemburg. D'ailleurs, il y aura un retour aux travaux classiques sur l'impérialisme, ceux de Lénine, Hobson, Luxemburg, etc., pour mieux théoriser le néo-impérialisme succédant à la décolonisation (Dockès/Rosier 1988 : 255).

Les grandes figures de ce courant, que l'on a nommé la bande des quatre pour l'entente intellectuelle qu'elles ont manifestée et qui s'est concrétisée dans la rédaction d'un ouvrage collectif (La crise, quelle crise ?), sont :

- André Gunder Frank, important théoricien du développement dépendant, pour qui celui-ci n'est en fin de compte que le « développement du sous-développement » (Frank 1966) ;

- Arghiri Emmanuel, célèbre pour son analyse de l'échange inégal (Emmanuel 1975), appliquant la clé de lecture marxienne de l'exploitation aux échanges internationaux entre pays du centre et ceux de la périphérie ;
- Immanuel Wallerstein, théoricien du capitalisme historique et diffuseur, à la suite de Braudel, du concept économie-monde ;
- Samir Amin, théoricien du développement inégal, car polarisé et hiérarchisé, à l'échelle mondiale, promoteur de l'analyse en termes de centre et de périphérie, renouvelant le marxisme en critiquant sa dimension eurocentriste et promouvant sa « vocation afro-asiatique ».

C'est lui, notamment, qui prône une stratégie de développement autocentré et, par la suite, la célèbre « déconnexion », qu'il ne perçoit nullement comme une espèce d'autarcie mais plutôt comme une subordination des relations économiques extérieures à l'impératif du développement interne des pays du Sud.

Ce qui est incontestable, c'est que les auteurs de ce courant considèrent qu'il n'y a pas de développement possible dans le cadre du capitalisme, mais seulement en rupture avec celui-ci. Ainsi, Samir Amin écrit-il clairement, à propos du développement : « Le problème n'est pas celui du 'rattrapage', mais bien celui de l'édification d'une autre société ». André Gunder Frank est, pour sa part, encore plus explicite : « La seule alternative au « développement du sous-développement » est la révolution socialiste ». Notons, par ailleurs, que cette radicalisation au niveau de la théorie du développement a son pendant au niveau de la politique mondiale, avec notamment l'organisation en 1973 à Alger de la conférence pour un Nouvel Ordre économique international (NOEI).

Néanmoins, cette poussée radicale, accusée d'être trop idéologique et trop pessimiste, ne dominera pas longtemps la pensée sur le développement, car le tournant des années 1980 sera porteur d'un revirement idéologique et théorique. Ce volte-face vise à asseoir de nouveau le traitement libéral de la question du développement et représente, en fin de compte, une véritable restauration, qui videra le concept de développement de tout contenu radical, voire réformiste, et qui réussira, par divers moyens, à l'édulcorer, à l'émasculer pour n'en faire qu'une pâle copie de ce qu'il était pendant les trois décennies allant des années 1950 jusqu'aux années 1970.

3. La restauration de la vision libérale du développement

Les années 1980 représentent, en effet, pour notre objet d'analyse, un tournant majeur, caractérisé par des évolutions historiques, notamment politiques, qui vont avoir une claire incidence sur la perception des questions liées au développement. Elles se définissent d'abord par l'essoufflement du modèle fordiste, de l'État-providence et, conséquemment, de la pensée keynésienne, ensuite, par le retour en force de la droite ultralibérale sur l'échiquier politique, avec notamment l'ascension de Margaret Thatcher au pouvoir en 1979 en Angleterre, puis celle de Ronald Reagan en 1980 aux États-Unis et, dans les pays de l'Europe de l'Ouest, les débuts du « tournant de la rigueur ». Enfin, on assiste aux premières grandes crises d'endettement dans les pays du Tiers Monde, sans compter l'échec patent des expériences dites « bureaucratiques ».

Toutes ces évolutions favoriseront le retour au premier plan des thèses libérales dans le traitement des questions économiques en général et celles liées au développement en particulier. Elles se concrétiseront presque immédiatement, à l'initiative des institutions de Bretton Woods, par la mise en œuvre, à l'adresse des pays de la périphérie en difficulté, des célèbres Plans d'ajustement structurel prônant comme réformes essentiellement des mesures de libéralisation, déréglementation et privatisation, ce qui fera dire à Samir Amin, fidèle à sa vision, qu'il s'agit bien d'ajustements structurels des économies de la périphérie à la logique d'accumulation du capital dans le centre…

Ces réformes libérales, imposées aux pays du Tiers Monde à la faveur des crises d'endettement, représentent incontestablement un véritable coup dur à l'idéal du développement tel que conçu par la génération des fondateurs, puis radicalisé par les dépendantistes et les tiers-mondistes. Mais il ne s'agissait là que du début de la contre-offensive libérale. Celle-ci allait en effet se poursuivre, renforcée par d'autres évolutions politiques et idéologiques à l'échelle mondiale.

La fin des années 1980 verra en effet la chute du mur de Berlin et, avec lui, de tous les régimes communistes qui ont pendant longtemps incarné l'existence d'une alternative viable au capitalisme. Cette chute sera suivie de la transition de toutes ces économies naguère administrées vers les « règles du marché », ce qui, conjointement à l'émergence dans les sciences économiques de la théorie néo-institutionnaliste de Douglass North et Ronald Coase, favorisera désormais un traitement institutionnel des questions de développement.

En tout cas, il est clair qu'avec la chute du communisme, c'est certes la fin de la guerre froide, mais c'est également la fin d'un monde bipolaire et la fin du défi communiste dont l'existence, comme le rappelle le philosophe Domenico Losurdo, a poussé le capitalisme à faire, dans ses sociétés avancées, et au niveau mondial, bien des concessions qui, loin d'être éternelles, s'avèrent, on est en train de le voir, précaires. L'auteur de *Contre histoire du libéralisme* nous rappelle, à cet égard, ce que les grands acquis politiques, économiques et sociaux et les réformes majeures du XXe doivent au communisme :

> La décolonisation et, en tant qu'ils concernent l'Occident, la naissance de la démocratie et du suffrage universel, tout comme le dépassement des

trois grandes discriminations historiques (raciales, censitaires et de genre) ainsi que la création de l'État social, ont été des conquêtes impensables sans la contribution du mouvement communiste. Au défi représenté par ce mouvement, a correspondu en Occident l'époque de la « révolution passive » avec l'introduction de réformes importantes sous la direction de la bourgeoisie. Avec la disparition de ce défi s'ouvre une période de réaction plus ou moins ouverte (Losurdo 2007).

Ainsi, toutes ces évolutions induisent à l'évidence une réduction de l'ambition comme de la marge de manœuvre des pays du Tiers Monde. C'est en tout cas, à ce moment précis de l'histoire (en 1989), qui coïncide avec la chute du mur de Berlin, que Francis Fukuyama décrétera, dans un célèbre article paru sur la revue *National Interest*, la fin de l'histoire, avec pour seul horizon, pour tous les peuples, la démocratie libérale et le marché (Fukuyama 1989). Et c'est au cours de la même année que l'économiste britannique John Williams énonce, sans contestation notable, les dix points du Consensus de Washington, désormais le passage obligé de toute économie en difficulté, recourant à l'aide des institutions financières internationales et soumise, en contrepartie, à une panoplie de réformes d'essence foncièrement libérales.

C'est également, plus ou moins, à la même période, que les grands théoriciens du développement, de la génération des fondateurs, comme de la génération radicale concluront, de manière lucide, à la fin du développement. Ainsi Albert Hirschman publiera au tournant des années 1980 son célèbre article qui résonne comme un acte de décès, *Grandeur et Décadence de l'Économie du Développement* (Hirschman 1981). Et c'est en 1989 que Samir Amin assènera, quant à lui, cette terrible sentence : « Le développement est en panne, sa théorie en crise, et son idéologie, l'objet de doute » (Amin 1989). C'est en effet la fin du concept de développement comme ambition politique et comme problématique théorique, telles qu'elles ont été conçues durant les trois premières décennies ayant succédé au déclenchement du mouvement de décolonisation. Il allait être condamné à dépérir ou à être remplacé par des ersatz.

4. Les ersatz contemporains du développement

Le constat de Samir Amin ou celui de Dockès et Rosier (« La pensée libérale livre actuellement une puissante contre-offensive contre toute forme de pensée "radicale", voire réformiste… contre le tiers-mondisme et pour l'immersion sans contrôle des pays sous-développés dans le marché mondial », Dockès/Rosier 1988 : 245), relevant, à la fin des années 1980, la puissance de la contre-offensive libérale, ne furent pas ni des épanchements pessimistes ni de simples cris de Cassandre mais des analyses prémonitoires. Peu après, en effet, l'économie du développement régressait notablement comme spécialité des sciences économiques pour disparaître. Le même sort l'attendait en tant que discipline enseignée dans le cursus des sciences économiques. Et, dans le débat sur l'économie mondiale, entre théoriciens de l'économie ou entre les acteurs internationaux, la notion de développement commençait à être remplacée, lentement mais sûrement, par d'autres notions, successivement ou dans le même temps, qui occupèrent l'espace qui était, il y a quelque peu, celui du développement. Ainsi, apparurent dans ce champ les notions de *gouvernance*, d'*émergence*, de *développement durable*, outre celle, omniprésente, de *mondialisation*. Or, qui ne voit là que chacune de ces notions porte en elle une euphémisation (atténuation), une émasculation, voire une amputation de la notion de développement ?

Ainsi, axant sa problématique essentiellement sur les réformes institutionnelles censées déboucher sur le respect de la règle de droit et la de concurrence, la notion de gouvernance représente indubitablement une dégradation de la réflexion sur le développement : si le sous-développement était considéré, dans les années 1950, comme la conséquence d'un blocage dû à des structures particulières, il devient, dans l'optique de la bonne gouvernance, perçu comme le résultat du refus par certaines sociétés de l'assimilation et de l'application des règles du marché (Charpentier 2002) !

Le même constat vaut pour le concept d'émergence qui représente un véritable appauvrissement par rapport au concept de développement dont il perd les aspects qualitatifs, pour ne garder que les critères quantitatifs liés à la croissance économique. L'émergence n'est-elle pas, en effet, définie comme une « sortie de la trappe de pauvreté et l'engagement dans une séquence de croissance suffisamment longue pour converger vers le club des pays industrialisés » (Rist 2013) ? Et, outre l'appauvrissement conceptuel, le concept d'émergence représente un véritable acte de dépolitisation par rapport à celui de développement car, ainsi que le rappellent Piveteau et Rougier, à juste raison : « Par l'origine et la géographie de son objet initial, l'économie du développement s'est construite sur un projet normatif. Dans les pays du Sud nouvellement indépendants, elle rencontrait, lorsqu'elle n'y contribuait pas directement, un projet mobilisateur de transformation du monde. L'émergence ne fait, elle, l'objet d'aucune mobilisation sociale explicite » (Piveteau/Rougier 2010).

Quant au concept de développement durable, on voit facilement qu'en mettant au premier plan les préoccupations écologiques – pour légitimes qu'elles soient – il transcende clairement l'opposition Nord-Sud, en mettant tout le monde dans le même sac, et annule, ce faisant, ce qui faisait la spécificité de la réflexion sur le développement : le sort des pays du Tiers Monde et leur aspiration à un mieux-être.

Enfin, le discours sur la mondialisation porte lui aussi cette vision gommant les différences entre le centre du système capitaliste et sa périphérie, entre économies du Nord et celles du Sud, les présentant comme étant également soumises aux contraintes de l'interdépendance économique et financière au niveau mondial. Avec, en prime, un discours fortement démobilisateur, soulignant la perte de souveraineté économique nationale du fait de la progression des firmes transnationales et des marchés aux dépens des États et la forte réduction de la marge de manœuvre qui en découle pour toute politique économique nationale.

Au terme de ce bref survol de l'histoire du concept de développement qu'on peut considérer comme une tentative pour montrer l'évolution du contenu de la notion et de sa portée au gré de l'évolution du climat intellectuel et politique au niveau mondial, on peut conclure d'abord à l'appauvrissement du concept, perceptible dans ce qui en a survécu : né comme un projet normatif, fondé sur une vision historique des transformations de la périphérie, il est en train de devenir subrepticement le projet de l'extension au niveau mondial du système de marché (Hugon 1991). On peut aboutir, ensuite, au constat que ce concept est en train – si ce n'est déjà fait – d'être remplacé par d'autres concepts, moins ambitieux, en ce qu'ils se fondent beaucoup plus facilement dans le moule de l'idéologie dominante. On pense ici aux simulacres du concept de développement que sont les notions de gouvernance, d'émergence et de développement durable.

Ainsi, incapable de réaliser le développement dans la pratique historique, le néolibéralisme conquérant a dû, dans un premier temps, se résoudre à euphémiser le sens du concept et édulcorer son contenu et sa portée, puis, dans un deuxième temps, lui préférer d'autres notions et d'autres objectifs, nettement moins ambitieux, pour les sociétés du Sud. Autrement dit, à défaut de soigner les maux, on s'est résolu à changer les mots (Rodhain 2007). Or, on estime que c'est le déclin, voire le reflux, d'une pensée critique, porteuse d'un projet de transformation du monde et d'émancipation qui est à l'origine de l'apathie actuelle, du désarroi face aux défis économiques et sociaux que nous sommes appelés à affronter aujourd'hui.

Cette régression des ambitions économiques et sociales des pays du Sud, voire l'absence d'un projet et d'une vision globale et cohérente en la matière, vaut, en particulier, pour la Tunisie. Celle-ci, qui vit une transition démocratique ou une phase postrévolutionnaire, peine à trouver les bonnes réponses aux problèmes économiques et sociaux soulevés par la révolution, à élaborer une vision et à porter un projet en la matière, malgré l'importance des attentes et leur caractère urgent. Pour mieux saisir cet état de fait, il suffit de comparer la situation d'aujourd'hui à ce qu'elle était au sortir de la colonisation et plus précisément dans les années 1960 avec la mise en œuvre des célèbres *Perspectives Décennales*.

Non seulement l'État était porteur, à cette époque, d'une stratégie de développement souveraine, globale et cohérente, mais celle-ci s'articulait également à un projet de transformation sociale dont les mots d'ordre étaient la décolonisation économique, la promotion de l'homme, les réformes des structures et l'auto-développement (Ayari 2003), le tout porté par un discours de mobilisation autour du développement ou, pour reprendre la formule chère à Habib Bourguiba, le combat suprême dont on aurait tort de se moquer. Par contraste, nos élites semblent perdues, sans vision ni projet, et, pour cela même, dépendantes et demandeuses des analyses et des propositions de réformes issues des institutions financières internationales.

Ainsi, si l'on se trouve dans cette situation, c'est parce que, contrairement aux trois premières décennies succédant à la décolonisation, la pensée libérale, celle de l'ordre dominant, a clairement gagné la bataille idéologique. On peut également comprendre, par là même, pourquoi la notion de développement dans ses versions réformistes et radicales n'est plus à l'ordre du jour. Or, ce retournement idéologique est loin d'être anodin : il consacre la défaite temporaire de toute pensée critique à vocation émancipatrice car les défaites idéologiques sont plus graves que les défaites politiques : elles agissent en amont et portent en effet sur notre manière de voir le monde qui change ainsi « dans nos têtes avant de changer sur le terrain » (Calame 1996).

Les temps idéologiques et politiques ont changé. Il vaut mieux en prendre conscience pour s'atteler à remonter la pente et sortir au plus vite de cette situation où l'on se trouve dépossédé des moyens intellectuels et théoriques de ses ambitions pourtant légitimes.

Bibliographie

Ayari, Chedly (2003) : *Le système de développement tunisien. Les années 1962-1986*, Tunis, CPU.

Calame, Pierre (1996) : « Mondialisation et développement, des enjeux contradictoires ? », *Institut de recherche et de débat sur la gouvernance (IRG)*, décembre.

Charpentier, Dominique (2002) : « Les théories du développement par Gérard Azoulay », in : *Alternatives Économiques*, n° 209 (décembre).

Dockès, Pierre / Rosier, Bernard (1988) : *L'histoire ambiguë. Croissance et développement en question*, Paris, PUF.

Emmanuel, Arghiri (1975) : *L'échange inégal. Essai sur les antagonismes dans les rapports internationaux*, Paris, François Maspero.

Frank, Andre Gunder (1966) : « The development of underdevelopment », in : *Monthly Review*, vol. 18, n° 4 (September).

Gerschenkron, Alexander (1962) : *Economic Backwardness in Historical Perspective*, New York / Washington / London, Praeger.

Hassan Houssein, Souraya / Palloix, Christian (2003) : « De l'économie du développement à l'économie du changement institutionnel », CRIISEA-UPJV, février.

Hirschman, Albert O. (1981) : « Grandeur et décadence de l'économie du développement », in : *Annales. Économies, Sociétés, Civilisations*, vol. 36, n° 5, pp. 725-744.

Hobsbawm, Éric J. (2008) : *L'âge des extrêmes. Histoire du court XXe siècle*, Bruxelles, André Versaille.

Langlois, Pierre (1999) : « La mondialisation rend-elle obsolète les modèles de développement nationaux ? », in : *Cahiers du CRISES*, n° 9911 (septembre).

Legouté, Jean Ronald (2001) : « Définir le développement : historique et dimensions d'un concept plurivoque », in : *Économie Politique Internationale*, Cahier de recherche vol. 1, n° 1 (février).

Losurdo, Domenico (2007) : « Gramsci notre contemporain », in : *Les Lettres françaises*, avril.

Piveteau, Alain / Rougier, Éric (2010) : « Émergence, l'économie du développement interpellée », in : *Revue de la Régulation*, printemps.

Rist, Gilbert (2013) : *Le développement. Histoire d'une croyance occidentale*, Paris, Presses Sciences Po.

Rodhain, Florence (2007) : « Changer les mots à défaut de soigner les maux ? Critique du développement durable », in : *Revue française de Gestion*, Lavoisier, pp. 203-209.

Rostow, Walt Whitman (1960) : *Les étapes de la croissance économique*, Paris, Seuil.

Sauvy, Alfred (1952) : « Trois mondes, une planète », in : *Le Nouvel Observateur*, n° 118 (14 août 1952), p. 14.

Wallerstein, Immanuel (1985) : *Le capitalisme historique*, Paris, La Découverte.

Hartmut Elsenhans

Instrumentaliser la coopération pour sortir du sous-développement et de la dépendance ?

L'argument central de ma contribution consiste à développer l'idée que le commerce extérieur n'a qu'un impact relatif sur la croissance, indépendamment de l'orientation des flux d'échange avec l'étranger, dans le sens de la substitution d'importation ou celui de l'exportation de produits manufacturés. Dans les deux cas, la centralité des structures internes est décisive. Les rapports de force favorables aux masses populaires permettent de créer des marchés intérieurs dynamiques qui provoquent des économies d'échelle avec des baisses des coûts unitaires de production, permettant souvent le recours à la production locale de biens d'équipement. De même, plus le niveau d'emploi est élevé, plus l'emploi supplémentaire dans les secteurs d'exportation provoque la raréfaction de la main-d'œuvre, et donc des hausses tendancielles des revenus qui constituent la base de l'élargissement de la production en direction du marché intérieur.

La contribution du commerce extérieur et, donc, de la stratégie économique à la croissance est, par conséquent, complexe. Dans un monde, où, de manière pré-keynésienne, la croissance est interprétée comme le résultat de l'accumulation du capital (physique), le commerce extérieur contribue à la croissance par l'augmentation des valeurs exportées (par la hausse des quantités et/ou des prix des produits exportés) et aussi par des effets de spécialisation. Si la croissance est interprétée comme le résultat de l'augmentation de la consommation des masses et la possibilité de lancer la production de biens d'équipement, à partir de grandes séries de production, le commerce extérieur contribue alors à la croissance, moins par la disponibilité de ressources gagnées grâce à l'exportation que par l'utilisation plus efficace des ressources.

Dans l'interaction de l'économie avec l'extérieur, deux buts peuvent être poursuivis : d'une part une croissance des revenus (surtout par l'augmentation des prix des produits exportés) ou une spécialisation favorable à l'apprentissage technique. Celle-ci peut favoriser la transformation de l'économie et de la société par l'augmentation de l'emploi tandis que la hausse des prix des produits exportés tend à favoriser l'élargissement de la demande locale pour le marché des biens sophistiqués. Il y a conflit d'intérêts dans la plupart des cas concrets entre la maximisation des revenus à partir des exportations et la maximisation des effets transformateurs de la croissance des exportations. La Chine a certainement privilégié les effets de transformation en choisissant délibérément une monnaie dévaluée tandis que les pays de l'OPEP ont pu maximiser leurs revenus.

Derrière cette alternative, gît une caractéristique fondamentale de la production. Tout produit constitue une valeur, exprimée par son prix, qui reflète ses coûts de production et qui est, donc, liée à la valeur-travail dépensée au cours de sa fabrication. D'autre part, tout produit a une incidence sur les travailleurs associés à sa réalisation, ce qui peut contribuer à élever leur compétence technique. L'impact de chacun de ces effets, dans des produits spécifiques, peut différer. Le développement consiste en la spécialisation sur les produits dans lesquels l'effet apprentissage/ transformation est important.

Toute stratégie de sortie de la dépendance et du sous-développement va consister en une combinaison de mesures pour accroître les revenus et de mesures pour développer l'emploi par la spécialisation appropriée de l'économie afin de maximiser la transformation de celle-ci. La création d'emplois, même mal rémunérés, permet un « learning by doing » des travailleurs. Les principes, sur lesquels une telle combinaison doit reposer, font l'objet de cette communication.

1. Capitalisme et consommation de masse : défendre l'augmentation des revenus de masse ne nuit pas forcément à la croissance

J'ai présenté l'analyse du capitalisme à laquelle je me réfère dans plusieurs publications (Elsenhans 2011a : 33-39 ; 2011b : 10-18 ; 2015a : 7-11). Je résumerai donc cette interprétation sans donner des détails ou de justification empirique.

Tout capitalisme est caractérisé par la production simultanée de biens de consommation de masse et de biens d'équipement car les dépenses pour les biens d'équipement constituent la base de l'émergence du profit. Ce que certains appellent « capitalisme périphérique » est constitué des structures rentières qui peuvent dépendre du système capitaliste mondial, sans être elles-mêmes déterminées par la logique capitaliste.[1]

Le profit, à la différence de la rente ou de la taxe, est déterminé par des marchés compétitifs sans intervention d'un mécanisme de pouvoir politique. Afin que les capitalistes[2] du secteur des biens de consommation

---

1 Position opposée : Amin 1973 : 61.

2 Sans excédents des exportations et des dépenses du gouvernement par rapport à ses revenus, cf. Elsenhans 2011a : 33-39 ; 2011b : 10-18 ; 2015 : 7-11.

puissent vendre leurs produits avec profit, il leur faut une clientèle non employée et non rémunérée par eux-mêmes, donc travaillant dans le secteur des biens de consommation ou par un service public financé par les taxes prélevées sur ce secteur. L'idée que le capitaliste a accès au surplus en donnant à l'ouvrier une rémunération inférieure à la valeur créée par cet ouvrier est fausse. Il a seulement accès au profit s'il est capable de vendre ce produit sur un marché, donc s'il a une demande qui permet de vendre le produit à sa valeur-travail supposée, dans notre exemple, comme supérieure au salaire payé à l'ouvrier. Le capitaliste n'obtient pas le pouvoir d'achat pour réaliser la plus-value sur le marché en abaissant les salaires de ses ouvriers. Le seul secteur de l'économie à budget étatique et balance commerciale équilibrés, qui puisse leur procurer alors des revenus à utiliser pour des biens de consommation, c'est celui de la production de biens d'investissement (Kalecki 1942).[3]

Les capitalistes procéderont à de tels investissements seulement en cas de technologies nouvelles qui réduisent les coûts (investissements servant à la rationalisation) ou de marchés en expansion (investissements servant à l'augmentation de la production). Les investissements de rationalisation réduisent la somme des rémunérations payées à tous les participants, entrepreneurs capitalistes, producteurs de semi-produits, ou ouvriers, par rapport aux quantités produites. Le pouvoir d'achat diminue par rapport à la « richesse » produite, ce qui finalement réduit aussi l'investissement. Seule l'expansion des marchés permet donc aux entrepreneurs de procéder à des investissements nets dans l'économie réelle, des investissements bruts supérieurs aux amortissements. Les capitalistes ne peuvent investir sans être assurés d'un marché et ne peuvent augmenter leur propre consommation, afin de ne pas perdre leur compétitivité : ils ne peuvent, d'eux-mêmes, combler le déficit de la demande.[4]

3 Notons que cette idée keynésienne, formulée le plus clairement par Kalecki, est essentielle pour la théorie de l'impérialisme de Rosa Luxemburg (chapitre 6 et 7 de Luxemburg 1923). Cette position a toujours été combattue par des marxistes orthodoxes. Le mouvement ouvrier, souvent sous l'influence de telles orthodoxies, ne pouvait et ne peut alors saisir le rôle de ses propres revendications pour le maintien de la croissance capitaliste. Cette incapacité l'affaiblit régulièrement. Notons qu'en 1931 Fritz Baade, Fritz Tarnow et Wladimir Woytinsky avaient, pour les mêmes raisons proposé un programme de dépenses publiques (adopté par la centrale syndicale allemande ADGB), que le ministre marxiste des finances Hilferding, social-démocrate et marxiste plutôt orthodoxe, a déjoué avec l'argument que de telles dépenses amoindriraient le profit et renforceraient la crise.

Ni la relance nazie ni celle de Roosevelt n'ont confirmé cet argument. Le point n'est donc pas d'intérêt purement théorique. En se refusant à prendre note de la révolution théorique keynésienne, déjà perçue par Rosa Luxemburg, les marxistes orthodoxes bloquent la mobilisation populaire en l'équipant d'« armes de la critique » inefficaces et seulement efficaces pour leur propre influence à l'intérieur de leur propre famille politique.

4 Sur l'impossibilité de la simple accélération du taux d'accumulation physique, cf. Luxemburg 1923 : 116 sq. ; Elsenhans 1995 : 199-204, et cela contre Lénine 1898 : 42.

L'émergence du profit n'a pas été possible, en dehors du pouvoir de contestation des classes laborieuses dans des situations d'emploi certes très différentes, puisqu'au début du capitalisme le salariat ne concernait qu'une minorité. La loi contre la pauvreté, tellement décriée par Marx, constituait un mécanisme de redistribution du surplus, accaparé sous forme de rente par des puissants (Elsenhans 1992). Il y eut diminution du surplus par diminution des rentes, augmentation de la consommation des masses et consécutivement, augmentation du profit à cause des dépenses d'investissement provoquées par la hausse de la demande pour des produits simples.

On peut penser que l'augmentation des revenus des masses est le résultat de luttes politiques. En fait, les masses sont sans grand pouvoir d'offensive à la naissance du capitalisme en Europe, comme aujourd'hui dans le Tiers Monde. L'autre éventualité réside dans la raréfaction de la main-d'œuvre en raison de l'augmentation de l'emploi, à la suite de la croissance de l'économie. Aussi longtemps qu'une économie est caractérisée par la marginalité (Elsenhans 1994), c'est-à-dire par l'existence d'une population marginale qui produit moins que ce qu'elle doit inévitablement consommer (la théorie du développement économique des années 1950 l'avait appelée « surplus population », Lewis 1954), la main-d'œuvre ne peut pas être rare, et donc les salaires réels ne peuvent pas augmenter, même si la productivité s'élève. Toute stratégie de développement consiste alors dans des mesures de réduction de l'impact économique des marginaux sur le marché du travail.

Le développement autocentré, organisé par l'État, consiste à investir des ressources financières appropriées, par une institution non marchande, libérée de l'obligation de faire des profits pour créer des emplois, en l'absence d'une demande solvable pour les produits ainsi créés. L'orientation vers les exportations de produits manufacturés consiste à baisser les coûts internationaux de la main-d'œuvre locale afin de la rendre compétitive sur le marché mondial tout en canalisant des ressources d'origine intérieure vers la consommation des ouvriers nouvellement employés. L'efficacité de telles mesures politiques et d'autres mesures non décrites ici diminue avec leur extension. La transition d'une économie sous-développée vers le capitalisme exige normalement le recours à l'économie mixte. Sans intervention politique, le mécanisme capitaliste ne peut être reproduit dans un pays sous-développé (Elsenhans 1997).

2. La contrainte extérieure : être exploité afin de se transformer et se développer

La spécialisation des pays du Sud a longtemps découragé la transition vers le capitalisme en raison de la spécialisation dans des produits de luxe (Chine et Inde anciennes) ou dans des matières premières produites avec des biens d'équipement importés (produits minéraux) ou n'utilisant que peu de biens d'équipement (produits agricoles).

Les pays du Sud étaient alors exclus des filières où l'apprentissage technique était concentré. Par l'introduction de mesures de rationalisation, toute production de masse conduit à des innovations techniques, qui permettent la réalisation des désirs ou des rêves. Personne n'a pensé pouvoir produire le tapis volant mais, à partir du moteur à combustion, la mécanique du vélo et certaines lois aérodynamiques, le rêve de la production d'un avion est devenu une réalité. Au berceau de l'automobile, vinrent le vélo et la machine à coudre.

Les rentes externes du Sud, issues de l'exportation des matières premières, ont disparu à partir des années 1980 en raison de la disparition des productions chères dans le Nord et de la compétition intensifiée entre les pays du Sud qui, elle aussi, a fait disparaître les rentes différentielles dans bien des cas. Les pays impérialistes furent prêts à accepter la disparition des rentes différentielles en transférant de plus en plus la production de matières premières dans le Sud (à l'exception du pétrole). Les prix continuèrent à baisser, ce qui fut décrit comme détérioration des termes de l'échange. Les économies du Sud se virent alors spécialisées dans les produits manufacturés intensifs en travail, comme dans le cas de la Tunisie.

La nouvelle division du travail est inégale sur le plan des valeurs échangées (produits manufacturés bon marché), mais ces « pertes » des pays exportateurs offrent au moins une voie vers un rattrapage.

Les succès des pays de l'Est asiatique dans les exportations de produits manufacturés ne sont pas dus à des salaires particulièrement bas mais à des coûts de travail effectivement bas qui dépendent du taux de change. Tous les pays ayant réussi l'exportation de produits manufacturés en Asie de l'Est ont été capables, au moins initialement, de dévaluer leur taux de change au-dessous de la parité du pouvoir d'achat. Les salaires des ouvriers, dans les filières exportatrices en expansion, n'étaient pas suffisants pour acheter sur le marché mondial les biens nécessaires à leur subsistance. Une telle stratégie de l'exportation par la dévaluation de la monnaie, et donc de la réduction des coûts internationaux du travail, n'était viable que si les économies locales étaient capables de produire un supplément de biens-salaires pour les travailleurs, nouvellement employés dans les filières d'exportation. La stratégie dépendait de la possibilité d'augmenter la production agricole puisque la part des biens alimentaires constituait encore une part importante des faibles revenus ouvriers.

Une autre conséquence résulte de la modélisation du capitalisme comme reposant sur l'augmentation des revenus de masse.[5] Le progrès technique ne peut plus être expliqué uniquement par l'augmentation du capital physique.

5 Qui en valeur travail n'augmente pas, comme le prouve la stabilité du coefficient de capital, du rapport produit divisé par le stock de capital employé.

Toutes les théories sur le progrès technique « non incorporé » (Denison 1967) (ne faisant pas partie de la valeur du capital physique) sont basées sur l'observation de cette non-augmentation relative du capital physique. Le progrès technique suit en fait l'expansion de la production parce qu'il est généré par l'expérience dans la production. L'apprentissage est lié à l'activité productive, c'est le « learning by doing ».

Les économies les plus avancées doivent leur supériorité à la performance de branches de pointe bien établies. Une économie moins avancée sera exclue de ces filières d'activité économique d'avant-garde, parce qu'elle n'est pas compétitive et qu'elle perdra d'autant plus en compétitivité qu'elle ne participe pas à l'apprentissage par la production. En cas d'émergence d'une famille technologique nouvelle (branche nouvelle), l'économie de pointe sera probablement supérieure à l'économie moins avancée. Mais sa supériorité dans la nouvelle filière sera inférieure à sa supériorité dans les filières de haute technologie déjà établies, mais seulement chez elle. Dans la filière toute nouvelle, l'économie de pointe et l'économie moins avancée n'ont pas une expérience de « learning by doing ». Si l'économie de pointe ne peut pas transférer les effets d'apprentissage acquis dans l'ancienne filière hautement technologique à 100 %, l'effet apprentissage dans la nouvelle filière sera inférieur. Ici, la loi de la spécialisation, suivant les avantages comparatifs, devient importante. Une économie moins avancée est capable d'être compétitive, même si sa productivité est inférieure à celle de l'économie plus avancée pourvu que son retard dans cette filière soit moins important que celui accusé dans d'autres filières.

S'intégrer dans le mouvement de la globalisation présente donc des possibilités de développement. La dévaluation et le développement de la production de biens-salaires, notamment dans le domaine alimentaire, augmentent les possibilités de s'adresser au marché mondial. Une distribution plutôt égalitaire des revenus et le choix de technologies intensives en travail, à partir des revenus créés dans le secteur exportateur, sont favorables à l'obtention de multiplicateurs importants. Pour intensifier l'orientation vers les exportations, des stratégies de qualification des facteurs de production, par un système local d'innovation, d'une part, et l'utilisation, d'autre part, de la stratégie de la « remontée des filières » dans celles où l'on s'est déjà placé peut conduire à l'élargissement de la gamme des produits fabriqués localement.

Ce rattrapage peut-être soutenu par la mobilisation de ressources destinées à la qualification des facteurs locaux de production, finalement, par le système local d'innovation technique. Cette intervention de la régulation étatique est découragée par les règlements de l'OMC. Les pays émergents continentaux, le Brésil, l'Inde, et la Chine populaire disposent pourtant de riches expériences pour briser de telles coalitions et règlements qui leur sont défavorables. Par exemple, la filière des composants d'ordinateurs démontre que la gestion des chaînes de valeur, par de grandes unités, peut être remplacée par des réseaux beaucoup plus ouverts (Lüthje 2005).

Les bases économiques d'une telle stratégie d'orientation vers l'exportation présentent certes des différences par rapport à celles du développement autocentré mais elles comportent également des éléments communs : l'augmentation de la production de biens-salaires en faveur de la consommation de masse, notamment dans le secteur agricole et l'utilisation de la hausse de la consommation de masse pour dynamiser les petites et moyennes entreprises, pépinières de formation des travailleurs dans des qualifications nouvelles.

Les ressources utilisées favorisent, d'une part, la construction d'un pôle de production pour les masses, d'autre part des changements de qualification afin de mieux aborder le marché mondial dans des filières prometteuses.

3. L'ubiquité des rentes dans les économies sous-développées : le rôle nécessaire du politique La transition vers le capitalisme implique un processus politique d'affectation de la rente pour surmonter les effets néfastes de la rente

Aussi longtemps que le mécanisme capitaliste de canalisation de surplus disponibles vers l'investissement ne fonctionne pas, l'augmentation de la productivité ne conduira guère à des investissements et à l'augmentation de l'emploi rémunéré. Des surplus, dus à l'augmentation de la productivité, vont se diriger vers l'extérieur, sous forme de détérioration des termes de l'échange, ou bien seront accaparés par des acteurs capables d'utiliser des moyens non marchands pour s'approprier ces surplus.

Dans la transition vers le capitalisme, la rente disparaît du fait de deux conditions liées entre elles, celle du pouvoir de contestation des classes populaires et d'un niveau élevé d'emploi. Si les possibilités de gagner sa vie pour les classes populaires sont importantes, toute innovation dans un secteur capitaliste naissant ne pourra être exploitée, qu'en attirant des travailleurs additionnels avec des avantages économiques supplémentaires, c'est-à-dire, en principe, en leur offrant des salaires réels plus élevés. Aussi longtemps que le capitaliste innovateur peut vendre ses produits nouveaux à un prix élevé et qu'ils lui procurent un taux de profit supérieur à la moyenne, il procédera à l'engagement de nouveaux travailleurs. La raréfaction de la main-d'œuvre fait que les branches, qui ne peuvent pas, en raison des prix prévalant, payer des salaires aussi élevés que le capitaliste innovateur, perdront des travailleurs. Si leurs produits sont demandés, ils pourront augmenter leurs prix et retenir une partie de la main-d'œuvre par des salaires comparables à ceux offerts par le capitaliste innovateur. Par contre, celui-ci devra affronter un lent processus de saturation des marchés, le forçant à réduire ses prix.

En situation de haut niveau d'emploi, il y a convergence entre les conditions matérielles de la main-d'œuvre, indépendamment de la productivité physique dans les filières particulières. Les rémunérations des ouvriers ne dépendent pas de la productivité dans leur secteur particulier mais de la productivité moyenne de l'économie. Voilà la base économique du développement d'une classe ouvrière, avec une conscience fondée sur les conditions matérielles moyennes de l'ensemble de l'économie, pour des classes à revenu plutôt bas.

En cas de niveau d'emploi élevé, tout investissement nouveau tendra à pousser les salaires et l'augmentation des salaires vers l'investissement de sorte que les ressources disponibles pour d'autres modes d'appropriation, notamment les rentes, diminueront. Ne subsisteront que les rentes différentielles, peut-être de monopole, finalement celles que l'augmentation des besoins d'investissement et des revenus de masse ne pourra pas faire disparaître.

Pour la disparition de la rente, un niveau élevé d'emploi est donc d'une importance décisive. Il contribuera à compenser les tendances opposées à l'émergence de rentes, dues à l'intégration de l'économie sous-développée dans le système capitaliste mondial et au transfert des prix mondiaux sur une telle économie (Amin 1973 : 186).

Dans les économies sous-développées, les productivités mesurées dans les différentes branches suivent le système des prix internationaux : existeront, par conséquent, des disparités considérables de productivité entre elles. On a appelé ces différences de productivité « hétérogénéité structurelle ». Si les coûts suivent les valeurs locales de la main-d'œuvre, les surplus gagnés dans les branches à moindre retard seront beaucoup plus importants que dans le reste de l'économie. Dans une économie sous-développée, caractérisée par des retards différenciés par rapport au niveau technologique international, le transfert du système des prix internationaux crée la possibilité d'appropriation de rentes, même en cas de spécialisation dans des produits manufacturés. La rente, dans les productions naturelles notamment minières, n'est qu'un cas spécial.

Puisque les économies sous-développées ne sont pas encore capitalistes et structurellement homogènes, la rente est omniprésente. Elle est accaparée par ceux qui ont le pouvoir politique de le faire. La décolonisation a consisté dans un transfert de pouvoir d'acteurs extérieurs vers des groupes intérieurs. Ce ne furent pas toujours des capitalistes locaux, souvent politiquement trop faibles, mais d'autres groupes, souvent à la base du contrôle du pouvoir politique. J'ai décrit ce processus comme constitution de classes-État, qui, dans le processus de décolonisation, furent capables d'occuper les instances centrales du pouvoir politique (Elsenhans 1982 : 12-19 ; 1996 : 173-212).

Malgré l'idéalisme initial qui les a animées, beaucoup de ces classes-État ont fini par être corrompues. Un des facteurs de leur déclin idéologique et moral fut l'échec du développement économique. Ces classes-État ont cru que le développement économique dépendait uniquement de l'accumulation du capital. Elles ont négligé l'importance de la structure de la consommation et des rapports de force en faveur des faibles. La rente est une chance de financement du développement si elle sert à des investissements en faveur de l'expansion de l'emploi et du marché de masse, et par conséquent de la qualification des travailleurs. La création d'un climat général de politique économique approprié est essentielle pour la stimulation de tels investissements.

Des membres des classes-État sont prêts à choisir des stratégies de développement en faveur des masses quand de telles stratégies leur apparaissent fiables. Ils n'admettront pas d'être poussés vers des stratégies dont le succès est très incertain. Cela vaut indépendamment des points de départ idéologique de ces classes et explique leur dérapage au cours de leur trajectoire historique.

4. Promouvoir, dans un projet de développement national et dans une stratégie d'alliance, l'insertion des filières orientées vers l'extérieur

L'insertion d'un secteur destiné à l'exportation, dans le cas de la Tunisie, le tourisme d'une part, et les filières d'exportation de produits manufacturés d'autre part, exige des activités dirigées vers trois directions :

- la poursuite d'une politique de soutien aux pauvres pour influer sur le marché de travail afin de lier croissance et augmentation des revenus de masse. On anticipe de cette manière l'élargissement du marché intérieur et la promotion de l'investissement, notamment dans les industries des petites et moyennes entreprises,
- l'amélioration des qualifications dans l'appareil productif pour obtenir la compétitivité internationale à des niveaux de taux de change plus élevés, ce qui diminuera la nécessité de se laisser exploiter par la dévaluation,
- un taux de change de la monnaie incitant à la diversification des exportations, notamment par la croissance des industries manufacturières,
- un pouvoir politique capable d'ajuster une perspective théorique globale aux exigences pratiques, comme elles se présentent dans l'environnement international de l'économie.

En théorie du développement, les politiques favorables aux pauvres ont longtemps été concentrées sur la nécessité de réformes agraires (Dandekar 1962 ; Elsenhans 1997). Les pays émergents ont montré qu'existaient d'autres possibilités d'établir une sorte de seuil minimum de niveau de subsistance qui, automatiquement, limite les moyens des employeurs de réduire le salaire réel des travailleurs. Le problème de la pauvreté peut alors être abordé par la distribution de paiements de soutien.

Pour protéger, sur le plan politique, les programmes en faveur de la production pour la consommation de masse, leur impact sur la croissance de la petite et moyenne industrie devra être démontré. Y contribuerait la démonstration qu'avec un taux de change approprié, une demande supplémentaire des ménages pauvres s'adresserait, dans une très forte proportion, à la petite et moyenne industrie. Équipée de moyens de production d'une simplicité avérée, celle-ci, en cas d'élargissement de la demande, inciterait à la production locale de cet équipement, étape incontournable pour le lancement d'une industrie locale de machines.

Dans un monde où le savoir-faire devient primordial, comme l'indique le concept d'« économie de la connaissance », les modes d'acquisition du savoir sont essentiels. L'exemple des pays émergents démontre, dans ce domaine, l'importance des efforts consentis par ces pays, de concert avec la coopération internationale pour améliorer leurs compétences technologiques. Abdelkader Sid Ahmed a résumé de telles stratégies : celle de remonter les filières en est une, c'est-à-dire utiliser des étapes mal rémunérées dans une chaîne de production pour accéder à des étapes mieux rémunérées grâce au savoir-faire acquis à ce niveau (Sid Ahmed 1995 : 77-78). Les chaînes de production, dans lesquelles de tels efforts sont entrepris, sont organisées de manière à éviter le libre jeu du marché, au moins au détriment de ceux qui les dominent. De tels efforts demandent le soutien de l'État. Or les petits États, comme la Tunisie, ne peuvent faire face aux pressions des multinationales qui gèrent de telles chaînes. En cas de nécessité d'une coopération avec d'autres États, on pense dans ce cas, évidemment, à une coopération à l'échelle inter-arabe.

L'exigence d'un pouvoir politique, à la fois pragmatique et doté d'une perspective claire à moyen et long terme, pose la question de la stabilité politique. Toutes les forces politiques, même celles qui sont l'expression de la volonté populaire, qui ont le soutien du peuple, qu'elles peuvent mobiliser, seront exposées à un risque d'isolement, particulièrement prononcé, si des rentes sont importantes. Une stratégie, pour surmonter le sous-développement et la dépendance, ne peut être viable que si elle est l'émanation d'une structure à la fois politique et idéologique, et si ses éléments vraiment stratégiques ne sont pas controversés. À partir de ma contribution, je peux nommer quelques-unes : le marché est désirable, il fonctionne malgré l'argument que les rapports marchands constituent toujours une aliénation indésirable. L'accumulation consiste dans l'addition du savoir et des compétences, et non pas dans la concentration de capital physique. Les machines plus performantes ne représentent pas plus de valeur-travail mais, approximativement, la même valeur-travail que les machines précédentes. Leur prix plus élevé est principalement le résultat du travail qualifié d'aujourd'hui, rémunéré par un salaire réel et nominal plus important que le travail qualifié du passé. La consommation populaire constitue l'incitation principale au développement des technologies, dont celle des machines, et permet de réduire les coûts unitaires. Parallèlement, l'orientation de la consommation de luxe vers les produits de prestige et donc singuliers a moins d'effets sur le développement technique, comme l'ont démontré les réussites en excellence des anciennes civilisations d'Asie, bloquées dans leur industrialisation. L'opposition entre le marché et le plan n'est pas antagonique, elle doit être résolue dans une perspective pragmatique.

Sortir de la dépendance et du sous-développement apparaît ici comme le résultat de la volonté politique d'utiliser des dispositifs économiques sans préjugé idéologique afin de construire le mécanisme de l'économie capitaliste. De telles stratégies ne sont possibles que dans un consensus large dans la société, impliquant la collaboration des classes sociales.

Le printemps arabe a ouvert une fenêtre vers une telle issue. Mais des oppositions idéologiques, en dehors du domaine économique, risquent d'annihiler les perspectives de coopération entre différents camps idéologiques.

5. La contrainte interne ou comment surmonter les clivages dans des domaines politiques secondaires

Les classes-État laïques n'ont pas seulement échoué à sortir leurs économies du sous-développement. D'une avant-garde, au moins prétendument « révolutionnaire », elles sont devenues une force de statu quo. Appuyées par les institutions de Bretton Woods, comme tête de pont dans le Sud, elles acceptent assez souvent de réprimer l'opposition populaire avec l'aide des « mukhabarrat ». Leur échec a ouvert le champ politique aux nationalistes culturels, organisés en un nouveau mouvement politique, après avoir été mis à l'écart dans la phase finale de la décolonisation, à la fois par les nationalistes laïcs et les puissances coloniales. Les nationalistes culturels ont réussi à se placer à la direction de larges alliances d'opposition (Elsenhans, Ouaissa, Schwecke, Tétreault 2015). Au-delà des idéologues stricto sensu du nationalisme culturel, ces alliances comprennent la petite entreprise, souvent commerciale et toujours méfiante à l'égard de l'interventionnisme étatique, des vagues de nouvelles classes moyennes non propriétaires de moyens de production mais munies de diplômes du secondaire et du supérieur, sans perspectives d'emploi. À l'encontre de ceux, déjà établis dans le secteur public, les nouveaux bacheliers n'ont que l'argument de la coupure des « anciens » d'avec la culture locale et les langues du pays pour justifier le ralliement au nationalisme culturel. L'arabisation est devenue un but, permettant de rallier les nouvelles couches moyennes montantes, rejointes par les exclus et les marginalisés, souvent comme troupe de choc, régulièrement comme banque de vote, un vivier pour le vote identitaire, ayant perdu tout espoir dans la réussite d'un projet de développement coordonné, voire dirigé par l'État.

Étant donnée la diversité des forces de soutien, les nouveaux mouvements politiques culturo-identitaires ont espéré pouvoir percer dans le jeu politique, en racolant successivement de groupes au centre de l'éventail des forces politiques. Ils mirent en sourdine leur discours identitaire pour mettre en avant une critique morale de l'économie planifiée.

Il y a donc convergence de deux camps, certes pour des raisons différentes, à tenter l'économie mixte, et cela de manière pragmatique.

Certains aspects des doctrines d'économistes se réclamant des principes islamiques sont assez proches du Fabianisme (Elsenhans 2015b). Le « printemps arabe » a ouvert une perspective de collaboration entre les deux forces, au moins en politique économique. Elle se réaliserait dans des gouvernements de coalition, ou bien dans un jeu d'alternance dans lequel les deux camps seraient en compétition sur des sujets qui, surtout, ne touchent pas à la question identitaire. Comme ailleurs (Inde ou Iran), ces classes moyennes profondément pieuses et attachées à leur identité culturelle veulent surtout un gouvernement compétent qui leur permette d'augmenter leurs revenus.

On peut penser qu'une telle orientation des deux camps en présence, unis dans leur résistance contre les éléments les plus corrompus des anciennes classes-État laïques mais divisés ensuite sur les contenus à donner aux résultats de leur évolution, peut constituer l'amorce d'un processus de dialogue, certes difficile au départ. Telles qu'en Europe du 16e siècle, les forces en présence comprennent qu'il n'y a d'autre solution qu'un compromis, si l'on veut éviter la guerre civile. L'importance des sujets économiques pour l'évolution de la controverse entre les deux camps serait alors pertinente.

6. La vraie contrainte externe et le rôle éventuel de l'Europe

Un problème structurel bloque les économies arabes pour la réalisation d'une stratégie de développement par l'exportation et la dévaluation. Toutes les économies qui ont réussi dans de telles stratégies étaient caractérisées par l'autosuffisance alimentaire, du moins au départ. Aucun pays arabe n'est autosuffisant en produits alimentaires et il est difficile d'envisager que leurs économies soient en situation d'atteindre l'autosuffisance alimentaire dans un avenir proche.

Pour imiter l'Est asiatique, les pays arabes doivent surmonter cette barrière à la dévaluation. Moins bien placés dans la compétition internationale, il est difficile de les imaginer pouvoir compenser la capacité de dévaluation des économies de l'Est asiatique basées sur la culture du riz, par une productivité plus élevée dans un éventail diversifié de filières manufacturières.

L'atout d'une politique méditerranéenne de l'Europe et du monde arabe viserait les défis constitutifs de ce blocage (Elsenhans 2013). Supposons que ce dernier se développe et dispose d'un ensemble industriel diversifié, capable de supporter la compétition internationale, dans une telle perspective, et au vu des données démographiques et climatiques, l'Europe deviendrait le grenier en céréales du monde arabe, qui en matière agricole se spécialiserait dans les légumes et les agrumes. L'agriculture européenne manque de débouchés. Par conséquent, s'il faut parier sur un avenir de développement du monde arabe, comme client solvable pour l'agriculture européenne, pourquoi ne pas anticiper une telle division du travail en cédant dès aujourd'hui des surplus agricoles européens à des prix concessionnels mais supérieurs aux prix des produits agricoles arabes en cas de dévaluation des monnaies de leurs pays ?[6] Les institutions européennes doivent financer des surproductions européennes ; celles-ci seraient donc déjà financées avant d'être cédées aux pays arabes dont les agricultures seraient protégées par des taux de change bas.

L'Europe gagnerait à suivre une politique de stabilisation politique, économique et sociale de la rive sud de la Méditerranée, basée sur une coopération entre les deux camps déjà mentionnée. L'initiation de cette stratégie en Tunisie est un signal fort, envoyé au monde arabe pour signifier que l'Europe est prête à une coopération réelle, non limitée au seul objectif d'imposer une ouverture des marchés, mais susceptible de contribuer à l'évolution des sociétés arabes vers le capitalisme.

Il y a plusieurs commentaires à ajouter : l'argument selon lequel le marché mondial est surchargé de telles stratégies devient de moins en moins convaincant. La Chine suit aujourd'hui l'exemple de la Corée du Sud et de Taiwan : la réussite de la création de l'emploi par l'exportation de produits manufacturés suscite, à cause des niveaux élevés d'emplois, l'inflation importée (inflation due à des excédents d'exportation qui pèsent sur le marché du travail). La réussite de cette stratégie ouvre des possibilités pour de nouveaux candidats.

De plus, les interventions étatiques ont une chance d'aboutir. Nous allons vers un monde multipolaire où les pays émergents n'accepteront plus le consensus occidental de la nécessité de l'intégration « en profondeur », et ils ne pourront plus être obligés par l'Occident de s'y conformer. Des pays de moindre importance, qui ne veulent pas suivre les institutions de

6 À des prix inférieurs aux coûts des agricultures arabes, les produits importés détruiraient les agricultures arabes. Si après dévaluation, ces économies essayaient d'augmenter leurs productions par des procédés extrêmement coûteux, le pouvoir d'achat des classes pauvres diminuerait. La solution proposée maintient donc le pouvoir d'achat au moins initialement au niveau actuel (quitte à permettre sa hausse en cas d'augmentation de l'emploi) mais maintiendrait les cultures qui existent.

Washington, deviendront des alliés potentiels de ces nouvelles puissances. Ils seront de plus en plus protégés des exigences occidentales par ces puissances émergentes qui auront voix au chapitre.

En cas de conflit d'influence en Méditerranée entre l'Europe et des rivaux du monde émergent, l'Europe a un intérêt vital à garder un rôle prépondérant en Méditerranée. À la différence du Japon et des États-Unis, l'Europe n'est pas située à proximité de marchés en ébullition. La seule région, où l'effet démographique peut susciter l'espoir de trouver un partenaire comparable à la Chine pour le Japon et les États-Unis, est le monde méditerranéen, arabe ou non et musulman.

La stratégie décrite conviendrait bien à cette configuration d'intérêts et d'évolutions prévisibles. Il faut commencer, pour la rendre possible, par créer, dans des pays arabes, les conditions politiques à même de susciter la confiance de l'Europe car c'est d'abord le Vieux Continent qui engage des ressources. Cette confiance de l'Europe dépend en dernière instance de sa perception du comportement prévisible des islamistes, c'est-à-dire de l'attitude des nouveaux mouvements politiques, culturo-identitaires par rapport à une sécurité partagée. Elle résultera de sa perception de l'évolution interne des États arabes, c'est-à-dire de la capacité des deux camps à arriver à des compromis qui ne compromettent pas leur identité, lorsque leurs convictions profondes sont divergentes.

Je propose donc mon argumentaire pour amorcer une discussion dans le cadre politique, économique et culturel d'une stratégie de croissance, à partir de l'exportation de produits manufacturés, rendue possible par la dévaluation et par des conditions politiques appropriées.

7. La défense de la perspective par rapport à certaines valeurs reçues

La stratégie proposée admet et prolonge certainement le capitalisme. Je ne crois pas qu'une société complexe puisse être basée sur une économie non gérée dans une large mesure par des relations marchandes. La discipline imposée sous le régime capitaliste, pour investir efficacement le surplus, donc le travail cristallisé, me paraît beaucoup plus proche des idéaux du socialisme que le gaspillage du surplus dans les économies dites planifiées. Dans ma conception, l'essentiel n'est pas d'abolir le marché mais de le compléter par d'autres mécanismes là où il ne fonctionne pas. La transition du capitalisme vers un socialisme à définir consiste à rendre les mécanismes marchands efficaces là où des privilégiés sont encore capables de s'approprier des rentes.

De même, le développement autocentré ne consiste pas en la fermeture au monde extérieur mais vise, dans l'interaction avec l'étranger, mais aussi en refusant certaines interactions, à développer la capacité d'orienter l'appareil productif vers les besoins des masses populaires. Il s'agit moins de cloisonnement à l'égard du marché mondial que de la capacité à l'affronter en défendant ses propres intérêts. C'est le développement autocentré.

Consacrer des dépenses supplémentaires à l'augmentation des salaires n'implique pas la perte de la compétitivité sur le marché mondial. Celle-ci ne peut pas être perdue à cause des coûts locaux. Des coûts locaux élevés mènent seulement à l'ajustement du taux de change dont les conséquences sont d'autant moins ressenties, que l'on a établi le mécanisme capitaliste de la production de biens d'équipement, pour la production pour un marché de masse.

Bibliographie

Amin, Samir (1973) : *Le développement inégal. Essai sur les formations sociales du capitalisme périphérique*, Paris : Éditions de Minuit.

Dandekar, Vinayak Mahadeo (1962) : « Economic Theory and Agrarian Reform », in : *Oxford Economic Papers*, 14, 1 (février), pp. 69-80.

Denison, Edward F. (1967) : « Sources of Postwar Growth in Nine Western Countries », in : *American Economic Review*, 57, 2 (mai) ; pp. 325-332.

Elsenhans, Hartmut (1982) : « Capitalisme d'État ou société bureaucratique de développement », in : *Études internationales*, 13, 1 (mars) ; pp. 3-22.

Elsenhans, Hartmut (1992) : « English Poor Law and Egalitarian Agrarian Reform in the Third World », in : Elsenhans, Hartmut, *Equality and Development*, Dhaka : Center for Social Studies, pp. 130-162.

Elsenhans, Hartmut (1994) : « Rent, State and the Market : The Political Economy of the Transition to Self-sustained Capitalism », in : *Pakistan Development Review*, 33, 4 (décembre) ; pp. 393-428.

Elsenhans, Hartmut (1995) : « Überwindung von Marginalität als Gegenstand der Armutsbekämpfung », in : Schäfer, Hans Bernd (ed.), *Bevölkerungsdynamik und Grundbedürfnisse in Entwicklungsländern. Schriften des Vereins für Socialpolitik 246*, Berlin : Duncker und Humblot, pp. 199-221.

Elsenhans, Hartmut (1996) : *State, Class and Development*, New Delhi / London / Columbia, Mo : Radiant / Sangam / South Asia Books.

Elsenhans, Hartmut (1997) : « The Relevance of the Principles of Keynesian Economics for the Transition to Capitalism in Today's Underdeveloped World », in : Davidson, Paul / Kregel, Jan A. (eds.) : *Improving the Global Economy. Keynesianism and the Growth in Output and Employment*, Cheltenham : Edward Elgar, pp. 283-303.

Elsenhans, Hartmut (2011a) : *The Rise and Demise of the Capitalist World System*, Leipzig : Leipziger Universitätsverlag.

Elsenhans, Hartmut (2011b) : « World System Theory and Keynesian Macroeconomics : Towards an Alternative Explanation of the Rise and Fall of the Capitalist World System », in : *Cahiers du CREAD*, vol. 97, pp. 5-61.

Elsenhans, Hartmut (2013) : « Comment approfondir la coopération entre rive nord et rive sud de la Méditerranée : Un renouveau économique tenant compte des effets de la rente sur le Sud de la Méditerranée », in : *L'Année au Maghreb*, vol. 9, pp. 19-38.

Elsenhans, Hartmut (2015a) : *Saving Capitalism from the Capitalists. A Contribution to Global and Historical Keynesianism*, Beverly Hills, Cal. / London /New Delhi : Sage.

Elsenhans, Hartmut (2015b) : *Contre le tout marché : Économie islamique et keynésianisme. Conférence prononcée à un séminaire du MSP sous la présidence du Dr. Abderazak Makri* (Alger : Hamas – MSP, octobre 2015), http://hmsalgeria.net/ar/5i3kd (27.01.2016).

Elsenhans, Hartmut / Ouaissa, Rachid / Schwecke, Sebastian / Tétreault, Mary Ann (2015) : *The Transformation of Politised Religion : Zealots Turned into Leaders*, Aldershot : Ashgate.

Kalecki, Michal (1942) : « A Theory of Profits », in : *Economic Journal*, 52, 206-207 (juillet-septembre), pp. 258-267.

Lenin, Wladimir Iljitsch (1899) : *Die Entwicklung des Kapitalismus in Rußland. Der Prozeß der Bildung des inneren Marktes für die Großindustrie [1899], in : Lenin Werke 3*, Berlin : Dietz 1972, pp. 7-629.

Lewis, William Arthur (1954) : « Economic Development with Unlimited Supply of Labour », in : *Manchester School of Economic and Social Studies*, 22, 2 (mai), pp. 139-191.

Lüthje, Boy (2005) : « The "New Economy" from Below : Networks of Mass Production in the IT Industry », in : *Dialogue and Cooperation – Occasional Papers on Southeast Asia and Europe*, 12, pp. 23-33.

Luxemburg, Rosa (1923) : *Die Akkumulation des Kapitals. Ein Beitrag zur ökonomischen Erklärung des Imperialismus [1912]*, Berlin : Vereinigung internationaler Verlagsanstalten.

Sid Ahmed, Abelkader (1995) : *Un projet pour l'Algérie : Éléments pour un réel partenariat euro-méditerranéen*, Paris : Publisud.

Abdeljelil Bedoui

De l'échec du modèle économique et social en Tunisie et de la nécessité d'un modèle alternatif

1. Introduction générale

L'objectif de cette contribution s'inscrit parfaitement dans le thème général de ce séminaire dans la mesure où le partenariat avec l'Union européenne représente une composante essentielle du modèle économique et social en vigueur en Tunisie.

Ce modèle, basé sur des choix néolibéraux définis par le fameux consensus de Washington et mis en œuvre et propagé par les institutions internationales de Bretton Woods, a été adopté par la Tunisie en 1986 dans le cadre du programme d'ajustement structurel à la suite d'une grave crise ayant marqué l'économie tunisienne durant la première moitié des années 1980.

L'application de ce modèle a contribué dans un premier temps à redresser la situation en relançant la croissance et en améliorant relativement les équilibres macroéconomiques. Ces résultats, d'ailleurs prévisibles, ont suffi pour que les institutions internationales (Banque mondiale, fonds monétaire international, agences de notation, forum de Davos) ne manquent désormais aucune occasion pour saluer les succès de l'expérience tunisienne et relever les performances multiples en termes de croissance, de revenu par tête, d'amélioration des équilibres macro-économiques (baisse de l'inflation, baisse des déséquilibres budgétaires et de la balance courante, baisse du taux d'endettement public) et de compétitivité, etc.

Toutefois, le cercle de la contestation qui s'élargissait et les mouvements sociaux qui s'amplifiaient particulièrement, depuis le début du siècle actuel, ont non seulement fini par emporter en janvier 2011 le régime politique qui accompagnait ce modèle, mais ils ont surtout apporté un démenti brûlant à la propagande néolibérale en rappelant le bilan catastrophique des choix néolibéraux en termes :

- de chômage élevé particulièrement chez les jeunes diplômés
- d'élargissement de la précarité de l'emploi
- de niveau de pauvreté particulièrement élevé dans les régions de l'intérieur du pays.

- de disparités régionales
- d'inégalités sociales
- de corruption, d'exclusion et de répression.

Si, en apparence, l'échec du modèle semble faire l'unanimité depuis 2011, il n'en demeure pas moins que, tant, le diagnostic que les solutions constituent l'objet d'un débat et de divergences substantielles :

a) Pour les institutions internationales, les problèmes sociaux soulevés et révélés par les révoltes populaires, bien que réels, ne signifient pas pour autant l'échec du modèle et des politiques néolibérales. Ils résultent fondamentalement d'un décalage entre le politique et l'économique qui a caractérisé le cas tunisien. En effet, la libéralisation économique en Tunisie n'a pas été accompagnée d'une démocratisation de la vie politique, ce qui n'a pas manqué de limiter significativement l'impact attendu de la libéralisation économique. Ce décalage a été à l'origine de l'existence d'une menace sur la propriété privée, d'une restriction de la liberté d'entreprendre, de non-respect des contrats, de la multiplication des situations de rente, etc. Tous ces maux sont en dernière instance, le résultat d'une absence de démocratisation de la vie politique qui s'est traduite par l'absence de séparation des pouvoirs, la non-indépendance de la justice, l'absence des libertés et d'une société civile qui aurait pu constituer un contre-pouvoir, etc. Partant de ce genre de diagnostic, ces institutions internationales se sont précipitées pour saluer ce qu'ils ont appelé « Le printemps arabe » et proposer des projets multiples destinés à élargir et accélérer la libéralisation économique au lieu de soutenir la libéralisation politique printanière. Le programme européen d'un accord de libre-échange complet et approfondi (ALECA), mis en valeur par ses promoteurs et présenté comme un projet généreux, amical et réformateur, s'inscrit parfaitement dans cette logique.

b) Les « bourgeoisies tunisiennes » libérales et conservatrices, particulièrement les franges, qui ont engrangé les dividendes de la libéralisation, reconnaissent aussi, à leur manière, l'échec du modèle. Néanmoins, pour les uns (bourgeoisie libérale), il suffit de procéder à certaines réformes, proposées, d'ailleurs, par les institutions internationales, particulièrement dans le domaine de la gouvernance pour corriger les distorsions et déséquilibres enregistrés et obtenir, ainsi, une amélioration de la situation. Pour les autres (les islamistes) il suffit de créer certaines institutions islamiques pour moraliser le monde des affaires (banques islamiques, assurances islamiques, certificats islamiques), renforcer la solidarité sociale (Zaket, fondation, Habous) et garantir ainsi un développement néolibéral harmonieux et plus juste (sic !).

c) Enfin, les forces démocratiques et progressistes considèrent que l'échec du modèle de développement ne peut pas être attribué, comme le suggère une analyse réductrice, à un simple décalage entre les dimensions politique et économique ni à des problèmes traditionnels d'éthique et de solidarité ni à de simples problèmes de gouvernance et que le redressement de la situation ne peut, en aucun cas, être obtenu grâce à un élargissement et approfondissement des réformes d'inspiration libérale. Pour ce courant, l'échec ne doit pas être sommairement imputé aux déséquilibres et aux distorsions mais doit être analysé de manière à remonter aux choix essentiels en termes de stratégie et de politique économique ainsi qu'aux conceptions et aux fondements idéologiques qui sont à la base de ces choix.

Aussi présenterons-nous brièvement, dans la seconde partie de cette étude, l'ensemble de ces choix, priorités et conceptions, à notre avis, à l'origine de l'échec du modèle néolibéral pour insister dans la troisième partie sur la nécessité et les conditions du passage à un modèle alternatif.

2. Les causes d'un échec annoncé

Les causes profondes de l'échec du modèle résident, d'une part, dans les choix et les priorités retenus et, d'autre part, dans les conceptions et les fondements sur lesquels est basé ce modèle.

2.1. Dans ce modèle, la priorité a été accordée à la croissance aux dépens du développement

Si la croissance renvoie au quantitatif et au marchand, le développement se définit plutôt comme l'ensemble des transformations des structures économiques, sociales, mentales et démographiques qui accompagnent la croissance, la rendent durable et permettent l'amélioration des conditions de vie de la population. De F. Perroux à A. Sen, la dimension humaine est retenue comme la finalité du développement. Ce but n'apparaît pas de façon explicite dans la définition que F. Perroux a donnée du développement en 1961 : « Le développement est la combinaison des changements mentaux et sociaux d'une population qui la rendent apte à faire croître, cumulativement et durablement, son produit réel global » (Perroux 1969). Par la suite, F. Perroux place l'homme au centre du processus de développement, défini comme « le changement naturel de l'appareil de production et de la population au service de cette dernière » (Perroux 1972). Dans son ouvrage « Pour une philosophie du nouveau développement » (Perroux 1981) publié en 1981, F. Perroux précise les caractéristiques du « nouveau développement » qui serait global, intégré et endogène. « Global » désigne une vue de l'ensemble des dimensions d'un tout humain et de la diversité des aspects dans leurs relations. « Endogène » évoque les capacités et ressources intérieures d'une nation en fonction de la création d'une nouvelle valeur cohérente. Le développement intégré a deux sens. Il peut « signifier soit l'intégration inter-régionale, soit la meilleure cohésion des secteurs, régions et classes sociales ».

Pour A. Sen, le développement peut être appréhendé « comme un processus d'expansion des libertés réelles dont jouissent les individus, défini comme suit : « De cette façon l'expansion des libertés constitue à la fois, la fin première et le moyen principal du développement, ce que j'appelle, respectivement, le rôle constitutif et le rôle instrumental de la liberté dans le développement » (Sen 2000).

Ces quelques brefs rappels des analyses de deux illustres penseurs dans le domaine du développement montrent le caractère global, complexe et profond de la signification du développement économique et la différence notoire qui existe entre cette notion et la croissance.

En plus de la priorité accordée à la croissance, cette dernière s'est déroulée dans le contexte d'une économie mondialisée générant de nouvelles contraintes et des règles de jeu asymétriques à la suite de l'abandon des accords préférentiels et de l'adoption du principe de la réciprocité qui va être mis en œuvre concrètement dans le cadre de l'accord de partenariat entre la Tunisie et l'UE conclu en 1995. Le changement de ces règles du jeu s'est traduit par un autre renoncement, celui de la logique de rattrapage et son remplacement par une logique de convergence qui constitue la base idéologique de la mondialisation néolibérale.

Par ailleurs, la liberté de circulation des biens, des services, des capitaux, la mobilité des entreprises, parallèlement à la restriction de la liberté de circulation de la main-d'œuvre, a fini par aboutir à deux phénomènes pervers au Nord comme au Sud :

- Au Nord, le capital international a augmenté ses pressions sur les États pour réaliser plus de flexibilité de l'emploi, obtenir plus d'avantages fiscaux et plus de recul des acquis sociaux, et ce en utilisant la menace de la délocalisation des activités du Nord vers le Sud.
- Au Sud, nous avons assisté à une compétition et une surenchère entre pays du Sud, chacun voulant offrir plus d'avantages en termes fiscaux, financiers et sociaux pour attirer les investissements directs étrangers (IDE). Cette concurrence acharnée a conduit à l'adoption de différentes politiques de dumping (commercial, social, financier, monétaire et environnemental).

Ces contraintes mondiales, ces règles asymétriques et déséquilibrées ont fini par générer plutôt une dynamique de divergence à la place de la convergence promise par l'idéologie néolibérale en aggravant les déséquilibres de départ :

- Déséquilibre entre le capital et le travail
- Déséquilibre entre les catégories sociales à l'intérieur de chaque pays du Nord comme du Sud.

- Déséquilibre entre le Nord et le Sud globalement et à l'intérieur du Sud particulièrement (pays émergents, pays en panne de développement, pays pauvres).

En adoptant la formule croissance égale développement, on a donné la priorité aux exportations en tant que moteur de cette croissance aux dépens de la demande intérieure et du marché local.

Cette priorité, qui a été réalisée dans le cadre de la sous-traitance et des activités off-shore, a entraîné à son tour un changement au niveau de la place et du rôle de l'emploi et des salaires dans la dynamique du modèle de croissance (Bedoui 2013). De déterminants de la demande intérieure dans une économie protégée et régulée par l'État et tirée par le marché intérieur, l'emploi et le salaire sont devenus des variables d'ajustement impliquant plus de flexibilité depuis l'application du plan d'ajustement structurel (PAS) en 1986.

Le désengagement de l'État et adoption d'une régulation marchande sur la base de l'application du principe néolibéral de la neutralité de l'État sont les nouvelles règles du jeu qui régissent la politique économique et sociale inspirée du modèle néolibéral :

Ce désengagement s'est réalisé à travers la privatisation de nombreuses entreprises publiques, la libéralisation des prix, du commerce extérieur (accord de partenariat avec l'UE), de l'investissement, la réduction de l'importance de la compensation dans le PIB, la marchandisation partielle des principales composantes de la sphère non marchande (santé, éducation, formation professionnelle, culture, loisirs, etc.). Il s'est traduit par une réduction de la taille de l'État, perceptible à travers la baisse de la part des dépenses publiques globales dans le produit intérieur brut (PIB), l'abaissement de la contribution des investissements publics et des dépenses d'éducation, de formation et de santé aux dépenses publiques globales. Il en a résulté une tendance croissante à la marchandisation de toutes les dimensions de la vie sociale (Bedoui 2003), parallèlement à une transformation du mode et des pratiques de consommation et un accroissement du coût de la vie conjuguée à une prise en charge d'une partie sans cesse croissante des dépenses de consommation par les ménages, dont le corollaire est un accroissement accéléré de l'endettement de ces derniers et une détérioration générale des conditions de vie de nombreuses catégories sociales.

L'ensemble des mutations indiquées ont fini par donner lieu à une dynamique de croissance de type extensif, basée sur l'utilisation élargie des facteurs de production et non sur l'intensification de cet usage.

Ce modèle a pu fonctionner selon une logique de compétitivité-prix qui a entraîné, en l'absence de gains suffisants de productivité, un recours élargi et croissant à des politiques de dumping multiformes (dumping commercial, social, fiscal, financier, monétaire et même environnemental) au fur et à mesure de l'essoufflement de ce modèle.

La priorité accordée à l'amélioration des équilibres financiers macroéconomiques aux dépens des équilibres réels est une autre caractéristique du néolibéralisme :

- la logique néolibérale considère que l'amélioration des équilibres macroéconomiques rend l'avenir du pays, plus visible et plus stable et plus attrayant, qu'elle est en mesure de réduire les risques et d'encourager l'initiative privée et l'investissement, ce qui contribuerait à l'accélération de la croissance et à l'amélioration automatique des équilibres réels. Mais la relative amélioration des équilibres macroéconomiques (baisse des déficits internes et externes, baisse de l'endettement étranger et public, baisse de l'inflation) ne s'est accompagnée :
    - ni d'une augmentation des investissements.
    - ni du passage à un autre palier de croissance.
    - ni d'une amélioration de l'emploi et des équilibres sociaux et régionaux.

La priorité accordée à l'insertion internationale aux dépens de l'intégration nationale sur le plan économique, sectoriel et spatial présente des risques certains : cette insertion internationale a contribué à une plus grande fragilisation et à un éclatement du tissu productif.

Cette insertion internationale s'est déroulée dans le cadre d'une division internationale de travail (DIT), basée quasi exclusivement sur l'exploitation des avantages comparatifs de type statique (exploitation des ressources naturelles telles que le phosphate, le pétrole, le soleil et la plage, etc. et l'exploitation d'une main-d'œuvre non qualifiée et mal payée), ce qui n'a pas manqué d'aggraver la fragilité du système productif et du tissu social.

Nous assistons à une divergence prononcée entre dynamique productive, d'une part, et éducative et de formation, d'autre part : le système productif s'élargit sur la base de l'extension de l'emploi non qualifié alors que le système éducatif et de formation ne cesse de produire un nombre croissant de diplômés du supérieur. Il en résulte une aggravation continue sur le marché de travail et une panne du principal ascenseur social que constitue l'éducation.

La littoralisation de l'activité économique et l'aggravation des disparités régionales avec des différences prononcées au niveau du chômage, de la pauvreté, du niveau d'éducation, de l'infrastructure est aussi l'une des conséquences du néolibéralisme.

Le tissu productif est fragile, peu diversifié, peu intégré et éclaté : off shore / on shore ; informel / formel, littoral / intérieur, rural / urbain.

Le désengagement de l'État ne s'est pas traduit par un engagement renforcé du secteur privé :

- le taux d'investissement global de ce secteur est inférieur à 25 % alors qu'il faut atteindre au moins 30 % pour passer à un autre palier de croissance, supérieur à 7 % afin de pouvoir améliorer les équilibres réels.

- Ces résultats sont en deçà de ceux enregistrés dans d'autres pays (Maroc, Turquie, pays asiatiques, etc. (Bedoui 2015).
- Ces résultats sont obtenus grâce à un énorme soutien de l'État au secteur privé qui s'est traduit, entre autres, par un déficit fiscal pour la collectivité (Bedoui 2006).
- À côté de l'aspect quantitatif, il faut relever la faiblesse, voire l'absence de diversification et de densification (filière) du système productif.
- Enfin, on enregistre une très faible présence de l'investissement privé local et étranger à l'intérieur du pays

Le modèle est maintenu grâce à des politiques de dumping multiformes qui ont épuisé tous les acteurs. *L'État* manque de revenus fiscaux, les entreprises ont une faible rentabilité et on y voit la dégradation de la qualité et des services. *Les banques* sont accablées par un niveau élevé de créances douteuses, *les travailleurs* assistent à l'augmentation des emplois précaires et à la détérioration de leurs conditions de travail et de vie. *Les petits paysans* sont victimes de la réduction des subventions et du soutien de l'État, de l'accroissement des coûts de production et de la domination des intermédiaires et des spéculateurs. *Les petits commerçants* sont victimes de la concurrence des supermarchés et d'un secteur informel envahissant. *Les jeunes* doivent faire face à un chômage persistant et élevé surtout chez les diplômés. *Les consommateurs* sont victimes de la perte de la valeur du dinar et de l'inflation importée en particulier, etc.

3. Nécessité et conditions de passage à un modèle alternatif

Cette nécessité s'impose pour différentes raisons :

- le modèle actuel est incapable de relever les nombreux défis
- le modèle actuel ne peut pas permettre de traduire les acquis constitutionnels en réalité vécue : ces acquis nécessitent un partage du pouvoir et des richesses alors que le modèle actuel aggrave la concentration, tant du pouvoir que des richesses.
- la transition démocratique reste menacée en l'absence d'un modèle de développement durable équitable, intensif et inclusif.

Les conditions de la transition vers un modèle alternatif :

- un modèle alternatif doit corriger les déséquilibres analysés plus haut.
- cette correction nécessite la remise en cause des choix néolibéraux et des concepts et dogmes à l'origine de ces choix. Dans cette perspective, nous devons abandonner ou repenser les dogmes pour

réfléchir sur un modèle alternatif sur la base des recommandations suivantes :

- Remettre le principe de la neutralité de l'État en question en renouant avec des politiques sectorielles actives (politique industrielle, politique agricole et de service) et des politiques de redistribution avancées et bien définies.
- Ne pas se contenter d'exploiter les avantages comparatifs de type statique en cherchant activement la construction d'avantages comparatifs de type dynamique, afin de diversifier le tissu productif et d'améliorer son intégration par la construction de filières.
- Se débarrasser d'une conception abstraite du marché et de la suprématie de la régulation marchande qui oublie que le marché n'est une institution qui tombe du ciel mais une création humaine qu'il faut instrumentaliser et orienter pour servir le développement et l'homme. Dans tous les cas, il faut éviter de confier le destin du pays à une régulation marchande destructrice et veiller à chercher des combinaisons novatrices entre État et marché qui seraient au service de l'homme et du progrès.
- Éviter le recours à une flexibilité qui ne tient compte que des intérêts à court terme des entreprises et sacrifie la sécurité de l'emploi des travailleurs. Certains pays ont cherché à concilier la sécurité et la flexibilité en mettant en place un système dit de flexicurity. Il y a lieu de s'en inspirer.
- Éviter l'adoption d'une façon aveugle des clichés simplistes et dangereux pour la démocratie tels que la règle d'or budgétaire et le principe de l'indépendance de la banque centrale.
- Dépasser la conception mercantile de la sécurité alimentaire qui se contente de réaliser un équilibre de la balance commerciale alimentaire au lieu de maîtriser la production des biens alimentaires qui sont conformes à la tradition nationale en matière de consommation.

3.3. Existence des conditions favorables à la mise en place d'un modèle alternatif

Il y a de nombreuses expériences latino-américaines encourageantes qui ont su transcender les contraintes internationales et qui convergent vers l'adoption de politiques de régulation basée sur :

- le rejet du néolibéralisme
- l'adoption de politiques sectorielles actives
- l'adoption de politiques actives de redistribution des revenus
- le développement de formes de démocratie participative et citoyenne

- la récupération des ressources naturelles et énergétiques (avec parfois des nationalisations)
- la mise en place de programmes sociaux d'envergure dans les domaines de la santé, de l'éducation, de la lutte contre la pauvreté
- la construction d'une intégration régionale (Mercosur) en dehors de la dépendance américaine
- un soutien à ces expériences, apporté par les mouvements sociaux qui gardent leur indépendance par rapport aux gouvernements.

Il existe une marge de manœuvre au sein de la constitution tunisienne comparativement au Maroc et au traité de Maastricht qui ont presque constitutionnalisé certains dogmes néolibéraux tels que la règle d'or budgétaire (limitation du déficit budgétaire à 3 %, de l'endettement public à 60 %, du taux d'inflation à 2 %) et le principe de l'indépendance de la banque centrale.

Conclusion générale

L'Union européenne, à travers le partenariat et sans être l'unique responsable de la mise en place du modèle actuel de croissance et de son fonctionnement, a néanmoins, très largement contribué à déterminer son profil, son contenu, ses modalités de fonctionnement ainsi que ses limites et son échec.

Avec le projet de l'ALECA, l'Union européenne veut aller encore plus loin dans l'extension et l'approfondissement de la logique marchande qui sert ses intérêts à court terme et les intérêts d'une minorité locale constituée de rentiers, de sous-traitants subalternes et d'affairistes avides de profits rapides et faciles et qui jouent plutôt un rôle parasitaire et contraire aux exigences d'un développement durable et équitable. Toutefois, à moyen et long terme, cette logique est non seulement destructrice pour la Tunisie (Bedoui 2005) mais elle aura aussi des incidences menaçantes pour la paix et la sécurité tant en Méditerranée qu'en Europe avec la montée inéluctable de l'extrémisme, de la radicalisation, du terrorisme, la multiplication des réseaux mafieux de tout genre, l'accroissement des flux migratoires.

En outre, il faut signaler que la transition à un modèle alternatif, qui soit à la hauteur des attentes populaires et des défis nombreux et qui soit conforme aux acquis constitutionnels, apparaît impérative et urgente. Néanmoins, sa mise en œuvre sera difficile et douloureuse. Contrairement à la transition politique, qui a été réalisée sur la base d'un consensus pénible, la transition économique va nécessiter plus qu'un consensus. En effet, la transition politique a nécessité des concessions impliquant un assouplissement des positions de départ des différents acteurs en présence concernant leur conception du pouvoir, de son organisation, des libertés, des droits, de l'égalité homme/femme, de l'identité, de la nature du régime politique qu'il faut adopter et de la loi électorale qu'il faut utiliser.

Pour sa part, la transition économique va nécessiter beaucoup plus. Elle nécessitera un abandon de certaines positions de rente, de certains privilèges et avantages légalement ou illégalement acquis. Bref, la transition économique posera des problèmes complexes de production et de responsabilité sociale et environnementale des entreprises, de partage et de redistribution des richesses et ne manquera pas d'entraîner des résistances, des conflits, des luttes et des manipulations d'acteurs locaux et étrangers qui risquent de retarder et de compliquer cette transition. D'un autre côté, le mariage entre la politique et l'argent et l'irruption du monde des affaires et des affairistes dans le champ politique (partis, associations, parlement et gouvernement) va compliquer encore davantage cette transition.

Enfin, contrairement aux allégations formulées par ceux qui arrivent difficilement à cacher leur aliénation, adhésion ou proximité dans leur rapport avec la pensée néolibérale et leur hostilité à tout projet alternatif et affirment qu'un projet alternatif demande des années pour être élaboré alors que la situation économique ne permet pas d'attendre, il faut souligner que l'élaboration d'un tel projet est moins difficile que la rédaction et la fabrication d'un ouvrage qui nécessite beaucoup de temps car un tel projet procède plutôt d'une volonté politique visant à rectifier les choix stratégiques à partir d'une démarche pragmatique débarrassée des dogmes néolibéraux soulignés plus haut. De son côté, l'application d'un tel projet passe par des réformes qui traduisent les nouveaux choix et non par des réformes qui consacrent et reproduisent le modèle actuel, comme c'est le cas aujourd'hui.

Les événements de décembre 2010/janvier 2011, en permettant la récupération de précieuses libertés et l'éclosion de nombreux espaces de débats citoyens ont profondément modifié l'horizon des possibles. C'est aux citoyens que revient la tâche de ne pas manquer cette occasion historique et d'exploiter toutes les marges de manœuvre disponibles afin d'ouvrir des nouvelles perspectives pour un développement durable, démocratique, inclusif et équitable. Dans ces conditions, la société civile sera encore une nouvelle fois appelée à peser de toutes ses forces dans la dynamique de cette transition économique.

Bibliographie

Bedoui, Abdeljalil (2003) : « Les inégalités et la question sociale dans le contexte de la transition libérale en Tunisie », in : *Pensée sociale critique pour le XXIe siècle*, ouvrage collectif, mélanges en l'honneur de Samir Amin, Forum du tiers monde, Paris, L'Harmattan.

Bedoui, Abdeljalil (2005) : « Le partenariat Euro-Med : dix ans après », conférence d'ouverture du Forum social syndical.

Bedoui, Abdeljalil (2006) : « La question de la frontière et du rapport public / privé en Tunisie », in : *Recherches internationales*, 3, n° 77, Paris.

Bedoui, Abdeljalil (2013) : « Le défi de l'emploi et la nécessité de repenser le modèle développement », publié par le Forum tunisien pour les droits économiques et sociaux (FTDES) à l'occasion du forum social mondial tenu à Tunis, mars 2013.

Bedoui, Abdeljalil (2015) : « Les défis économiques et sociaux dans le contexte de la transition démocratique en Tunisie : pour un modèle alternatif de développement », contribution à un ouvrage collectif en arabe publié par le centre arabe pour les droits de l'homme, Le Caire 2016.

Perroux, François (1969) : *L'économie du vingtième siècle*, Paris, PUF.

Perroux, François (1972) : « Savoirs économiques mathématisés et théorie englobante », in : *Cahiers de l'ISEA*, n° 8.

Perroux, François (1981) : *Pour une philosophie du nouveau développement*, Paris, Aubier-Montaigne, Presses de l'UNESCO.

Sen, Amartya (2000) : *Un nouveau modèle économique. Développement, justice, liberté*, Paris, Odile Jacob.

Abderrahmane Ben Zakour

Le secteur informel

Une menace ou une opportunité ?

1. Définition du secteur informel et réalité tunisienne

Plusieurs définitions ont été données au secteur informel depuis son repérage en 1972 par les experts du BIT. Des définitions, objet de controverses, qui ont évolué selon le contexte socio-économique. La définition qui s'adapte le mieux aux conditions actuelles c'est celle qui le présente comme « l'ensemble des activités exercées à petite échelle, activités qui ont un faible capital matériel et humain et qui s'exercent en marge de la législation en vigueur ».

Faible capital matériel, parce qu'en général, les personnes qui y exercent sont pauvres et donc luttent pour un revenu qui leur permettra de survivre. Faible capital humain, parce que pauvres et exclus du système scolaire, les employés du secteur informel ont une faible qualification. En général, ces activités informelles s'exercent par les pauvres et les exclus du développement, qu'ils se trouvent dans des régions déshéritées ou dans les banlieues des grandes villes des pays du Tiers Monde.

Il est erroné de considérer le secteur informel comme celui où l'évasion fiscale est la règle et où les acteurs ne paient pas les cotisations sociales. En réalité, ils peuvent ne pas payer, payer ou encore sous-payer l'impôt et la sécurité sociale, étant donné que leurs activités se caractérisent surtout par la petite échelle de la production.

Les économistes ont longtemps cherché à cerner dans un cadre théorique la réalité incontournable du secteur informel, c'est plutôt l'approche empirique par des enquêtes quantitatives et qualitatives qui a permis de mieux l'appréhender et ce malgré la difficulté statistique d'établir des chiffres au niveau macro-économique.

Les économistes ont aussi établi et constaté que les activités informelles augmentent et prolifèrent en période de crise économique et surtout de ralentissement de la croissance du secteur moderne (structuré). C'est ce que l'on constate actuellement en Tunisie, à la suite de la révolution du 14 janvier et de la crise politico-économique qui sévit.

A contrario, quand le secteur moderne se développe et que l'économie formelle et conventionnelle croît, il y a ralentissement des activités informelles puisque le secteur moderne recrute et attire une partie des effectifs qui travaille dans l'informel.

Après cette caractérisation générale du phénomène de l'informalité, en Tunisie, nous avons pu identifier cinq domaines d'activités informelles :

- Les activités qui s'exercent dans des locaux repérables par l'INS et les agents du fisc et pour lesquelles des estimations de la production, de l'emploi et de la valeur ajoutée ont pu être établies
- Les activités qui s'exercent à domicile par des femmes au foyer et dont la production peut être écoulée sur les marchés hebdomadaires ou conventionnels
- Les commerçants ambulants ou vendeurs de services qui d'un marché hebdomadaire à un autre vendent tout genre de biens.
- Le commerce frontalier et de contrebande qui, légalement ou illégalement, essaye de mettre à profit le différentiel de prix qui existe entre deux pays.
- Enfin une dernière catégorie d'informel « fugitif » et *absolument insaisissable*, c'est l'informel qui s'exerce dans des activités de service et de réparation. En effet, avec un téléphone portable, un carnet d'adresses-clients et au mieux une fourgonnette ou une moto pour le transport du matériel et de l'outillage, le réparateur exerce comme un poisson dans l'eau. Ni l'INS, ni le fisc, ni la sécurité sociale n'ont les moyens de contrôler, d'identifier ni même estimer le nombre de ces fugitifs qui échappent totalement à tout type de repérage.

2. Le commerce informel transfrontalier dans le Sud tunisien : unique opportunité

Dans le cas d'espèce, pour les deux gouvernorats, de Medenine et Tataouine c'est la quatrième catégorie, à savoir le commerce frontalier et de contrebande avec la Libye qui constitue la principale source de revenus des populations.

Depuis l'indépendance ces deux gouvernorats sont restés à la marge du développement, avec des tribus dont l'activité est limitée à l'élevage et une population pauvre et sans ressources significatives.

Dans cette zone de Ben Guerdane, Ras Jedir, l'organisation sociale est de type tribal et des relations intertribales tuniso-libyennes, basées sur la confiance et la parole d'honneur, se sont tissées. Les relations commerciales sont clandestines et entourées de mystère et ces valeurs tribales par excellence sont des facteurs qui ont aidé à la prolifération de ce type de commerce dans lequel s'impliquent, de part et d'autre de la frontière, des responsables politiques et administratifs régionaux, des douaniers, des responsables militaires des deux frontières. De surcroît, dans cette zone géographique, tous les ingrédients de l'informel et de la contrebande se trouvent réunis : chômage, pauvreté, marginalisation, grande différence de revenus, écarts des prix et des taux de change. Tous ces éléments incitent les individus (quasi analphabètes, mais très rationnels) à chercher les opportunités économiques en dehors du circuit officiel.

Aussi ces deux gouvernorats de Tataouine et de Mednine vivent-ils quasi totalement du commerce informel, de la contrebande et de l'immigration. Les volets emploi formel et informel et immigration clandestine ou officielle méritent un examen plus approfondi.

Le commerce informel touche tout genre de produits : le textile, l'essence, les pneus, la quincaillerie, les cosmétiques, le tabac, l'électroménager, l'électronique, etc. Il s'agit des produits manquants ou qui présentent un important différentiel de prix de part et d'autre de la frontière.

Il ne faut pas croire que ces échanges se font de façon anarchique et non organisée. Bien au contraire, c'est un secteur « *informel structuré et hiérarchisé* ». Il obéit à une structure pyramidale, où des « barons » se partagent le marché et se spécialisent dans tel ou tel produit. Par exemple, le marché des changes est contrôlé par cinq opérateurs, les grossistes, qui sont environ au nombre de soixante (15 pour le textile, 10 pour l'alimentation, 10 pour l'électroménager, etc.) alimentent 80 à 90 % des produits du marché informel.

2.1. Effets macro-économiques du commerce transfrontalier

Les conséquences macro-économiques du commerce transfrontalier sont multiples :

- Une pénurie de main-d'œuvre pour l'industrie. Il est évident que ce commerce informel transfrontalier a permis l'enrichissement de plusieurs familles des deux gouvernorats de Medenine et de Tataouine d'autant que l'activité commerciale est un travail à très faible pénibilité qui a pour conséquence la pénurie de la main-d'œuvre dans le secteur industriel. À ce titre, il a été rapporté qu'un investisseur dans l'industrie n'arrive pas à trouver un ouvrier qualifié pour 600 dinars par mois. Les gains faciles dans le commerce, l'ampleur de la contrebande et l'immigration de travailleurs vers la Libye rendent improductif et non rentable tout type d'investissement industriel dans la région : les investisseurs industriels potentiels sont très rapidement découragés. La concurrence déloyale à l'égard de certaines industries tunisiennes : la bête noire des industriels tunisiens, c'est ce commerce frontalier à large échelle qui mine la production locale. Ces derniers ne cessent de protester auprès de l'organisation patronale l'UTICA et de réclamer justice auprès des autorités.

- L'importation « illégale » de carburant a un double effet, l'un positif dans la mesure où elle réduit la charge énergétique de l'État, l'autre négatif avec la réduction des recettes fiscales. Pour les autres produits, à la concurrence déloyale évoquée par les entrepreneurs tunisiens, s'ajoute une fuite des recettes fiscales puisqu'il y a une réduction des recettes douanières.
- Pour les statistiques officielles du commerce extérieur, la Libye est le cinquième partenaire économique de la Tunisie derrière la France, l'Italie, l'Allemagne et l'Espagne, en effet 7 % des exportations tunisiennes vont vers ce pays ; il y a 1 200 entreprises tunisiennes qui produisent totalement ou partiellement pour le marché libyen. Ce pays fait travailler entre 20 000 et 30 000 travailleurs tunisiens.
- Le commerce informel transfrontalier est un phénomène universel puisqu'il existe dans tous les pays du monde. Dans le cas particulier de ces deux gouvernorats, Medenine et Tataouine, il a non seulement contribué à *la réduction du chômage, de la pauvreté et de tensions sociales* dans des zones « *oubliées du développement* », mais il a été, également, à l'origine de l'enrichissement d'une catégorie sociale à l'origine tribale et pastorale qui s'est métamorphosée, par la suite, pour devenir une « *classe de capitalistes commerciaux* ».

D'autres caractéristiques de ce commerce méritent qu'on s'y attarde :

- Le commerce informel transfrontalier est fragile, il est tributaire des relations politiques entre les deux pays voisins. On peut comprendre, par là même, l'ampleur des tensions sociales, des émeutes et des insurrections contre les forces de l'ordre à l'occasion d'une fermeture prolongée des frontières à Ras Jedir (novembre-décembre 2011 par exemple).
- En raison de la distorsion des prix entre les deux pays, le commerce informel consiste à récupérer et à partager les fonds de compensation accordés par l'État dans l'un des deux pays, récupération et partage qui se font entre, d'une part, les commerçants (grossistes et détaillants) et d'autre part, les clients consommateurs. L'exemple du thé, compensé en Libye et vendu à un prix égal au dixième de son prix en Tunisie, est très édifiant à ce titre : le commerce informel permet de le vendre en Tunisie à un prix 40 % moins cher que le prix officiel tunisien. Ce partage des fonds de compensation a touché plusieurs produits dont les tracteurs (compensés en Libye) et même les costumes Makni (1990-1992). L'entreprise Makni a été même amenée à racheter ses propres costumes sur le marché tunisien pour les revendre en Libye réalisant un profit trois ou quatre fois supérieur à celui engrangé en Tunisie.

2.2. Tentatives de quantification du commerce transfrontalier, quelques données chiffrées estimées[1]

Il n'existe pas de statistiques officielles sur l'emploi et le volume des transactions du commerce informel transfrontalier et de contrebande. Par essence, la quantification de l'informel est un casse-tête statistique aussi bien pour l'État que pour un économiste d'investigation de terrain.

Dans une étude empirique de terrain, un collègue a tenté d'estimer certaines données chiffrées.

Au niveau de l'emploi, les 60 grossistes font travailler 350 personnes (distributeurs). Il y a environ 1 200 détaillants, chaque détaillant fait travailler entre 3 et 4 personnes. On compte entre 250 et 300 « Sarrafas » (opérateurs de change). Au total, il y a entre 5 000 et 6 000 personnes qui travaillent dans ce commerce informel toutes catégories confondues. Si on comptabilise les membres de la famille, on pourra dire qu'il y a entre 25 et 30 000 personnes qui vivent de ce commerce frontalier.

Le volume de change journalier oscille entre 1 et 3 millions de dinars soit annuellement environ 750 millions de dinars. La monnaie a une cotation journalière : un taux de change journalier.

En moyenne chaque grossiste a un capital qui tourne autour de 300 mille dinars, donc les 60 grossistes disposent d'un capital de 18 millions de dinars.

Les quantités de carburant introduites chaque jour en Tunisie ont été estimées à 300 mille litres, soit 110 millions de litres par an.

Le chiffre d'affaires annuel des transactions commerciales dans la zone de Ras Jedir Ben Guerdane est estimé à 1 100 millions de dinars.

Depuis 1988, ce commerce transfrontalier, théoriquement illégal a été toléré et même encouragé par les responsables politiques des deux pays. Il y a eu libre circulation des personnes et des biens. De ce fait, « la région transfrontière est devenue un immense hypermarché à ciel ouvert ». Cette tendance a été accentuée par les accords de libre-échange. En effet, en 2001 un accord bilatéral entre la Tunisie et la Libye avait instauré une zone de libre-échange entre les deux pays. Plus tard en 2005 cette zone de libre-échange a été élargie à tous les pays arabes.

---

1 Rapport PNUD. L'économiste, qui a fait l'étude pour le compte du PNUD, pouvait disposer de tous les chiffres officiels disponibles (nombre de voitures et de camions qui passent chaque jour dans les deux sens, les recettes municipales versées par les détaillants, etc.). Haddar avait accès à toutes les données officielles disponibles (douane, fisc, ANETI, etc.).

3. L'État et les réformes institutionnelles et économiques

3.1. Logements informels et problèmes fonciers : les réformes institutionnelles urgentes

La proposition qui suit découle d'une investigation de terrain faite sur plusieurs zones géographiques du pays en compagnie de l'équipe de l'I.L.D.[2] Sans être exhaustive, l'investigation nous a montré l'ampleur et l'importance du phénomène sur le plan national. Une réflexion approfondie m'avait permis, depuis mars 2011, de présenter les solutions qui me semblaient les plus appropriées.

Dans la situation actuelle (janvier 2015) de l'économie nationale, l'État peut, par une décision institutionnelle courageuse, injecter des milliards de dinars sans décaisser un seul dinar. Bien au contraire, il peut encaisser quelques millions de dinars. Comment ?

Cette affirmation peut paraître paradoxale et même insensée. Mais il suffit d'observer la réalité concrète pour échapper à la cécité provoquée par la rigidité des lois et des institutions et reconnaître sa pertinence.

À l'appui de la nécessité d'assouplir les lois pour contrer l'intransigeance de l'État et trouver une solution à des problèmes aussi endémiques que celui du commerce informel, nous pouvons fournir deux exemples concrets choisis dans les circonscriptions de Fouchana et Sidi Hassine (zones périphériques du grand Tunis), où nous avons fait une enquête et interrogé deux responsables municipaux qui ont porté à notre connaissance des faits relatifs à l'immatriculation foncière qui prouvent que la rigidité est une source de blocage.

Au début des années 1960, l'État a octroyé des terrains agricoles à des citoyens pour une exploitation agricole de longue durée dans ces zones. La cession juridique s'est faite sous forme d'un contrat à long terme de 20 ou 30 années. Juridiquement les terrains agricoles continuent d'appartenir à l'État. Quinze ou vingt années plus tard, avec le développement de l'urbanisme et la construction de routes goudronnées, les agriculteurs ont fait une partition d'une partie des terrains agricoles situés sur les routes pour les vendre à des citoyens qui ont construit des logements à usage d'habitation. Ces nouveaux « propriétaires » n'ont, jusqu'à maintenant, aucun titre de propriété légalement enregistré à la conservation de la propriété foncière (C.P.F.).

Des années durant, ces résidents ont fait des extensions, vendu leurs maisons sur de simples contrats légalisés auprès des municipalités et non-inscrits sur les registres de la propriété foncière parce que ces terrains appartiennent à l'État.

2 I.L.D. : Institut Liberté et Démocratie dirigé par l'économiste péruvien Hernando de Soto, spécialiste du secteur informel.

Face à cet imbroglio juridique, que peut faire l'État ? Il lui est impossible de récupérer les terrains qui lui appartiennent en raison de non-retour que constitue la construction de logements qui appartiennent à ceux qui y résident.

Devant le fait accompli, les deux municipalités, avec leurs propres moyens, ont pu viabiliser ces zones de logement (électrification des rues, évacuation des eaux usées, amélioration de la voirie).

Vers l'an 2000, le président d'une des deux municipalités, sous la pression et les exigences de la population qui demandait la régularisation de la situation foncière a essayé de trouver une solution avec le Ministère des domaines de l'État et de la propriété foncière pour une régularisation de la situation des possesseurs de ces logements à laquelle a été opposée une fin de non-recevoir catégorique. Pour que la propriété foncière puisse distribuer des titres de propriété, les possesseurs devaient, selon le ministère des domaines de l'État, s'acquitter auprès de l'État du prix du terrain sur lequel les logements ont été construits. Le responsable municipal avance en vain que ce sont des logements « sociaux » dont les possesseurs ne peuvent payer le terrain en raison de leurs ressources limitées d'autant qu'ils se sont acquitté de son prix auprès des exploitants agricoles. Il s'agit, en effet et d'une manière générale, de travailleurs informels (petits commerçants, menuisiers, forgerons, etc.) qui sont issus de la migration interrégionale et qui ont été attirés par les grandes villes où les opportunités d'emploi sont plus grandes.

De ce dialogue de sourds a résulté un blocage total. Une situation hautement problématique, voire inextricable ne s'accommode pas avec la rigidité des institutions et du droit. De tels biens, qui ne peuvent être mis à la disposition du propriétaire légitime à savoir l'État ni être considérés comme la propriété légale des occupants-résidents, constituent un « *Capital mort* » qu'il faut faire revivre.

L'Administration publique se réfugie dans la sécurité de l'arsenal des lois qui évoluent peu dans le temps et, de ce fait, elle infante des administrateurs psychorigides qui résistent à tout nouveau souffle, se cantonnent dans une application stricte, font une lecture au premier degré des lois et donc rejettent légalement tout ce qui est pratique : ils sont ainsi atteints d'une incapacité à accompagner les évolutions socio-économiques de la région et du pays. De ce fait, peu importe pour eux que le capital foncier national soit mort, oisif ou improductif.

Le bon sens juridique stipule que c'est le droit et les institutions qui doivent être révisés pour s'adapter à une réalité irréversible et incontournable. Ne faut-il pas déverrouiller et abroger ou, au moins, appliquer intelligemment ces lois pesantes qui sont pires que les *Habbous* de jadis d'autant plus que le bon sens économique nous incite à le faire avec en perspective, des millions de dinars dans les caisses de l'État et une activité économique redynamisée ?

Raisonnons sur l'exemple simple d'un logement construit depuis 10 ou 15 années sur un terrain qui appartient à l'État et qui vaut par exemple 30 000 dinars sans titre de propriété. Si l'État accorde le titre moyennant une somme symbolique pour frais administratifs et d'enregistrement variant entre 500 et 1 000 dinars, le prix du logement passera par exemple de 30 000 à 50 000 dinars, une plus-value de 20 000 dinars générée par le titre de propriété reçu. Avec un titre de propriété, le propriétaire pourra, par exemple, obtenir un crédit auprès de la banque pour étendre son activité informelle. Il pourra aussi vendre le logement et investir ; bref plusieurs possibilités économiques s'offrent à ce propriétaire, tout dépendra de son imagination de petit entrepreneur.

Des milliers de logements ou de boutiques sont dans cette situation d'illégalité juridique. Il suffit d'imaginer l'impact économique de milliers de plus-values qui seront accordées par l'État à la suite de la cession des titres de propriété. Ce sont des milliards de dinars qui seront injectés dans l'économie. En contrepartie, l'État recevra quelques millions de dinars pour le coût de la régularisation.

L'argument est de taille sachant que les bénéficiaires de cette plus-value font partie d'une couche sociale défavorisée ou disons une couche sociale inférieure-moyenne qui exerce dans les petits métiers.

Statistiquement, l'ampleur de ce phénomène au niveau national n'est pas connue, on sait seulement que des dizaines de milliers de logements dans le pays sont dans cette situation d'illégalité juridique impossible à remettre en cause. On sait aussi que depuis les années 2004 et 2005, à chaque visite officielle d'un ministre dans n'importe quel gouvernorat du pays, un grand nombre de citoyens revendique principalement la régularisation de la situation foncière de leurs logements.

Aussi l'État doit-il rompre avec la rigidité institutionnelle, faire sauter les verrous qui pèsent sur le foncier considéré comme un « *capital mort* » et accorder des titres de propriété par exemple à tous ceux qui sont installés et qui ont construit leur logement depuis une période supérieure à dix, quinze ou vingt ans.[3] Cette réforme, qui n'appauvrira pas l'État, demande du courage politique. Une telle décision, si elle est prise, durant l'année 2015, est de nature à créer une dynamique économique et une accalmie sociale dans le pays.

3.2. Actions concrètes pour les logements informels

Concrètement que faut-il faire ?

1. Commencer par les gouvernorats défavorisés (Kasserine, Sidi-Bouzid, Jendouba) pour parvenir, au bout de trois ou quatre mois, à la cession des titres de propriété. Les étapes à suivre sont les suivantes :

   a) Dans chaque gouvernorat, recenser les terrains qui appartiennent à l'État, aux municipalités et aux collectivités locales sur lesquels

3 Il est évident que ceux qui ont squatté et occupé des terrains après la révolution de janvier 2011, pour y construire des logements, doivent être exclus de ce « droit ».

des logements ont été construits depuis plus de 10 ans par exemple (un mois de travail).

b) Charger un juge (un juriste) pour s'occuper des procédures légales avec les propriétaires du terrain (domaine de l'État, municipalités, etc.) pour transférer la propriété du terrain aux occupants.

c) Fixer une taxe de cession des titres de propriété. Les barèmes de cette taxe tiendront compte de l'emplacement des terrains et des moyens financiers des futurs « propriétaires légaux » qui sont en général des travailleurs informels, petits commerçants ou micro-entrepreneurs.

d) Au cinquième mois, livraison des titres de propriété à ceux qui payent la totalité de la taxe, ou une « promesse du titre de propriété » pour ceux qui payeront la taxe par tranches.

Une telle démarche peut être considérée à la fois comme pratique révolutionnaire, et peut avoir un impact économique et social important. En effet, elle visera d'abord à adapter le droit à une réalité de fait incontournable et donc à faire sauter des contraintes institutionnelles caduques, pour obtenir ensuite une certaine accalmie sociale et pour rassurer une population déçue par la révolution qui ne lui a rien apporté de concret. Cette nouvelle donnée permettra enfin la cession de titres de propriété avec des plus-values immobilières importantes, avec un impact positif sur l'économie nationale sans parler de l'accroissement des recettes fiscales de l'État.

2. Généraliser cette démarche à l'ensemble des gouvernorats du pays tout en allant des gouvernorats ou des délégations les plus défavorisés vers ceux qui sont relativement plus nantis.

3.3. Les problèmes fonciers dans l'agriculture

Ma connaissance du terrain et mes visites dans différents gouvernorats m'ont permis de relever le constat suivant : sur des terrains agricoles non enregistrés à la C.P.F. (conservation de la propriété foncière) – des familles (des *Arouch*) exploitent la terre et la travaillent depuis 50 ou 60 ans. Cependant elles ne peuvent pas investir, par exemple elles ne peuvent pas planter des arbres fruitiers puisqu'elles n'ont aucun titre de propriété. La conséquence économique de cette situation est une sous-production agricole. Ces milliers d'hectares, qui sont, juridiquement, la propriété de l'État, sont un *capital demi-mort*. Que faire alors ?

Il faut trouver la même solution de concession d'un titre de propriété à ceux qui travaillent ces terres tout en évitant le démembrement des surfaces en toutes petites parcelles non rentables.

Une deuxième solution consiste à les vendre purement et simplement à de gros investisseurs, au même titre que la vente des entreprises publiques déficitaires, c'est-à-dire que les travailleurs ou ouvriers agricoles ou les

« *Arches* » (clans) auront des droits sur la surface vendue, et peuvent être considérés comme des copropriétaires détenant 30 ; 40 ou 50 % des surfaces. L'État avec les éventuels acheteurs devra trouver une formule de compensation – licenciements – à payer à ces familles si le propriétaire ne veut pas les garder, ou alors, adapter la formule classique des *Khamessa* avec peut-être un pourcentage supérieur à 20 % des revenus de ces superficies agricoles (le *Kmouss*, le cinquième).

Une troisième solution, peut-être, la plus appropriée et la plus rationnelle, consiste à opter pour la stratégie de l'économie sociale et solidaire comme dans le cas de la palmeraie de Jemna où une association a pris en charge la gestion de la palmeraie d'une manière informelle, l'a gérée avec une compétence qui a suscité l'admiration de tout le monde et qui a généré des revenus exceptionnels. Sa situation doit être régularisée pour toutes ces raisons. En effet, la concession de terres qui appartiennent à l'État à des associations ou coopératives locales avec la devise « aux travailleurs, les fruits de leur labeur » devrait être perçue comme une opportunité à expérimenter. Une structure coopérative élue gérera le domaine agricole, sous le contrôle de l'ensemble de la population. L'État n'aura qu'un rôle de superviseur à distance. Un cadre juridique sera élaboré, soit sous la forme d'une cession de la propriété juridique, soit sous la forme d'un bail sur une longue période (25 à 30 années). Le cas de Jemna mérite d'être étudié et généralisé à l'ensemble du pays.

Sur cet aspect des choses et compte tenu de la sous-production agricole dans le pays, il est urgent que le ministère de l'Agriculture et le ministère des Domaines de l'État et de la propriété foncière s'investissent pour trouver les solutions foncières productives pour notre agriculture, capable de nourrir toute la population et même nos voisins en Libye.

Tous ceux qui sont impliqués dans la gestion et la production agricoles (ministère, cadres, etc.) sont conscients des problèmes liés à ce secteur stratégique et vital : morcellement des superficies (héritage et subdivision), sous-production, problèmes de l'eau et de l'irrigation. Bref, les problèmes fonciers et les contraintes réglementaires et institutionnelles constituent un frein à la productivité et aux rendements élevés. Au milieu de l'année 2014, une décision louable a été prise par le gouvernement de Mehdi Jemaa, à savoir l'affectation d'un juge dans chaque gouvernorat rien que pour essayer de résoudre les problèmes liés à la contrainte foncière.

3.4. Stratégie pour la formalisation du commerce transfrontalier

La proposition qui suit figure dans une étude faite en 2014 pour le compte du ministère du Commerce.

Le Commerce transfrontalier et de contrebande existe dans le monde entier mais son ampleur, les acteurs et le volume des transactions, qui y sont conclues, dépendent des conditions économiques des zones frontalières qui s'y livrent.

En Tunisie, ce type de commerce avec la Libye date de six décennies au moins. Vers les années 1950, la population du sud était pastorale et ne pouvait pas vivre de l'agriculture dans un paysage désertique à très faible pluviométrie. De plus, depuis l'indépendance aucun projet économique d'envergure n'a mobilisé ou occupé cette population dont la source de revenus la plus importante s'est focalisée sur ce commerce de frontières. Des décennies durant, l'État laxiste avait laissé faire et fermé les yeux sur des échanges illégaux mais qui permettaient à cette population de survivre. Ce commerce avait aussi permis de tisser de solides relations sociales tribales entre les populations des deux pays. Les relations d'échange se basaient sur la confiance mutuelle et étaient motivées par une distorsion des prix de plusieurs produits à l'intérieur de chaque pays. Cette distorsion avait aussi pour origine l'absence ou la faible taxation de produits importés par la Libye. De même, l'industrialisation en Tunisie a permis l'exportation de plusieurs produits manquants en Libye, dont ceux du bâtiment. Jusqu'aux années 2010, on pouvait voir sur la route du sud divers types de produits échangés : produits textiles, produits électroménagers, du pétrole, etc. et même des échanges de devises à un taux unique, « informellement » établis. L'ampleur du phénomène est telle que le marché de Ben Guerdane est devenu un véritable supermarché à ciel ouvert, tous les produits se vendent à des prix très inférieurs aux prix pratiqués dans les magasins conventionnels.

Par ailleurs, les deux gouvernorats de Medenine et de Tataouine, enregistrés dans les statistiques de l'INS comme ayant les taux de chômage les plus élevés, sont soumis au paradoxe de l'absence de main-d'œuvre. En effet, en raison de l'absence d'un tissu industriel, en 2009 des entreprises voulant s'installer et prêts à payer un salaire de 600 dinars par mois pour une main-d'œuvre non qualifiée, ne trouvent pas de personnel à recruter. De même, un bureau d'études chargé de faire une enquête dans la région convoque l'association des diplômés chômeurs pour recruter des enquêteurs au taux de 50 à 60 dinars par jour. L'offre n'intéresse pas ces diplômés qui font de la contrebande et le voyage à destination et en provenance de Tripoli.

Sans trop nous attarder sur ce phénomène socio-économique connu de tous et qui, plus tard, s'est propagé à la frontière tuniso-algérienne, il y a lieu de décrire le fonctionnement et le mode d'organisation de ce type de commerce, sa prolifération après la révolution de 2011 au point de représenter – selon la Banque mondiale – plus de 50 % du PIB du pays. Ensuite il s'agit de présenter une stratégie pour le formaliser, l'intégrer dans le circuit officiel et donc de permettre à l'État des recettes fiscales importantes qui lui échappaient.

3.4.1. Mode de fonctionnement du commerce transfrontalier

Il est erroné de penser que ce commerce transfrontalier est constitué de centaines de petits commerçants indépendants les uns des autres, qui font des allers-retours deux ou trois fois par semaine pour acheter en Libye et vendre en Tunisie. Non il s'agit d'une organisation commerciale bien structurée, hiérarchisée, pyramidale et dirigée par une trentaine de patrons-barons.[4]

Chaque patron gère des milliards de dinars en liquide sans passer par le système bancaire et se spécialise dans une activité commerciale : deux ou trois ont choisi le textile, deux ou trois exercent dans l'électroménager, deux ou trois font du trafic de devises, etc. : ils ont chacun une dizaine de distributeurs auprès de 150 à 200 revendeurs. La marchandise est concédée sans autre garantie que celle des relations de confiance totale. La demande du consommateur tunisien est bien connue et si une demande particulière leur est adressée, en une semaine le client aura son produit qui pourra être importé de n'importe quel pays du monde.

Dans ce système d'organisation commerciale, tout le monde trouve son compte : des cadres de l'armée des deux pays, des cadres administratifs, des douaniers et bien sûr les distributeurs et revendeurs.

À ce titre, le douanier le plus honnête et le plus intègre, qui débarque dans la région pour travailler, est contacté au bout de quelques jours. C'est la méthode de l'intéressement et de la menace : « Il est plus rationnel pour toi de doubler ton salaire, on connaît ton domicile, l'école de tes enfants et leurs noms… à toi de choisir ». Irrésistible chantage ! Sur une antenne radio, un responsable douanier de haut niveau, avec lequel on évoque cette stratégie du bâton et de la carotte, acquiesce et reconnaît l'existence de ce phénomène.

Ainsi donc, tout est organisé en marge de l'État et du ministère des Finances, le manque à gagner fiscal se chiffre à des milliards de dinars chaque année.

Alors une question cruciale préoccupe les responsables économiques : que faire face à cet État dans l'État ? Comment contrer cette structure mafieuse qui s'est établie des décennies durant ? Est-il possible de transformer ces données pénalisantes en facteur de développement régional ? L'État est-il capable d'éradiquer la structure mafieuse qui ruine l'économie nationale ? Les données récentes font état de grandes présomptions relatives à l'implication directe de membres de l'Assemblée des représentants du peuple dans la contrebande et la fraude fiscale.

Quand l'une des priorités du nouveau premier ministre est la lutte contre la corruption (document de CARTHAGE relatif à la création d'un

---

4 Ils sont, selon un responsable de l'UTICA, exactement 28 personnes connues par les noms et prénoms, adresses et numéros de téléphone.

gouvernement d'union nationale)) et que le même premier ministre déclare que cette lutte « est plus difficile que la lutte contre le terrorisme », on imagine le degré de pollution morale qui touche les plus hautes autorités de l'État.

3.4.2. Stratégie d'intégration du commerce transfrontalier

D'abord une erreur à ne pas commettre, c'est le recours à la répression, à la force et à l'application stricte de la loi. Par définition, la structure est fugitive, illégale et agit en marge de la loi et de la réglementation.

La stratégie consiste à discuter autour d'une table avec les 28 barons et de les ramener à intégrer la formalité dans un cadre légal avantageux pour les deux parties : l'État et le ministère des Finances d'une part et les barons d'autre part. Toute la question est d'imaginer une stratégie d'implication de ces milliardaires dans un processus de développement régional légal. Comment ?

1- l'État reconnaîtra légalement ces grands commerçants comme étant des intermédiaires de commerce entre deux pays tout en leur délivrant une carte professionnelle. De même, des cartes professionnelles seront délivrées aussi bien aux intermédiaires qu'aux petits détaillants. Ainsi donc un fichier légal des uns et des autres sera établi.

2- la zone franche sera construite aux frais de ces commerçants qui seront les propriétaires et gestionnaires de cette zone (location de l'espace).

3- les autorités compétentes établiront avec eux une liste des produits prohibés à l'import (drogue, armement, etc.) et à l'export (produits alimentaires subventionnés) et un quota fixé annuellement des produits agricoles autorisés à l'exportation.

4- on fixera avec eux un taux d'imposition sur le chiffre d'affaires, admis par l'ensemble des grands commerçants, tout en ouvrant un bureau de recettes des finances dans la zone franche.

5- on discutera avec eux pour les impliquer dans le développement régional en leur proposant des projets d'investissement réalisables qui sont disponibles dans les Offices de développement du Sud (O.D.S.). Par exemple, des cliniques privées qui accueilleraient les demandeurs de soins libyens ou encore des entreprises de production de produits exportables en Libye.

Par ailleurs, le contrôle douanier se fera sur une autre base :

– l'État formera des centaines de douaniers « mobiles » avec la construction d'une cité de résidence des douaniers sur les frontières. L'idée de la mobilité est qu'aucun douanier ne restera dans le même secteur plus de 3 jours et ce, afin d'éviter leur corruption et leur intimidation. La mission de chaque douanier dans la zone frontière ne lui sera communiquée que 24 ou 48 heures avant son début.

- de même un corps d'inspecteurs de douane « mobile », qui feront des contrôles inopinés, devra être constitué.
- l'institution d'une prime (un pourcentage) sur la valeur des marchandises illégales saisies, qui sera distribuée à toute l'équipe en service le jour de la saisie, ne pourra que renforcer le contrôle douanier pour le rendre plus performant.

Ce ne sont là que quelques recommandations qui peuvent être affinées ou élargies.

3.4.3. Stratégie de formalisation du commerce informel ambulant urbain : Des espaces appropriés dans les grandes villes pour les commerçants informels

La proposition, qui suit figure dans une étude faite en 2014 pour le compte du ministère du Commerce.

Une manière d'intégrer le commerce informel ambulant, éparpillé dans la capitale et les grandes villes du pays, dans le circuit officiel est de lui réserver – construire – des espaces appropriés. Comment ?

L'approche, que nous proposons, est inspirée de la Chine populaire avec son marché informel « légal » à savoir le « *Silk market* » qui constitue une réussite d'intégration du commerce informel dans le circuit officiel.

L'exemple du marché de Moncef Bey, qui se présente de façon anarchique dans ce quartier de Tunis, pourrait constituer un projet pilote dans ce sens. L'idée est de construire 4 ou 5 blocs d'immeubles, de 6 à 7 étages chacun, les deux premiers seront réservés à des parkings payants ; les 4 autres étages seront des boutiques et magasins à louer au m^2 aux commerçants du quartier. De plus, un bureau de recettes des finances sera installé dans chaque ensemble d'immeubles.

Cette stratégie aura un quadruple avantage :

- regrouper tous les commerçants du quartier et d'autres commerçants ambulants de la ville dans un même espace.
- faciliter leur recensement et permettre de connaître les activités commerciales exercées. (INS)
- permettre d'organiser l'espace urbain et de le rentabiliser.
- faire payer à côté du loyer, une taxation progressive, raisonnable et acceptée par les intéressés, ce qui engendrera des recettes fiscales non négligeables pour l'État.
- Cette stratégie pourra être généralisée à toutes les zones périphériques de la capitale et à d'autres grandes villes. L'investissement initial pourra intéresser les banques ou de gros investisseurs privés.

Dans la capitale, on peut penser non seulement au marché Moncef Bey mais aussi Mellassine et, pourquoi pas le grand parking de Mohamed V, qui pourra, lui aussi, faire l'objet d'un tel aménagement. Plusieurs autres quartiers pourront, bien sûr, faire l'objet d'un tel aménagement et d'une telle organisation de l'espace géographique, inséparable de l'intégration dans l'espace des commerçants informels et des marchands ambulants.

Cette stratégie sera le résultat d'une concertation entre les ministères du Commerce, de l'Intérieur, de l'Économie, des Finances et la direction de l'aménagement du territoire. Un bureau de recettes fiscales pourra être prévu à l'intérieur de chaque espace (immeuble).

Bibliographie

Ben Zakour, Abderahmane (1998) : *Valeur ajoutée, emploi et revenus dans le secteur informel en Tunisie : étude empirique sur trois activités*, Thèse de Doctorat en Sciences économiques, soutenue publiquement en octobre 1998 à la F.S.E.G. de Tunis.

Ben Zakour, Abderahmane (1999) : « Contrainte de financement et comportement d'accumulation dans le secteur informel. (Le cas de la Tunisie) », in : *Finances et Développement au Maghreb*, Revue de l'I.F.I.D. (Institut de Finances et Développement), Tunis, n° 22 (février).

Ben Zakour, Abderahmane (1999) : Étude sur les métiers exercés par les petites et micro-entreprises. Étude réalisée pour le compte du *Ministère du Commerce* (Tunisie).

Ben Zakour, Abderahmane (2000) : « Le commerce intérieur et les circuits de distribution en Tunisie », Étude réalisée pour le compte du *ministère du Commerce.*

Ben Zakour, Abderahmane (2000) : « Les expériences de financement et de promotion des petites et micro-entreprises dans les pays arabes », Synthèse d'un séminaire, organisé par la Banque islamique de développement, janvier.

Ben Zakour, Abderahmane (2000) : « *Les petites et micro-entreprises dans la tourmente de la mondialisation* », présenté dans un séminaire organisé par *L'Institut de Recherche sur le Développement. Paris* – juin 2000, publié avec les actes du colloque dans : « Perspectives de l'économie tunisienne ».

Ben Zakour, Abderahmane (2003-2004) : Dans le cadre de l'Institut tunisien d'études stratégiques (I.T.E.S.), Présidence de la république. Une réflexion prospective (Tunisie 2030) sur les scénarios futurs du secteur informel en Tunisie.

Ben Zakour, Abderahmane (2004-2005) : Étude d'évaluation ex-post du programme de développement rural intégré, 2e génération : (P.D.R.I.-2), Contribution relative aux petits métiers exercés dans le pays. Cette étude a été réalisée par le bureau d'études : COMETE-engineering pour le compte du Commissariat général du développement régional (C.G.D.R.).

Ben Zakour, Abderahmane (2009) : « Le Chômage des jeunes en Tunisie. Quelles perspectives d'emploi ? », Étude pour le compte du B.I.T. : (Bureau international du travail), mars.

Ben Zakour, Abderahmane (2011) : Étude sur l'emploi des femmes dans le secteur informel, réalisée dans le cadre de l'A.F.T.U.R.D. (Association des femmes tunisiennes pour la recherche et le développement).

Ben Zakour, Abderahmane (2011) : Pré-étude avec l'équipe de Hernando de Soto de l'I.L.D. (Institut Liberté et démocratie du Pérou) sur la réforme institutionnelle, le secteur informel et le problème foncier en Tunisie (mai-juin).

Ben Zakour, Abderahmane (2014) : Étude avec enquête sur l'évolution du commerce intérieur et du commerce transfrontalier avec la Libye et l'Algérie : enquête dans huit gouvernorats du pays. Étude effectuée avec le Bureau d'études A.C.C. pour le compte du *ministère du Commerce* (septembre).

Ben Zakour, Abderahmane / Kria, Farouk (1992) : « Le secteur informel en Tunisie : cadre réglementaire et pratique courante », in : *Documents techniques*, n° 80, O.C.D.E., Centre de développement, novembre.

Haddar, Mohammed (2012) : *PNUD rapport provisoire. Étude de terrain dans les deux gouvernorats de Mednine et Tataouine.*

Soto, Hernando de (2005) : *Le mystère du capital : pourquoi le capitalisme triomphe en Occident et échoue partout ailleurs*, Flammarion.

Soto, Hernando de (2012) : *L'économie informelle, comment y remédier ? Une opportunité pour la Tunisie*, Tunis, CERES édition.

Werner Ruf

La coopération scientifique dans les domaines socio-économiques en Afrique du Nord

Défis, conditions, priorités

Depuis les révoltes arabes, la question de la spécificité et de l'identité des sociétés arabes et musulmanes est de nouveau à l'ordre du jour. L'arrière-fond de ce débat est le retard technologique et scientifique du monde arabe par rapport à l'Occident. Certains estiment que le retour à une ancienne grandeur doit se faire par le recours aux ancêtres, par le rétablissement d'un ordre social qui correspond à une lecture dogmatique du Livre et à l'ordre social qui régnait au temps du Prophète et de ses successeurs vénérés. Il me semble pourtant que l'âge d'or de la civilisation arabo-musulmane se situe, moins au temps des premiers Khalifes, qu'aux 10e et 11e siècles du calendrier chrétien, c'est-à-dire à l'époque où, à Bagdad et surtout en Andalousie, les sciences fleurissaient et produisaient des connaissances qui ont contribué fondamentalement au développement de l'humanité toute entière. C'était la période où les sciences naturelles, la médecine, la géographie mais surtout la philosophie connaissaient un épanouissement jusque-là inconnu. Cet épanouissement a eu lieu parce que, à cette époque, il y avait une liberté de la recherche absolue, une recherche qui, d'ailleurs, était à base multiculturelle ; y participaient donc musulmans et juifs (et beaucoup moins les chrétiens) à pied d'égalité, sans discrimination aucune. Mon argument c'est que l'âge d'or du monde arabe était basé sur le savoir.

Or, où en sont, aujourd'hui, les sciences dans le monde arabe (et musulman) ? C'est le rapport sur le développement humain dans le monde arabe qui a été présenté sous l'égide du PNUD en 2003 qui analyse de façon radicale la situation dans cette partie du monde.[1] Le rapport part des prémices suivantes : « Aujourd'hui le savoir peut contribuer de façon fondamentale à élargir les libertés de l'homme. (...) Le savoir peut aider à acquérir les buts importants, moraux et humains, de justice et de la sauvegarde des droits humains ». Puis le rapport fait le bilan de l'état dans lequel se trouvent les sociétés arabes actuelles :

1 http://www.arab-hdr.org/contents/index.aspx?rid=2.

- La transmission du savoir est, depuis des décennies, en baisse constante.
- L'analphabétisme est – en comparaison avec la grande majorité des pays – très élevé.
- La production de livres ne fait que 1,1 % des publications dans le monde, alors que la population est à 5 % de la population mondiale – et ce chiffre est en baisse constante.
- Il existe, dans les pays arabes, un capital humain important mais qui n'arrive pas à s'exprimer à cause des contraintes sociales et politiques.
- Les libertés, réduites dans les mass medias, constituent un obstacle essentiel à l'acquisition du savoir.
- Les pays arabes sont importateurs de technologies, mais incapables d'en produire eux-mêmes.
- Les auteurs du rapport se réfèrent aussi à la religion qui, d'après eux, incite les hommes à acquérir du savoir, contrairement à certaines interprétations qui s'opposent à la rationalité et au développement.
- « Une alliance entre un nombre de régimes répressifs et certains types de chercheurs religieux conservateurs a produit une interprétation de l'Islam instrumentalisée par des gouvernements mais en contradiction avec le développement humain, notamment en ce qui concerne le respect de la liberté de la pensée, (…) la responsabilité des régimes devant le peuple et la participation des femmes dans la vie publique ».
- L'enseignement de la langue arabe, sous l'influence de tels courants, a contribué au sous-développement intellectuel.

  Dans le monde musulman, 0,2 % du PIB est consacré à la recherche contre 5 % en Occident.

Je pense qu'il serait révélateur d'ajouter à ce constat une comparaison entre les dépenses militaires et policières d'un côté et les dépenses pour les universités et la recherche de l'autre.

Les auteurs viennent aux conclusions suivantes :

- Il n'y a que l'ouverture culturelle qui pourra ouvrir la voie qui mène de l'imitation à l'interaction créative.
- Il faut accepter le défi de la mondialisation dans le domaine du savoir. C'est la richesse de la civilisation arabe qui permettra de passer du statut d'objet pour devenir acteur dans les processus qui transforment le monde.
- L'épanouissement du savoir a été empêché par la concentration des richesses dans les mains d'une minorité extrême.
- Ce sont les structures politiques autoritaires qui freinent la pensée active et les capacités d'innovation.

- La répression, la censure, les restrictions politiques font barrage à l'expansion du savoir et à l'émancipation de l'opinion publique.
- C'est pourquoi seules la liberté de l'opinion et la liberté d'association pourront garantir la sortie du sous-développement.
- La formation de haute qualité doit être accessible à tous.
- Les sciences doivent trouver leur place dans toutes les activités sociales.
- De même pour la recherche qui doit trouver sa place dans tous les secteurs de la société.
- Le développement du monde arabe ne sera possible que s'il se base sur l'authenticité, la tolérance et les lumières.

Ce qui est étonnant – et ce qui confirme l'analyse désastreuse de ce rapport – c'est que cet appel flamboyant ne semble pas être parvenu ni aux gouvernements – cela va de soi – mais non plus aux masses populaires – ce qui n'est pas surprenant – mais non plus au grand nombre d'intellectuels et de scientifiques dans le monde arabe. Ce dernier constat ne peut s'expliquer que par l'emprise des régimes autoritaires et répressifs qui, pendant au moins un demi-siècle, caractérisaient les systèmes politiques arabes. Cet état des choses à conduit à la fameuse thèse de « l'exceptionnalisme arabe » qui, suivant l'approche des orientalistes, prétendait que les Arabes étaient incapables de provoquer un changement des régimes autoritaires. Cette thèse a été fondamentalement contredite par les révoltes du fameux « printemps arabe ».

Mais il y a vraisemblablement encore un autre facteur qui a été négligé par le rapport : la dominance, que certains appelleront impérialiste, qui existe aussi dans le monde de la culture et des sciences : non seulement, la production culturelle et scientifique du Nord industrialisé est dominante, elle-même est dominée par l'hégémonie néo-libérale dans la production des idées, des paradigmes scientifiques et des façons d'interpréter le monde. C'est la dépendance des conditions de la production scientifique et culturelle dans le sud – dont le monde arabe fait partie – qui conduit souvent à la reprise de ces paradigmes sans critique aucune. À cette dépendance culturelle et scientifique s'ajoute la fuite des cerveaux les meilleurs vers les pays scientifiquement avancés et démocratiques : ce n'est pas seulement la rémunération qui y est attractive, y existent aussi les libertés académiques qui manquent dans les pays arabes et qui, seules, garantissent la liberté de la recherche qui est la condition préalable à l'innovation. À cette répression des idées, répression et contrôle de la pensée, s'ajoute l'appauvrissement de la vie académique par la saignée intellectuelle, le *brain drain*.

Malgré le sursaut révolutionnaire du printemps arabe, le tableau sombre décrit par le Rapport sur le Développement humain arabe ne semble pas avoir changé, le mouvement révolutionnaire ayant été rattrapé dans plusieurs pays par la restauration ou plongé dans le chaos. Il n'y a que la Tunisie où – inch'Allah ! – il y a de l'espoir pour une démocratie réelle, pour l'ancrage des libertés intellectuelles et académiques, des libertés individuelles et de l'État de droit qui sont la condition préalable indispensable à l'épanouissement aussi de la liberté académique. On pourrait spéculer sur le fait que ce n'est peut-être pas un hasard que ce processus a pu prendre racine en Tunisie, pays dans lequel la formation et les structures académiques étaient des plus développées. La Tunisie est sans doute le pays arabe dans lequel la formation, l'école, le savoir ont joué un rôle capital depuis un siècle et demi. Est-ce pour cela que la Tunisie semble être le seul pays où les rébellions de l'année 2011 ont ouvert une voie vers la liberté et la démocratie ? Est-ce que de la Tunisie pourra émaner un rayonnement qui pourra servir d'exemple et pourra avoir un impact sur les autres pays arabes ?

Cela nous ramène à ce colloque qui constitue un projet pilote de la Fondation Rosa Luxemburg : soutenir et renforcer le savoir, les libertés académiques, les analyses critiques des systèmes économiques, sociaux et politiques afin de contribuer à l'ancrage de ces libertés mais surtout à leur permettre de jouer leur rôle dans la construction et dans la consolidation de la démocratie en Tunisie et dans les pays du Maghreb et du Monde arabe.

Si nous parlons de démocratie, nous n'entendons pas par-là, et même pas en premier lieu, les structures et processus formels qui caractérisent l'État démocratique. Nous partons de l'hypothèse que seule une société développée pourra garantir un certain bien-être aux citoyens et aux citoyennes. C'est la stabilité sociale et économique qui est la condition préalable à l'avènement de la démocratie et de la mise en place d'un État de droit viable. Bref, cette démocratie doit se baser sur la notion de dignité, comme réclamé par les masses arabes durant les soulèvements du début de l'année 2011. Cette revendication de « la dignité » va, certes, de pair avec l'exercice des libertés démocratiques formelles mais elle se décline aussi en termes de satisfaction des droits économiques et sociaux de l'homme : un salaire juste, des logements sains, des revenus qui permettent de garantir aux enfants une formation qualifiée condition *sine qua non* d'une vie de dignité pour les générations futures !

Et là interviennent le savoir et la science. Il faut être conscient du fait que la production du savoir elle-même n'est pas neutre, qu'elle n'a pas lieu dans un espace hors de l'hégémonie néo-libérale qui domine aussi le discours scientifique. Cette hégémonie est incorporée dans les structures de domination globales et elle imprègne le discours qui en fournit la légitimation en faisant apparaître le néo-libéralisme comme un modèle sans alternative. Les sciences académiques, à qui incombe aussi le devoir de contribuer à la création d'un monde meilleur, doivent être conscientes de leur responsabilité normative et politique. Pour pouvoir assumer cette responsabilité, elles doivent, en premier lieu, pouvoir travailler, faire de la recherche et de l'enseignement en toute liberté, libres de contraintes politiques et économiques. En deuxième lieu, la pratique scientifique présuppose des structures démocratiques, indépendantes des influences politiques ou économiques. Ces conditions étant réunies, les sciences pourront assumer leur responsabilité devant la société, c'est-à-dire payer leur tribut aux libertés, au débat critique, bref à la démocratie. Les sciences au service de la démocratie sont celles qui déduisent les questions de recherche des besoins de leurs sociétés et qui mettent le résultat de leurs recherches à la disposition de la société tout en animant ainsi le débat critique et démocratique.

Actuellement, les disciplines académiques, notamment les sciences humaines, se trouvent devant un défi énorme. L'écart de développement entre les sociétés industrialisées du Nord (y compris la Chine et quelques petits pays asiatiques) et des pays du Sud (y compris les pays arabes) se creuse, les chiffres des Nations unies en témoignent. La dominance économique est accompagnée et théoriquement soutenue par un discours développementaliste néo-libéral dominant qui soutient la production de l'idéologie d'économie de marché qui, elle, est en conformité avec les intérêts des États du Nord ou plus concrètement de leurs classes dominantes. Le caractère idéologique de ce discours et ses conséquences néfastes pour les peuples, cependant, sont de plus en plus démasqués dans les pays du Nord comme au Sud. Les effets catastrophiques de cette idéologie sur le développement de la planète aussi bien au niveau économique et social comme au niveau culturel et écologique deviennent de plus en plus tangibles. Il en résulte que des changements politiques s'imposent. Il n'y a pas que les avertissements d'un nombre croissant d'intellectuels, des Organisations spéciales des Nations unies, il y a aussi des changements dans les rapports de force qui apparaissent : non seulement en Grèce, mais aussi dans d'autres pays du sud de l'Union européenne, la résistance contre le diktat du néo-libéralisme se renforce. En Allemagne, c'est le parti de la GAUCHE qui fustige les conséquences destructives de cette idéologie pour les économies nationales et pour la démocratie. Il est inacceptable que les décisions, qui concernent le bien-être des peuples et engagent leurs destins, se prennent sans consultation, sans participation démocratique, dans une attitude hautaine et orgueilleuse. Pour que cette participation démocratique soit efficace, il faut : le savoir !

L'Union européenne étant le partenaire de loin le plus important de la Tunisie mais aussi de plusieurs pays arabes sur le plan des échanges commerciaux, des investissements, de l'orientation économique, elle doit être mise devant ses responsabilités : les beaux discours sur l'établissement de systèmes démocratiques s'avéreront vides s'ils ne sont pas traduits en actes concrets qui mettent sur pied une politique au service des gens, bref, une politique qui soutient un développement réel et indépendant de contraintes imposées par des intérêts économiques particuliers et à court terme, bref, une politique qui a pour mesure la dignité humaine. Si l'Union européenne veut contribuer à la formation de démocraties réelles et stables dans le Sud, il faut qu'elle soit mise devant ses responsabilités. Une manière pour l'y pousser, c'est la production indépendante d'un savoir qui a pour mesure le bien-être des gens et des peuples, qui vise à créer les conditions matérielles d'une dignité humaine. C'est cela, le ciment d'une démocratie stable.

Authors / Auteurs / Autoren

Elmar Altvater
Professor für Politikwissenschaft, Freie Universität Berlin, Deutschland

Ahcene Amarouche
Professeur d'économie, Université Akli Mohand Oulhadj, Bouira, Algérie

Sami Aouadi
Professeur de sciences économiques, Université Al Manar, Tunis, Tunisie

Gisela Baumgratz
Dr. phil., Dozentin, Fachbereich Kultur- und Sozialwissenschaften, Hochschule Fulda, Deutschland

Abdeljelil Bedoui
Professeur de sciences économiques, Université Al Manar, Tunis, Tunisie

Abderrahmane Ben Zakour
Professeur d'économie et de statistique, Université Al Manar, Tunis, Tunisie

Petra Dachtler
Ambassade d'Allemagne, Tunis, Tunisie

Hartmut Elsenhans
Professor für Politikwissenschaft, Universität Leipzig, Deutschland

Heiner Flassbeck
Chief of Macroeconomics and Development, UNCTAD 2003-2012, Genf, Schweiz

Baccar Gherib
Professeur d'économie, Doyen de la Faculté des sciences juridiques, économique et de gestion de Jendouba, Tunisie

Béatrice Hibou
Directrice de recherche au CNRS (CERI-SciencesPo), Paris, France

Azzam Mahjoub
Professeur de sciences économiques, Université Al Manar, Tunis, Tunisie

Birgit Mahnkopf
Professorin für Sozialwissenschaften, Technische Universität Berlin, Deutschland

Sascha Radl
Centrum für Nah- und Mittelost-Studien (CNMS), Marburg, Deutschland

Werner Ruf
Professor em. für Politikwissenschaft, Universität Kassel, Deutschland

Wilfried Telkämper
Zentrum für Internationalen Dialog und Zusammenarbeit, Rosa Luxemburg Stiftung, Berlin, Deutschland

Ahmed Zoubdi
Professeur, économiste – chercheur au ministère de l'Économie et des Finances, Rabat, Maroc

Abbreviations / Abréviations / Abkürzungen

Abréviations

ACAA	Agreement on Conformity Assessment and Acceptance (Accord sur l'évaluation de la conformité et l'acceptation des produits industriels)
AGCS	Accord général sur le commerce des services
ALECA	Accord de libre-échange complet et approfondi
BM	Banque mondiale
BTP	Bâtiments Travaux publics
CEE	Communauté économique européenne
CNUCED	Conférence des Nations unies sur le commerce et le développement
EPA	Accords de partenariat économique
FAO	Food and Health Organization of the United Nations (Organisation des Nations unies pour l'alimentation et l'agriculture)
FMI	Fonds monétaire international
IDE	Investissements directs étrangers
LDC	Least Developed Countries (Pays les moins développés)
NLF	Nouveau cadre législatif horizontal européen
OMC	Organisation mondiale du commerce
OSC	Organisation de la société civile
OTAN	Organisation du traité de l'Atlantique Nord
PAC	Politique agricole commune
PAS	Programme d'ajustement structurel
PEM	Partenariat euro-méditerranéen
PEV	Politique européenne de voisinage
PIB	Produit intérieur brut
PME	Petites et moyennes entreprises
PMN	Programme de mise à niveau
PTM	Pays tiers-méditerranéens
PVD	Pays en voie de développement

REMDH	Réseau euro-méditerranéen des droits de l'homme
TTIP	Partenariat transatlantique de libre-échange et d'investissements
UE	Union européenne
UGTT	Union générale tunisienne du travail
ZLE	Zone de libre-échange

Abbreviations

ACAA	Agreement on Conformity Assessment and Acceptance
CAP	Common Agricultural Policy
CSO	Civil Society Organization
DC	Developing Countries
DCFTA	Deep and Comprehensive Free Trade Agreement
EEC	European Economic Community
EMNDH	Euro-Mediterranean Network of Human Rights
EMP	Euro-Mediterranean Partnership
ENP	European Neighborhood Policy
EPA	Economic Partnership Agreement
EU	European Union
FAO	Food and Health Organization of the United Nations
FDI	Foreign Direct Investment
FTZ	Free Trade Zone
GATS	General Agreement on Trade and Services
GDP	Gross Domestic Product
IMF	International Monetary Fund
LDC	Least Developed Countries
NATO	North-Atlantic Treaty Organization
SAP	Structural Adjustment Program
SME	Small and medium sized enterprises
TRI	Trade Restrictiveness Indexes
TTIP	Transatlantic Trade and Investment Partnership
UGTT	Union générale tunisienne du travail (General Tunisian Trade Union)
UNCTAD	United Nations Conference on Trade and Development
WB	World Bank
WTO	World Trade Organization

www.peterlang.com